KB090036

변호사들

변호사들

장준환 지음

한스컨텐츠

인권과 민주주의를 지켜온 변호사들

이 책을 쓴 기간은 공교롭게도 대한민국에서 헌법과 법률에 대한 관심이 가장 고조된 시기와 겹친다. 2016년 12월 9일 국회에서 대통령 탄핵소추안이 가결되자 모든 국민의 눈은 헌법재판소로 향했다. 그 뜨거운 관심은 미국 한인사회에서도 결코 덜하지 않았다. 아울러 대통령 탄핵의 이유가 된 국정농단과 뇌물 사건 등에 대한 특별검찰의 수사가 진행되었다. 피의자에게 구속영장이 청구되고 구속적부심이 진행되는 장면이 연일 매체를 가득 채웠다. 한국뿐만 아니라 세계 곳곳에 사는 한국인들이 열띤 법률 토론을 펼쳤다. 헌법의 정신과 가치에서부터 형사소송법의 구체적인 절차, 특정인의 구속 여부에 이르기까지 화제도 다양했다.

그리고 상식적인 대다수에게는 낯설고 못마땅하게 느껴지는 모습도 보였다. 탄핵 심판을 받는 대통령과 죄상이 훤히 드러난 피의자들이 자신의 법률적 권리를 과하다 싶을 정도로 행사한 것이다. 법률을 근거로 압수수색이나 소환을 거부하기도 했고 법리 다툼 끝에 구속을 피한 사람도 있었다. 미국에서는 그리 드물지 않은 이런 장면은 한국의 인권 의식과 관행, 사법 체계가 선진화되었음을 보여준다.

그럼에도 찜찜한 마음은 어쩔 수 없다. 권위주의 정권이 지배하던 과거부터 수많은 선량한 피의자와 그들의 변호인들이 때로는 피를 흘리며 때로는 목숨을 걸고 획득해온 소중한 권리를 그 반대편에 섰던 사람들이 대가 없이 누리기 때문이다. 하지만 이것이 옳은 방향임을 부인할 수는 없다.

헌법의 가치가 인정받고, 공분의 대상이 된 범죄자의 사법적 권리를 폭넓게 보호하는 수준으로 우리 사회가 이르기까지 정의로운 변호사들의 역할이 컸다. 나는 한국 민주주의는 이들에게 빚진 바가 있다고 믿는다. 이 책은 이런 생각에 초점을 맞추었다. 일제 강점기부터 유신 시대, 군사 독재 시대의 암흑기를 거치며 대한민국의 상식과 가치, 인권과 민주주의를 지키고 가꾸어온 변호사들의 이야기를 다루었다.

나의 할아버지는 변호사셨다. 내 유년은 할아버지에 대한 기억으로 가득 차 있다. 할아버지는 나에게 우상 같은 존재였다. 할아버지 같은 사람이 되고 싶었다. 그래서 어린 시절부터 변호사를 꿈꿔왔고 그 꿈은 변함이 없었다. 미국 이민을 떠나는 비행기 안에서도 미국 변호사가 되는 방법에 대한 책을 읽을 정도였다.

로스쿨을 졸업하고 변호사로 일하게 된 이후 할아버지 같은 변호사에 관한 책을 쓰고 싶다는 바람이 늘 있었다. 그 결과물이 이 책이다. 그런데 할아버지는 서슬 퍼렇던 유신 독재 시대에 유능한 검사셨고 지검장 지위까지 오르셨다. 어쩌면 이 책에 실린 변호사 중 어떤 분과 법정에서 다투었을지도 모른다.

하지만 내가 태어나기도 전 일이라 그런 기억은 없다. 나의 뇌리에 각인된 할아버지는 청렴하고 약한 사람과 공감하고 법의 가치를 존중하는 훌륭한 변호사 그 자체다. 할아버지가 계기가 된 책이 그분과는 인생 행로와 사상적 결이 달라 보이는 변호사들을 다룬 것은 몹시 아이러니하다. 하지만 적어도 내 마음속에서만큼은 논리적으로 자연스럽다.

숨 쉴 틈도 없이 바쁜 와중이었지만 비교적 수월하게 책을 쓸 수 있었다. 방대한 자료를 취합하고 사실관계를 확인하고 글을 가다듬는 등 집필의 전 과정에서 유능하고 헌신적인 분들의 도움을 많이 받았기 때문이다. 특히 가장 많은 수고를 해주신 장원철 선생께 감사의 인사를 전한다.

부족하기 이를 데 없는 사람이 숭고한 정신과 가치를 남긴 분들에 대해 이야기하는 것은 주제넘고 뻔뻔한 일일지도 모른다. 하지만 이것이 널리 공유되어야 하겠다는 생각에 부끄러움을 무릅썼다. 단 한 사람에게라도 마음의 울림을 줄 수 있다면 그것으로 만족하겠다.

차례

Ⅲ

신군부 독재시대의 인권 변호사들 _ 213

I

국권 강탈기의
인권 변호사들

이 시기 조선은 완전히 일본 주권의 대상이었다. 천왕의 신민이 되어 일본의 주권에 복종하고 따라야 했다. 하지만 영토가 일본에 넘어갔다고 해서 일본 본토의 법률이 그대로 적용된 것은 아니다. 일본은 앞서 식민지화한 타이완에서 얻은 경험을 조선에도 그대로 적용했다. 일제가 병합과 더불어 공포한 '조선에 시행할 법령에 관한 건'이라는 칙령 제1조는 '조선에 있어서 법률을 요하는 사항은 조선 총독의 명령으로써 이를 규정할 수 있다'고 명시하고 있다. 이는 식민지의 근대법 체계가 식민지 지배의 효율성을 목적으로 한 것이지, 근대법 정신의 충실한 구현을 목적으로 하지 않는다는 것을 고스란히 드러낸다.

　실제 일본은 자신들의 형법을 그대로 조선에 가져왔어도 똑같이 적용하지는 않았다. 일본 본토의 법령에 비해 처벌을 강화했고 처벌 대상도 확대했다. 특히 병합 과정 초기와 전시 체제가 강화되는 1930년대 후반으로 가면 일제는 무자비한 폭력성을 그대로 드러냈다. 단적으로 형사소송법의 절차 같은 것은 잘 지켜지지 않았다. 변호사의 변호를 받을 권리, 즉 변호사를 선임할 능력이 없을 때 관선 변호인을 선임할 수도 없었으며, 죄형법정주의 같은 것도 찾아볼 수 없었다. 게다가 일제는 경찰에게 즉결 처벌 권한까지 주었다. 이런 사법 제도의 상황에서 민족 변호사들의 변론 활동은 그 자체로 독립운동의 한 갈래였다. 오늘날 무장 항일투쟁의 반대에 위치한 애국계몽운동을 소극적 독립운동으로 규정짓는 것과 같은 맥락이라 할 수 있다.

　1907년 변호사 시험이 처음 시행되었을 때 조선 국적 변호사는 모두 17명이었지만 1930년으로 가면 209명으로 늘어난다. 하지만 변호사들의 양적 성장이 식민지 인권의 질적 성장을 의미하지는 않는다. 서울 대학교 최종고 교수는 일제 강점기 법률가들을 변절파, 은둔파, 저항파로 분류했는데, 앞으로 만날 안병찬, 김병로, 이인, 허헌과 최창조, 윤태영 등이 대표적인 저항파 변호사들이다. 나머지 자격을 갖춘 법률가 대부분은 식민 통치 아래 관료로 진출하거나 일신의 영화를 추구하며 한평생을 보냈다. 게다가 대다수는 법률 지식인이라는 특수한 위치에서 해방 이후에도 정국 혼란과 맞물려 아무런 불이 익도 받지 않은 채 법조인으로서의 삶을 그대로 이어갔다. 정의감과 도덕의식, 민족의식이 마비되었던 이들이 해방 이후 권력 엘리트층으로 그대로 흡수되면서 민족사는 또다른 비극을 잉태했다. 독재에 맞서 싸웠던 인권 변호사들의 반대편 뿌리가 바로 이들이다.

'3인 변호사'로 불리게 되는 김병로, 이인, 허헌은 일제 강점기 지속적인 민족 변론을 한 인물들이다. 이들은 다른 민족 변호사와 함께 형사변호공동연구회를 만들어 독립운동 변론을 조직적으로 수행하는 기틀을 만들기도 했다. 법률 연구는 표면상의 취지였고 실제로는 항일 변론의 공동전선 형성이었다. 이들은 독립운동가들의 무료 변론을 도맡았던 것은 물론이고 그들에게 사식을 넣어주고 그 가족을 돌보기까지 했다. 사실상 독립운동 후원 단체였다.

또한 3인은 자유법조단에 참여해 독자적인 활동을 펼쳤다. 이때 많은 수의 일본 인권 변호사들이 민족과 이념을 넘어 함께 활동했다는 사실도 기억해야 한다. 특히 후세 다쓰지는 3·1 운동이 일어나자 조선의 독립운동에 경의를 표한다는 양심선언을 발표한 인물이기도 하다. 후세는 조선인의 인권과 독립을 옹호하다가 두 차례나 변호사 자격을 박탈당하고 수년간 투옥되기도 했을 만큼 민족 변호사 못지않은 활약을 하며 탄압을 받은 인물이다. 후세 변호사는 일본 인권 변호사의 상징적 존재로서 '조선 민중의 해방운동가'로도 불렸다.

항소는 목숨을 구걸하는 짓이다
: 도마 안중근을 변호한 변호사들

성암 안병찬, 가마타 마사치, 미즈노 요시다이

사형 집행을 위한 형식적인 절차

이토 히로부미는 이제 막 제국으로 발돋움하고 있는 일본의 심장이었다. 그런 그가 1909년 10월 26일 하얼빈에서 세 발의 총을 맞고 숨지자 사건은 국제적인 관심을 불러일으켰다. 저격범은 식민지 조선의 청년이었다. 한일보호조약(을사늑약)이 한국의 요청으로 이루어진 평화로운 주권 양도라고 국제 사회에 홍보해오던 일본의 거짓은 탄로가 났고, 열강의 침탈에 시달리던 청나라의 민족의식은 꿈틀거렸다. 일본은 늑장을 부릴 수가 없었다. 대외적으로 근대법 체계를 지키는 국가라는 이미지도 유지해야 했지만, 안중근 의사를 어떻게 처리하느냐에 따라 타이완과 사할린의 식민지 경영도 흔들릴 수 있었기 때문이다.

하얼빈은 청나라 영토였지만 행정경찰권은 러시아가 갖고 있었다. 러시아가 재판권을 행사해야 했지만 일본은 한일보호조약을 들어 한국인의 보호와 수사에 관한 대외적 권리가 자신들에게 있다고 러시아 측에 알렸다. 러일전쟁의 패배로 일본의 기세에 눌려 있던 러시아는 안중근의 재판 권한을 순순히 일본에 넘겼다. 일본은 뜻대로 법 집행을 할 수 있는 권한을 챙겼다. 그래서 안중근과 그의 동지들은 하얼빈에서 관동도독부가 있는 뤼순 형무소로 옮겨가야 했다(관동주는 청일전쟁에서 일본이 승리한 이후 일본 영토로 편입된 곳이다). 안중근은 그렇게 뤼순 법정에 섰다.

변론할 기회를 거부당한 안병찬

안중근이 뤼순 법정에 선다는 소식을 들은 성암誠庵 안병찬(1881~1921)은 안중근을 변호하기 위해 사재를 털어 안 의사의 동생 정근, 공근과 함께 뤼순으로 달려갔다. 도착 즉시 안중근과 그의 동지들을 면회한 후 그는 뤼순 고등법원에 변호사 선임계를 냈다. 하지만 일본 측은 '조선 변호사는 만주 법원에서 변론할 수 없다'는 이유를 들어 안병찬의 선임계 접수를 거절했다.

안병찬은 "피고인에게 주어진 당연한 권리를 박탈하는 것은 미리 사형을 선고한 것과 다름없다"고 항의했지만 소용없었다. 그는 분함을 이기지 못해 숙소에 돌아오자마자 피를 토하고 쓰러지고 말았다.

1910년 2월 9일 《대한매일신보》에는 '뤼쑨 통신'이라는 제목의 기사로 안병찬 변호사가 쓰러진 상황을 이렇게 기록하고 있다.

"목적을 달성치 못함을 분개하여 눈물을 줄줄 흘리다가 거듭하여 뜨거운 피를 한 사발가량이나 쏟고 약 30분 동안이나 혼절하여 인사불성이므로 같이 유숙하던 사람들이 놀라 일본인 의사 나카시마를 불러 진찰하였는데 별다른 증상이 없고 잠시 기색氣塞했을 따름이라 현재 복약 조치 중이라더라."

정식으로 변론할 기회를 얻지 못했지만 안병찬은 계속 뤼순에 머물며 거의 매일 옥중의 안 의사를 찾아가 법적 지식을 고취시키고 뒷바라지를 했다. 그는 또 2명의 일본인 관선 변호사를 감독했다. "당신들은 관선 변호인이지만 안 의사가 먼저 당신들이 작성한 변론문을 읽고 마음에 들어야 한다"고 그는 2명의 일본 변호사에게 주의를 주었다.

1910년 2월 안병찬은 사형 판결을 받은 안 의사를 만나 유언이 적힌 메모지를 받았다. 안 의사의 유언은 3월 25일자 《대한매일신보》에 실렸다.

"내가 한국 독립을 회복하고 동양 평화를 유지하기 위해 3년 동안을 해외에서 풍찬노숙하다가 마침내 그 목적을 달성하지 못하고 이곳에서 죽

노니, 우리 2000만 형제자매는 각각 스스로 분발하여 학문을 힘쓰고 실업을 진흥하며, 나의 끼친 뜻을 이어 자유 독립을 회복하면 죽는 여한이 없겠노라."

동양의 평화를 위해 쏘았다: 안중근 의사 변론기

일본은 안중근에게는 살인, 우덕순과 조도선에게는 살인 예비, 유동하에게는 살인 방조의 죄명으로 공판을 청구했다. 그리고 국제 사회의 압력과 여론을 차단하기 위해 재판을 빠르게 진행시켰다. 당시 일본은 한일보호조약이 한국의 요구로 이루어진 평화 조약이라고 국제 사회에 선전하고 있었다. 그런데 안중근 의사의 의거로 거짓이라는 사실이 드러난 것이다.

공판은 1910년 2월 7일에 시작되어 14일을 마지막으로 총 6번 이루어졌다. 변론을 준비할 시간이 필요하니 공판을 며칠 연기해달라는 관선 변호사 측의 요구에 재판부는 '지체할 시간이 없다'는 이유를 들어 딱 하루의 시간을 주었다. 따라서 공판은 사실상 일주일 만에 끝난 셈이다.

뒤에서 변론 기록을 살펴보겠지만, 나는 일제에 의해 추천된 관선 변호사였을지언정 그들이 상당히 성실히 변론에 임했다는 인상을 받았다. 여기에는 안병찬 변호사의 감독과 의지가 반영되었다고 추측하는 것이 합당할 것이다. 사실 일제가 각본에 따라 재판을 진행했다는 것은 관선 변호사 추천에서부터 드러난다. 관선 변호인은 피고가 변호사를 선임할 경제적 능력이 없거나 다른 이유로 변호사를 구하지 못하는 경우, 피고의 권리 보호를 위해 의무적으로 나라에서 변호사를 선임해주는 제도다. 근대법 체계를 갖고 있는 나라는 모두 이와 유사한 제도를 갖고 있다. 미국은 '공적 변호사Public Defender'를 운영하고 있고, 대한민국은 '국선 변호사 제도'를 갖추고 있다.

하지만 안 의사의 의거는 국제적인 관심을 불러일으킨 사건이었다. 중국, 러시아, 영국에서도 변론을 자청한 변호사들이 달려왔었고, 안 의사의 가족 또한 안병찬의 변호를 희망했었다. 안중근 의사도 자신의 뜻을 대내외적으로 알리기 위해서라도 이들의 변호를 원했다.

하지만 처음부터 재판의 결론이 정해졌던 것은 아니었던 것으로 보인다. 영국과 러시아에서 온 변호사가 안중근에게 "법원의 허가를 받았으니 공판하는 날 다시 만나겠다"는 말을 한 것과 이에 놀란 안 의사가 '일본의 문명함이 이 정도일 줄 몰랐다'고 술회한 사실에 미루어볼 수 있다. 또 형무소장 구리하라가 미조부치 검사와 나눈 대화를 토대로 "정치적 신념을 갖고 한 일이고 국제 사회도 당신을 의사로 보기 때문에 사형 판결이 나지는 않을 것이다"라고 안중근 의사에게 말한 사실도 그렇다.

하지만 일제는 국제 여론이라는 부담을 떠안으면서도 1910년 2월 14일 사형 판결을 내린다. 1910년 8월 29일 한일합방을 준비하고 있던 일제는 안중근의 존재가 민족의식을 고취시키는 것을 원하지 않았던 것 같다.

이제 일본의 관선 변호인들이 어떻게 변론에 임했는지 살펴보도록 하자. 독자에게는 재판정에서 변호사들이 법 논리를 어떻게 적용하는지 알 수 있는 실례가 될 것이다. 이해를 해치지 않는 선에서 중요한 발언만 요약했다.

① 한국 형법을 적용해야 한다: 가마타 마사치의 발언

변호인은 변호에 앞서 해결해야 할 문제를 제기하려 합니다. 본 건의 범죄가 일어난 곳은 러시아 동청철도회사의 부속지인 하얼빈이며, 그곳은 당연히 청나라 영토입니다. 러시아는 단지 철도 수비라는 명목 아래 행정경찰권을 갖고 있습니다. 다음으로 피고들은 모두 국적이 한국입니다. 따라서 이들에게 어떤 법을 적용해야 하는가는 매우 중요한 문제입니다. 지금 이들에게는 일본 형법 3조의 규정이 적용되고 있습니다.

> "본 법은 제국 이외에서 죄를 범한 일본 국민에게 적용한다. 제국 이외의 지역에서 제국 국민에 대하여 죄를 범한 외국인에 대해서도 동일하다."

그러나 이 법의 적용은 일청통상항해조약을 무시한 잘못된 판단입니다. 1896년에 체결된 일청통상항해조약 22조에 이런 내용이 있습니다.

하얼빈 역 의거 이후 당당히 조사를 받는 안중근 의사

"청나라에서 범죄의 피고가 된 일본국 국민은 일본국의 법률에 의하여 일본국 관리가 이를 심리하며 그것이 유죄로 인정될 때에는 이를 처벌하기로 한다."

그러므로 외국인에 대해 일본이 재판권을 행사하는 것은 인정되지 않고 있습니다. 그렇다면 이를 해결할 수 있는 근거는 무엇일까요? 변호인은 한국과 청나라 사이의 조약에 대해 연구했습니다. 1899년에 체결된 한청통상조약에 이런 내용이 있습니다.

"중국 국민으로서 한국에 거주하는 자가 만일 범죄를 저지를 경우에는 중국 영사관에서 중국 법령에 따라 심판한다. 또한 한국 국민으로 중국에 거주하는 자가 만일 범죄를 저지를 경우에는 한국 영사관에서 한국 법령에 의해 심판한다."

따라서 한국인이 청나라 영토에서 범죄를 저지를 경우 적용해야 할 형법은 한국법임이 명백합니다. 그러나 여기서 문제가 되는 것은 그 후 한국과 일본 사이에 체결된 협약, 즉 1905년 을사보호조약이 위 한청통상조약에 어떤 영향을 미치는가입니다. 피고 안중근은 이 을사보호조약이 강제로 체결됐기 때문에 이토 공을 살해했다고 주장하며, 조약의 무효를 주장하지만 이미 체결된 조약을 무시할 수 없습니다. 조약 1조의 내용입니다.

"일본 정부는 도쿄에 있는 외무성이 금후 한국의 외국에 대한 관계 및 사무를 관리·지휘할 것이고, 일본국의 재경 대표자 및 영사는 외국에 있는 한국 국민 및 그 이익을 보호할 것."

이 조약의 정신은 일본이 한국의 독립을 유지하기 위해 한국이 부강한 나라가 될 때까지 외국에 있는 한국인과 그 이익을 보호하는, 이른바 '외교권 위임'입니다. 검찰은 이 조항에 따라 한국이 외국에서 갖는 재판권을 일본이 대신 행사할 수 있다고 하며, 이 사건에 적용될 형법 또한 일본 제국의 형법이라고 합니다.

그러나 이 조약의 정신은 변호인이 설명한 것처럼 위임된 한국의 권리와 이익을 보호하는 것이지, 한국의 대외적 권력, 즉 주권의 일부를 소멸시키는 것이 아닙니다. 따라서 한국은 자국의 이익을 보호하기 위해 한국 고유의 법을 적용할 수 있고, 이때 일본 제국 관리가 이를 집행할 수 있습니다.

이상을 근거로 본 변호인은 본 건 재판에 대해서는 결국 한국 형법을 적용해야 한다고 판단됩니다. 그렇다면 한국 법률이 피고 등을 처벌할 규정을 갖고 있는가 하는 점을 마지막으로 검토해야 합니다.

한국 형법을 살펴본 결과, 국외에서 저지른 범죄에 대해 마땅한 규정이 없어 본 사건에 대해 처벌할 근거가 없다는 결론을 내릴 수밖에 없습니다. 피고 등과 같이 거리낌 없이 대낮에 큰 죄를 범한 자를 처벌할 법이 없다는 것이 과연 합당한지는 유감이지만, 이는 법의 문제

┃ 국권 강탈기의 인권 변호사들

이기 때문에 감정적으로 판단해서는 안 된다고 믿습니다. 그리하여 법이 제정되어 있지 않기 때문에 피고가 '무죄'라고 변호할 수밖에 없습니다.

가마타 마사치 변호사의 변론은 근대 형법의 기본 원리인 '죄형법정주의the principle of nulla poena sine lege'에 토대를 두고 있다. 죄형법정주의는 어떤 행위를 범죄로 처벌하려면 범죄와 형벌이 반드시 법률로 정해져 있어야 한다는 것으로, 국가의 과도한 형벌권 행사로부터 시민의 자유와 권리를 보호하려는 근대 인권 사상에 뿌리를 둔 이론이다. 중세에서 근대 초기에는 국민들을 상대로 국왕, 행정 권력 또는 법관의 자의적인 형벌권 행사가 빈번했기에, 이런 폐단을 막기 위해서 등장했다(우리나라 유신 시절에 정치적 반대 의사를 표시한다는 이유로 번번이 발동되던 긴급조치가 바로 자의적 형벌권 행사에 속한다. '죄형법정주의'를 위배한 것으로. 2013년 대법원에서 위헌 판결을 내린 것으로 알고 있다). 한마디로 요약하면 "법률에 없으면, 범죄도 없고 형벌도 없다"는 것이 '죄형법정주의'의 원리다.

② 일본 형법의 정신을 생각하라: 미즈노 요시다이의 발언

본 사건의 피고인은 이미 자신의 죽음을 각오하고 일을 수행하였습니다. 그러므로 피고를 사형시킨다고 해서 훗날 사회에 발생할 피고와 같은 자들에게 전혀 위협이 되지 않습니다.

더욱이 피고가 이런 살인을 저지른 것이 검찰의 주장대로 세계가 돌아가는 이치를 이해하지 못해서라면, 세상 이치를 알려주어 개과천선하도록 만들어야 할 것입니다. 그런 피고를 사형에 처하는 것은 일본 형법 정신에 따르면 부당한 것입니다.

일본 형법 199조는 살인죄에 과하는 형량을 3년 징역에서 사형에 이르기까지 재판관의 자유로운 판단에 따라 범죄의 형태, 범행 동기, 피고인의 신분과 성격 등을 헤아려 적당한 형량을 부과하도록 하고 있습니다.

살인을 저지르는 범인의 신분과 성품은 다양합니다. 살인 범죄의 형태도 마찬가지입니다. 조용히 잠자는 것처럼 살해하는 경우가 있는가 하면 처참해서 눈뜨고 볼 수 없을 만큼 잔인한 경우도 있습니다. 특히 가장 중요한 범행 동기를 보자면 피고처럼 조국을 위해 희생하고자 하는 진심에서 행하는 경우가 있는가 하면, 사리사욕을 채우기 위한 비열한 마음에서 비롯된 것도 있습니다. 또 가족이 먹을 한 끼 식사조차 없어 죄를 저지르는 경우도 있습니다.

이런 까닭에 일본 형법은 살인죄의 경우 3년 징역에서 사형이라는 극형에 이르기까지 범위가 넓은 것입니다.

피고는 지방 명문 가문의 후손으로 한학에 조예가 깊고, 종교적으로도 신앙심이 깊습니다. 검찰관에게 한 답변 태도로 보더라도 학식이 있는 사람이라 볼 수 있으며 성품과 소행도 결코 나쁘지 않습니다. 범행 동기는 조국에 대한 충성심에서 나왔다는 것을 의심할 수 없습니다. 피고는 이토 공을 살해함으로써 한국과 일본 두 나라 사이의 조약을 개선하고 동양 평화를 기대할 수 있다고 생각했습니다.

검찰의 주장을 받아들여 만고에 남을 국가적 수치를 씻고 동포가 살육된 것에 대해 보복을 하고자 일신의 위험을 무릅쓰고 분풀이한 것이라면 그 또한 동정할 가치가 충분하다고 생각합니다.

결론적으로 피고의 범죄가 이토 공에 대한 오해에서 비롯되었다고 해도 세계의 흐름에 밝지 못해 오로지 나라와 군주의 은혜를 갚고 동포를 위해 죽겠다는 신념에서 자기 몸과 가족을 버리고 이 일을 행했다고 볼 수밖에 없습니다. 이 일이 무지와 오해에서 비롯되었다면 가련한 것이지 증오할 까닭은 없습니다. 오히려 가르쳐주어 새로운 사람으로 거듭날 기회를 주어야 할 뿐, 벌을 줄 필요는 없는 것이라 판단합니다.

따라서 일본 형법 199조에 의거, 형량을 정한다면 가벼운 징역인 2년에 처한다면 충분하다고 믿으므로, 변호인의 요구는 징역 3년입니다.

더욱이 한국인은 한국인에 대한 일본의 지원과 보호가 공평한 것인지에 대해 의문을 품고 있습니다. 그런데 이런 상황에서 일본에서도 유례가 없는 극형을 피고에게 내린다면 한국인들은 의문과 아울러 분노를 품을 것이 분명하고 오히려 이런 사건이 계속 일어날 것입니다. 피고를 중형에 처한다면 한국에 대한 일본의 정책도 실패로 돌아가고 한국을 위해서도 바람직하지 않다고 생각합니다.

일본 형법의 취지를 보건대, 피고에게 가벼운 처벌을 하는 것이 옳다고 믿습니다. 피고에게 유례없는 중형을 내린다면 본 건을 주의 깊게 바라보고 있는 전 세계인은 일본의 재판이 한국인을 형량 이상으로 벌한다는 의심을 품을 수 있습니다. 또 재판관님이 현재 일본 내에서 일어나고 있는 극단적인 반한 감정에 따라 판결한 것이라는 비난을 받아도 변명의 여지가 없을 것입니다. 그러므로 본 변호인은 피고에게 형법 199조와 166조에 의해 법이 허락하는 범위 내에서 극히 가벼운 처벌을 하길 희망합니다.

근대 이전의 법은 '죄에 대한 응분의 보복'을 목적으로 하는 것이다. 이는 국가가 범죄 피해자의 복수심을 형벌을 통해 대신 행사하는 것을 말한다. 우리에게 잘 알려진 함무라비 법전의 '눈에는 눈, 이에는 이'라는 형식의 형벌이 '응보주의'에 입각한 형벌이다. 이와 반대되는 것이 '예방주의' 형벌 이론이다. 근대 이후 칸트, 헤겔, 포이에르바흐에 의해 수립된 형벌 사상이다. 형벌의 위협은 인간 그 자체가 아니라 범죄를 예방하기 위한 수단으로 이용해야 한다는 것이 '예방주의'의 기본 정신이다. 보복 중심의 원시 형벌과 달리 문명국가에서 형벌은 범죄자를 개선·교화시켜 건전한 사회인으로 복귀시키는 것을 목적으로 한다. 하지만 사형은 사회 복귀가 불가능하다. 유럽연합EU이 조직될 때 '사형제 폐지'를 가입 조건으로 걸었을 만큼 '교화주의'와 '예방주의'는 현대 형법의 흐름이다(미국과 일본, 한국이 아직 사형 제도

ㅣ 국권 강탈기의 인권 변호사들

를 유지하고 있다고 알고 있다). 미즈노 요시다이는 이 '교화주의' 혹은 '예방주의' 형벌 이론에 토대를 두면서 재판관의 '작량 감량'을 요구하는 변론을 펼쳤다.

공판이 더 있었다면 이 두 관선 변호인들이 어떤 논리를 더 펼쳤을지 궁금하지만 6번의 공판을 끝으로 안중근은 사형, 우덕순은 징역 3년, 조도선과 유동하는 각각 징역 1년 6개월을 선고받았다. 3심이 원칙이지만 사형 언도를 받은 안중근 의사는 더 이상의 재판을 요구하지 않았다. 재판이 형식적으로 진행되고 있었기에 항소가 무의미했을 수도 있다. 여기에 안중근 의사가 항소를 하지 않은 이유를 짐작할 수 있는 단서가 하나 더 있다. 바로 그의 어머니 조성녀 씨가 안 의사에게 보낸 편지다.

"네가 만약 늙은 어미보다 앞서 죽는 것을 불효라 생각한다면 이 어미는 웃음거리가 될 것이다. 너의 죽음은 너 한 사람의 것이 아니라 조선인 전체의 공분을 짊어지고 있는 것이다. 네가 항소한다면 그것은 일제에 목숨을 구걸하는 짓이다. 네가 나라를 위해 이에 이른 즉 다른 마음먹지 말고 죽어라. 옳은 일을 하고 받은 형이니 비겁하게 삶을 구하지 말고 대의에 죽는 것이 어미에 대한 효도다.[1]

---

1 강조 표시는 저자 임의에 따른 것이다.

아마도 이 편지가 어미가 너에게 쓰는 마지막 편지가 될 것이다. 여기 너의 수의를 지어 보내니 이 옷을 입고 가거라. 어미는 현세에서 너와 재회하기를 기대하지 않으니, 다음 세상에는 반드시 선량한 천부의 아들이 되어 이 세상에 나오너라."

영웅의 어머니다운 편지이지만 틀림없이 이 편지를 쓰시고 한없이 우셨을 것이다. 안 의사는 5차 공판을 통해 이미 이토를 처단할 수밖에 없는 15가지 죄목(명성황후를 시해한 죄, 고종을 강제로 폐위한 죄, 5조약과 7조약을 강제로 맺게 한 죄, 무고한 한국인을 학살한 죄 등)을 밝혔고, 한중일 3국이 독립을 유지하면서 상부상조하며 화합하는 것이 서구 열강의 야욕에 맞설 수 있는 길이라는 자신의 '동양 평화론'을 만방에 알렸다. 그는 스스로 자신의 목적을 달성했다고 여겼다.

안중근 의사는 뤼순 감옥에서 자신이 구상한 '동양 평화론'을 완성하기 위해 사형 집행을 며칠 연기해줄 것을 일본에 요구했으나 받아들여지지는 않았다. 그의 '동양 평화론'에는 국제 분쟁지역 중립화, 공동 은행 설립과 공동 화폐 발행, 평화 유지군 창설과 같은 제안이 담겨 있는데 지금의 시각에서도 혁신적인 구상이다. 일본은 1910년 3월 26일 오전 9시 안중근은 의사의 사형을 집행했다.

일본은 안중근 의사의 유해가 묻힌 곳을 공개하지 않았다. 공개되면 그곳이 항일운동의 성지가 될 것을 우려해서였다. 안중근 의사의 가묘는 효창공원 삼의사 묘 옆에 마련되어 있다. 이봉창, 윤봉길, 백정기 의사의 묘가 조국으로 돌아오지 못한 그를 기다리고 있다. 의사의 유해는 뜻있는 분들이 지금도 찾고 있다고 들었다.

2천만 동포가 나와 함께했다: 이토 히로부미 저격의 그날

1909년 10월 26일 하얼빈 역, 운명은 안중근에게 기회를 주었다. 일제가 경호를 맡은 하얼빈 역은 경계가 느슨했다. 검은색 프록코트 차림에 중절모를 쓰고 흰 수염을 길게 기른 이토가 러시아 재무 장관과 대담을 마치고 특별 열차에서 내려 각국 영사단이 대기하고 있는 쪽으로 걸어가고 있었다. 일장기를 들고 도열한 채, 열광적으로 이토를 환영하는 일본인들의 만세 소리가 들려왔지만 안중근은 누가 이토인지 구분할 수가 없었다. 너무 많은 사람이 무리를 지어 지나갔다. 영사단 앞에 이르러 키가 작고 왜소한 사내가 두세 사람의 외국인과 악수를 나누고 돌아서는 순간이었다. 러시아 의장병 뒤에 위치해 있던 안중근은 맨 앞에 서 있던 그 자를 향해 세 발의 총알을 쏘았다. 그리고 그 자가 이토가 아닐 수 있다는 생각에 뒤따라오는 두세 사람에게도 총을 쏘았다.

당황한 러시아 의장병들이 몸을 숨기는 순간 브라우닝 총을 들고 여전히 사격 자세를 취하고 있던 안중근의 모습이 드러났다. 목적을 달성한 안중근이 권총을 앞으로 던지자 뒤늦게 상황을 파악한 러시아 헌병들이 그를 향해 몸을 덮쳤다. 포박이 된 채 몸을 일으킨 안중근은 하늘을 우러르며 전 세계인이 알아들을 수 있는 말로 크게 외쳤다.

"코리아 후라! 코리아 후라! 코리아 후라!"

인공언어 에스페란토어였다. 모두가 자유롭고 평등한 언어생활로 세계 평화를 이룩하자는 희망의 언어, 저항의 언어라고도 불리며 무정부주의자들의 언어이기도 했던 그 언어로 안중근은 '대한국 만세'를 외쳤다.

거사가 있고 30분이 지난 10시경 이토 히로부미는 왼쪽 폐와 왼쪽 옆구리, 복부에 세 발의 총탄을 맞고 내장출혈로 숨졌다. 11시 55분경 하얼빈 바로 전 역인 차이자거우 역에서 이토를 저격할 기회를 엿보던 우덕순과 조도선이 러시아 군경에게 체포되었다. 러시아 측의 삼엄한 통제로 차이자거우 역에 진입조차 할 수 없었던 이들은 안중근의 거사에 충격을 받은 러시아 검경의 발 빠른 수사에 거동이 수상한 조선인으로 잡혀서 일본에 넘겨졌다. 하얼빈에서 안중근을 돕던 유동하도 그렇게 잡혔다.

특별 열차에서 이토와 회담을 했던 러시아 재무 장관 코콥체프는 훗날의 회고록에서 당시의 일을 이렇게 기록했다.

"명백히 일본의 실수다. (하얼빈 역의) 그들은 통행증 확인도 없이 일본인 이라면 무조건 통과시키라고 했다. 범인들은 외모와 복장이 일본인과 같았지만 키가 훤칠하고 얼굴빛도 흰 것이 일본인과는 많이 달랐다."

| 국권 강탈기의 인권 변호사들

동지들이 검거되고 있는 상황에서 안중근은 러시아 측 검사에게 계속 자신의 단독 거사임을 주장하고 있었다.

"가담자가 몇 명이오?"

"우리 동포 2천만이오. 하지만 일은 나의 단독 행동이오. 혼자 계획하고 혼자 실행했소."

"조약을 폐기할 수 없다면 도끼로 신의 머리를 잘라 오적에게 던지시옵소서.": 의병장 안병찬

이제 안병찬 변호사에 대해 알아보자. 독립운동사에 유달리 관심이 많지 않다면 대부분은 안병찬 변호사에 대해 잘 모를 것이다(한국에 계신 법조계 분들은 어떤지 모르지만 나는 이 책을 쓰면서 이분을 처음 알았다).

안병찬 변호사는 호는 성암이고 순흥 안 씨로 안중근 의사와 본관이 같다. 안중근보다 25살이 더 많다. 그의 집안도 안중근의 가계 못지않은 대단한 독립운동가 가문이다. 평북 의주에서 만석지기 부농이었던 안병찬의 집안은 독립운동에 가산을 전부 내놓고 일제의 감시 대상에 올라 몰락했다. 그의 둘째 동생은 독립운동을 하다 붙잡혀 다리를 다치고 불구의 몸이 되었으며 셋째 동생은 광복군에서 활동했다.

성암은 1904년 법관양성소를 3기로 졸업하고, 1905년 법부주사가 되면서 벼슬살이를 시작했으나, '을사늑약'이 체결되자 이에 반대하는 상소를 올렸다. 이른바 지부상소持斧上疏, 다시 말해 '도끼'를 옆에 두고 상소를 올린다는 뜻이다. 상소는 절대왕정 시대에 왕을 견제하는 가장 강력한 수단이었는데, 이 상소 가운데 왕이 가장 두려워했던 것이 바로 '지부상소'였다. 자신이 간언하는 것이 부당하다고 여긴다면 도끼로 내 목을 치라는 의미다. 고려 충선왕 때 왕의 패륜을 지적한 우탁의 상소에서 유래된 것으로, 목숨을 걸고 직언하는 것이기에 상소를 받은 집권자의 부담은 이루 말할 수 없었다. 병자수호조약에 반대했던 면암 최익현 선생도 이 '지부상소'를 올렸다.

안병찬은 실제 도끼와 돗자리를 들고 광화문 앞에서 고종의 어명이 내려오기를 기다렸다. 아래는 그 내용을 간추린 것이다.

"……대저 나라가 나라가 되는 까닭은 법제와 권세를 가졌기 때문입니다. 그러므로 법이 행해지지 않고 권세가 서지 않으면 비록 임금의 지위가 변함없고 종묘사직이 무너지지 않았다 하더라도 나라는 망한 것과 같습니다. 하물며 지금 이미 다른 사람에게 통솔받고 감독을 받게 되어 임금과 신하 모두가 장차 그 포로가 되고 참살당하게 되었습니다. …… 어서 오적의 머리를 취하여 거리에 내걸어 나라에 널리 알려 일본이 속임수로 주권을 빼앗은 것을 만백성이 모여 판별케 하십시오. 또 억지로 맺은 가짜 조약은 뜨거운 불 속에 집어던져 우리 대한이 독립국이며 자주권이 있음을 천하에 밝히면 내정과 외교는 비로소 두서가 잡힐 것입

┃ 국권 강탈기의 인권 변호사들

니다. ……신은 도끼를 들고 대궐문 앞에 엎드려 오직 어명만 기다리고 있습니다. 거짓 조약을 폐기할 수 없으시다면 이 도끼로 신의 머리를 잘라 나라를 팔아먹은 도적 앞에 내던지시옵소서."

그러나 안병찬은 일본 경무청에 체포되어 제주도로 유배되고 만다. 귀양에서 풀려나자마자 또 의병을 일으켰다 다시 체포되어 9개월간의 옥살이를 했다. 법조문을 따지는 법률가의 모습보다 의병장의 이미지가 더 강렬하게 나타나는 상소문과 행동이다. 어떤 계기가 있었는지 기록이 분명하지 않지만, 안병찬은 이후에 일본 메이지 대학교에 입학해 재학 중 조선 변호사 시험에 합격하면서 변호사 활동을 시작한다. 안중근의 변론을 맡지는 못했지만, 그가 맡은 변론 중에 가장 유명한 것이 이재명 의사의 변론이다.

이토 히로부미를 죽이고 싶었던 청년, 이재명

이재명은 하와이 이민 모집에 응모하여 미국으로 노동이민을 떠났다가 을사늑약 체결 소식에 분개해 다시 귀국한 청년이다. 1909년 1월 그는 순종과 함께 평양을 방문한 이토를 암살할 기회가 있었지만 계획을 실행에 옮기지는 못했다. 순종이 다칠 수 있다는 도산 안창호의 만류 때문이었다(그가 실행했다면 우리는 지금 다른 이름을 기억했을지도 모른다). 이토를 암살할 기회를 놓친 그는 우국지사들과 더불어 이완용과 이용구(친일 단체인 일진회 간부로 '한일합방청원서'를 낸 인

大韓義士 李在明君

이재명 의사

물)를 처단할 계획을 세우고, 자신이 이완용을 응징하기로 했다. 밤 장수로 변장해 1909년 12월 벨기에 황제 레오폴 2세 추도식에 참석하는 이완용을 세 번이나 찔렀으나 실패하고 체포되고 말았다.

재판은 1910년 5월 13일 경성 지법에서 진행되었다. 검사가 '피고는 굶주림에 못 이겨 이름을 팔기 위해 이 범죄를 저질렀다'고 논고를 하자, 안병찬 변호사는 '검사는 논고를 시정하시오'라고 공박하면서 변론을 펼쳤다. 재판장에게 '치안에 관계되는 정치적 발언을 중지하라'는 거듭된 제지에도 불구하고 안병찬은 다음과 같이 변론했다.

"이완용은 총리에 앉은 후 티끌만큼도 국가와 백성을 생각지 않고 자신의 영달을 위해 나라를 일본에 팔아넘기기에만 급급했다. 이완용은 5백년 종묘사직과 2천만 백성을 구렁텅이에 몰아넣은 장본인이다. ……피고인은 나라를 건지기 위해 살신성인한 표본이다. 애국우세의 젊은 청년은 오늘날 동포들의 비참한 생활상을 보고 가슴에 끓어오르는 열혈을 누를 수 없었다. 피고인을 일반 잡범처럼 다루지 말라. 문명국에서 정치범을 사형시킨 전례가 없다. 정치범은 생명형을 받더라도 잘못을 뉘우치지 않으므로 생명형이 노리는 위하의 효과를 거둘 수 없다. 피고인은 생명을 걸고 거사를 행한 것이므로 목숨이 끊기는 것을 오히려 쾌락으로 여길 것이니 생명형을 가하는 것은 하등의 고통도 징계도 되지 않는다."

박원순 변호사는 이 변론을 가리켜 현대 양심수 변론의 모범이 되기에도 부족함이 없는 호방한 변론이라고 자신의 책에서 평하기도 했다. 당시 어휘 선택과 문장 구성은 지부상소를 올릴 때만큼 강렬하다. 합방 전이었기 때문에 재판장의 제지를 뚫을 수 있었는지 모르지만, 내용은 독립정신을 고취시키는 선전, 선동에 가깝다. 징계를 각오한 변론이라고 할 수 있다. 일제 강점기 민족 변호사들의 변론은 여기서 크게 벗어나지 않았을 것으로 짐작된다.

이재명 의사는 그해 9월에 서대문 감옥에서 교수형을 받았다. 약관 스무 살의 나이였다. 안병찬 변호사는 이후 약 10년간 애국지사들을 변론했고 일본으로부터 반일 인사로 찍혀 감시 대상이 되었다. 그리고 신민회 105인 사건으로 체포되어 변호사 자격 박탈과 함께 지도군에 유배를 당했다. 이후 그는 변호와 같은 소극적 독립운동에 한계를 느끼고 적극적인 활동에 들어갔다. 만주로 망명한 안병찬은 대한독립청년단을 조직해 무장 투쟁을 벌이고 남만주 각지에 흩어져 있던 독립운동 단체를 통합하기 위해 노력했다. 그 결과로 탄생한 것이 바로 대한광복군이었다. 안병찬은 광복군 탄생의 결정적인 산파 역할을 해냈다.

법률가로서의 경력을 높이 산 임시정부로부터 해방 조국의 '헌법'과 '법률'을 연구하는 법무차장, 임시헌법기초위원장 등의 직위를 부여받았으나 여기에 만족하지 않고 무장 투쟁과 독립운동 자금을 모집하는 일에 더욱 깊이 관여했다. 특히 조국의 독립을 위해서라면 앞뒤를 가리지 않았던 것으로 보인다. 고려공산당 조직에도 관여한 것

ǀ 국권 강탈기의 인권 변호사들

으로 기록되어 있다. 안병찬은 1921년 모스크바의 레닌으로부터 독립운동 자금을 얻는 데 성공, 거액의 군자금을 가지고 만주로 돌아오던 중 마적단의 습격을 받아 자신의 장남을 비롯해 동지인 독고종식과 함께 사망하고 말았다. 사건의 배후에는 두 가지 설이 있다. 먼저 고려공산당 조직 내 반대파가 기획했다는 설이 있다(조직이 왜 갈등 관계에 이르렀는지는 알려진 내용이 없다). 또다른 하나는 일본에 의한 암살로, 두 가지 모두 정확한 진상이 밝혀지지는 않았다. 안병찬은 변호사로서의 활동보다 독립운동에 더 많은 비중을 두었던 피가 뜨거운 남자였다.

만인 가운데 하나를 만나기도 어려운 선비의 지조

가인 김병로

마지막 선비, 대한민국 사법부의 기둥이 되다

1948년 5월 국민 총선거를 통해 제헌 국회가 구성되고 7월에는 대한민국 첫 대통령이 탄생했다. 초대 대통령 이승만은 이범석을 초대 국무총리로 삼아 내각을 조직했다. 사법부 수장을 뽑아야 할 때가 되자 모두 가인街人 김병로(1887~1964)를 추천했다. 이승만도 김병로를 알고 있었다. 해방된 조국으로 귀국한 지 며칠이 지나지 않아 국내 사정을 파악하기 위한 자리가 마련되었는데, 거기서 김병로를 만난 적이 있었기 때문이다. 카랑카랑한 목소리에 바위처럼 굳은 표정이 인상적이었던 작은 남자와의 대화는 그리 길지 않았다. 하지만 노련했던 이승만은 그의 강직한 됨됨이를 단박에 파악했다.

사법부 수장을 뽑기 위해 이범석, 윤치영, 장택상, 이인 등 초대 장관 전원이 참석한 자리에서 이승만이 입을 열었다.

"그러지 말고 서광설이는 어때?"

대법원장 임명을 미루고 있던 대통령의 입에서 예상 밖의 인물이 나오자 외무부 장관 장택상이 벌떡 일어났다.

"그 유명한 친일파를 대법원장에 임명하겠다니, 그게 지금 말이 되는 얘기입니까?"

각료 모두가 대법원장에는 김병로밖에 없다고 들고 일어나자 이승만은 더 이상 망설일 수가 없었다. '정 그렇다면 가인을 시키지'라고 했다. 30여 년 동안 일제 강점하의 조국에서 독립과 인권을 위해 투쟁해왔던 김병로는 그렇게 대한민국 초대 대법원장이 되었다.

이때의 결정을 두고두고 후회할 만큼 이승만의 사람 보는 눈은 정확했다. 독재 권력을 휘두르며 신생 공화국의 민주주의를 유린했지만 사법부만큼은 장악할 수 없었다. 의회 탄핵이 아니고서는 김병로를 해임할 권한이 없었다. 김병로는 항일 행적이 뚜렷한 사람이었고 청렴과 강직함으로 좌익과 우익을 아울러 존경을 받는 인물이었다. 그가 대법원장으로 있던 9년 3개월 동안 이승만과 이승만을 추종하는 세력들에게 사법부는 눈엣가시였다.

"그동안 내가 가장 가슴 아프게 생각한 것은 전국 법원 직원에게 지나치

1950년대 대법원장 재직 시의 김병로

게 무리한 요구를 한 것이다. 인권 옹호를 위해 사건 처리의 신속을 강조했던 것이 그렇고, 또 살아갈 수 없을 정도의 보수를 가지고 그래도 살아가라고 한 결과가 된 것이 그렇다. 나는 모든 사법 종사자에게 굶어죽는 것을 영광이라고 하였다."

1957년 만 70세의 나이로 대법원장에서 물러난 김병로는 그렇게 퇴임사를 채워나갔다. 부장판사의 월급으로도 4인 가족이 기본적인 생계를 꾸리기가 어려웠다. 공무원 월급이 적은 것은 재정이 어려운 탓도 있었지만 사법부를 길들이려는 이승만의 의도도 숨어 있었다. 초임 법관의 봉급이 쌀 두 가마 값 언저리였고 중견 법관도 세 가마 값을 넘지 못했다. 당시 구두 한 켤레가 쌀 두 가마 값이었다. 사법부 예산은 깎여나가기 일쑤였고 급여 인상은 고려되지 않았다. 하지만 대법원장부터 솔선수범하는 상황에서 이승만은 자신의 뜻대로 사법부를 움직일 수 없었다.

김병로는 사법관의 비리에 단호했고 스스로도 청렴했다. 이를 알 수 있는 일화가 하나 있다. 1956년 겨울 경남 진주에서 근무하던 판사가 전쟁으로 손상을 입어 비바람을 막을 수 없는 법원 청사의 보수 공사를 요청하기 위해 김병로를 찾아갔다. 그러나 대법원장실에 들어서는 순간 그는 놀라고 말았다. 대법원 관사는 기름 난방을 할 수 있는 곳이었다. 그런데도 대법원장은 난로 하나 두지 않은 채 숯을 넣은 조그만 화로 옆에서 곁불을 쬐고 있었다. 그 모습에 판사는 법원 보수 문제는 꺼내지도 못하고 돌아갔다.

그밖에도 손수 신문지를 잘라 대법원 화장실에 두고, 지위고하를 막론하고 엽차가 손님 대접의 전부였던 김병로였다. 곤궁해서 부정을 저지르고 현실과 타협해 사법관의 본분을 지킬 수 없다고 생각될 때는 사법부를 용감하게 떠나라고 호통치던 대법원장이었기에 필연적으로 이승만 정권과 충돌할 수밖에 없었다. 첫 번째 충돌은 바로 '반민족행위특별조사위원회(반민특위)'였다.

반민특위 활동을 방해한 이승만

건국 초기 민족정기를 바로잡기 위해 무엇보다 일제에 부역한 민족 반역자들을 처벌해야 했다. 제헌 국회는 '반민족행위처벌법'을 제정하고 김병로를 특별재판장으로 한 재판부와 권승열을 특검검찰부장으로 하는 검찰부를 구성해 배신자들을 잡아들이기 시작했다. 하지만 특위 활동은 시작부터 어려움의 연속이었다.

정부가 수립되기 전 미군정 기간 동안 미군은 이미 '일제에 충성하던 자들은 미국을 위해서도 충성할 수 있다'는 판단 아래 친일파를 대거 관리로 기용해 숨통을 틔워준 상태였다. 미군의 목적은 한반도에 미치는 소련의 영향력 차단이지 대한민국의 정통성이 아니었다. 미군들은 배신자의 속성을 정확히 알고 있었다. 배신자들은 자신의 기득권을 유지할 수 있다면 얼마든지 변절할 수 있는 자들이었다. 태평양전쟁 당시 가장 극렬한 반미주의자였던 그들은 해방 이후의 미군정 시에는 전부 극우반공 친미주의자가 되어 있었다.

오랜 미국 생활로 국내 정치적 기반이 없던 이승만은 미군의 의도를 잘 알고 있었다. 그는 국내 지지 기반을 확대하기 위해 미군이 닦아놓은 길을 택했다. 일제에 부역한 경찰과 군인, 관료, 친일 자본가들을 자기편으로 끌어들인 것이다. 그는 귀국 직후부터 장진섭, 백성욱, 전용순, 신용욱, 홍찬 등 친일 자본가 30여 명에게 돈을 걷어 정치자금으로 이용했으며 상납을 망설이면 친일 행위를 단죄하겠다고 협박하고 있었다.

이승만은 1948년 9월 국회에서 '반민법'이 논의되고 있을 때 다음과 같은 담화를 먼저 내놓았다.

"건국 초창기에 앉아서 앞으로 세울 사업에 더욱 노력하여야 할 것이요, 지난날에 구애되어 앞날의 장애가 되는 것보다…… 지난 일에 대한 범죄자의 수량을 극히 줄이기에 힘쓸 것이요, 증거가 불충분할 경우에는 관대한 편이 가혹한 형벌보다 동족을 애호하는 도리이다."

사회가 받을 충격을 최소화하자는 생각을 담은, 나름대로 합리적인 담화였다. 하지만 특위가 일제의 고문경찰로 악명이 높았고 해방 후 공산당을 잡는 경찰로 변신한 노덕술을 체포했을 때의 담화부터 이승만의 진짜 의도가 드러나기 시작했다.

"반란분자와 파괴분자(공산당 지칭)가 각지에서 살인·방화를 하고 관청이 위태하고 지하 공작이 긴밀한 이때에 경찰관의 기술과 성격이 아니면 사태가 어려울 것인데, 지나간 범죄를 들추어 함부로 잡아들이는 것은 온당치 못한 일이다."

특위 활동을 무분별한 난동으로 규정한 이 담화는 사건의 프레임을 친일 매국 심판에서 반공이냐 용공이냐로 옮겨놓게 된다. 국회 본회의장에 '친일파를 엄단하라는 자는 빨갱이'라는 불법 전단이 뿌려지고 관경이 기획한 '반공궐기 대회'가 곳곳에서 일어났다. 김병로는 법치주의자답게 대통령의 담화를 다음과 같이 점잖게 반박했다.

"대통령 담화 중 특경대 해체와 반역자 체포 중지라는 것은 특별법을 수정할 것을 요망하는 의미에서 말한 것으로 생각된다. 그렇더라도 법이 존속하는 한 특위는 반민법에 의거해 행동할 것이고, 이것은 불법이 아니다."

국가원수에 대한 최선의 예우를 담은 말이었다. 하지만 연이은 이승만의 담화에 친일 부역자들은 대담해져 있었다. 그들은 특위위원 암살까지 계획했다. 김병로와 권승렬, 특위위원장 김상덕, 국회의원 신익희 등 고위 인사 15명이 포함되어 있었다. 이 대담한 계획은 실패하지만 반민특위 사무실 습격에는 성공한다. 내무부 차관 장경근의 주도하에 경찰은 1949년 6월 6일 반민특위 사무실을 습격해 특경대 대원을 체포하는 것을 시작으로 전국에 있는 특위 사무실을 습격했다. 특경대는 강제 해산을 당했다. 국회와 특위가 즉각 반발하고 책임자 처벌을 요구했지만 이승만은 특위 해체는 시국 안정을 위해 불가피한 조치였다고 할 뿐이었다. 김병로도 크게 분노했지만 특위를 지지하던 소장파 국회의원들이 '프락치' 사건으로 구속되고 한국전쟁이 일어나면서 친일파 처단의 기회는 민족주의자들의 손을 떠나고 말았다.

고등학교 국사책에 '반민특위 해체' 과정이 한두 줄로 언급되었던 기억이 난다. 독립운동사 이후로는 시험에 나오지 않았고 진도도 나가지 않았기 때문에 선생님에게 특별히 더 들은 이야기도 없었다. 일부 눈 밝고 역사에 관심이 많았던 학생들 사이에 '왜?'라는 의문이 남았을 뿐이었다. 왜 우리는 실패했을까?

2차 세계대전 직후 프랑스가 독일 나치에 부역했던 매국노 13만 명을 재판해 8백여 명을 사형에 처하고 총 5만여 명을 처벌했다는 사실은 나중에 안 일이다. 처벌 과정은 굉장히 극단적이고 잔혹했다. 법에 의한 심판과는 별개로 프랑스 국민들의 사적인 처벌까지 있었다. 독일군과 잠자리를 한 수많은 여성들이 삭발을 당한 채 조리돌림을 당했다. 깨진 유리병 위를 맨발로 걸어야 하는 처벌은 차라리 상냥한 편이었다. 유방이 잘린 채 살해된 여성들도 있었다. 성직자들은 자신의 무덤을 직접 팠고 생식기가 잘렸다. 조금이라도 부역한 남자들의 운명도 마찬가지였다. 대신 그들은 자신의 아내와 딸들이 분노한 시민들로부터 윤간당하는 것을 지켜본 후에 죽어야 했다. 고작 4년의 점령 기간이었다. 이 사적인 처벌은 통계조차 낼 수 없었다고 한다. 광기라고 할 수 있는 이 처벌이 오히려 프랑스 해방정부에게 부담이 되었을 정도였다.

어쩌면 35년이라는 세월이 너무 길었던 것인지도 모르겠다. 손발을 자르는 것으로 그치는 것이 아니라 그들은 암세포처럼 전신에 퍼져 있었다. 김병로의 사법부에도 친일 이력의 재판관들이 있었다. 원칙대로라면 스스로 목을 잘라야 했다. 그들만큼은 김병로의 원칙대로 움직일 수 없었을 것이다. 특위 구성에도 문제는 있었다. 경북 대학교 허종의 박사 논문에 따르면, 특위 조사위원 11명 가운데 6명만이 독립운동 경력이 있었다. 나머지는 부역자들이었다. 문제가 되는 대표적인 인물은 한국민주당 국회의원 김준연이었다. 온건파로 자처했지만 '반민법' 처벌 규정 약화를 주도했으며, 친일파 체포가 아니라 석방을 위해 활동했고, 체포 대상자에게 미리 피신하라고도 귀띔해 줬다. 오해하지 말자. 그는 친일파가 아니라 독립운동가 출신이었다. 친일 단죄보다 공산당 타도가 우선이었을 뿐이다.

"재판은 공정해야 할 뿐만 아니라 시대정신을 반영해야 한다. 지난날 독립운동이나 민족 운동에 참여했던 사람마저 변절하여 일본을 위해 협력하였다는 것은 그 동기가 어떻든 간에 공적으로는 조금도 동정할 수 없는 것이다. 이 때문에 친구들로부터 비정한 사람이라는 빈축을 받았지만 민족정기를 바로잡는 데는 의연한 자세가 있어야 한다."

구한말에 태어나 일제 강점기를 지나온 김병로에게도 개인적으로 가까운 부역자들이 있었다고 한다. 하지만 그는 민족의 요구대로 움직이고자 했다. 다만 해방 이후 혼란한 정국과 이념 갈등, 국제 정세가 민족의 요구를 허락하지 않았다.

민족 대표 33인에 대해 자세히 가르치지 않는 이유는 변절한 사람이 많기 때문이라는 얘기도 기억이 난다. 1894년 청일전쟁부터라고 하면 반세기 이상의 지배가 된다. 지조를 지키는 일이 일시적인 고문을 견디는 것보다 어려운 일이었는지 모른다. 1930년대 일제의 무단 통치로 많은 민족주의자들이 변절을 할 때도 가인 김병로는 지조를 지켰다. 해방 이후, 애국지사들이 이념에 따라 갈라지는 상황에서도 그는 민족을 위해서 움직였다. 이념 대립이 극으로 치닫고 정략과 집권을 위해 너나없이 이념을 이용하던 시절에도 법과 원칙에 대한 신념을 버리지 않았다. 격동하는 시대, 김병로는 보기 드문 별종이었다.

"시대의 탁류 앞에 세 종류의 사람이 나타나는 것이니, 하나는 굴종하는 사람이요, 하나는 피하며 숨어 사는 사람이요, 또다른 하나는 그 탁류와 더불어 마주 싸우며 끝까지 조를 굽히지 않는 사람으로서 이는 만인 가운데 하나를 만나기도 어려운 것이다."

가인 김병로의 묘비명에 새겨 있는 문구이다. 후인들은 그를 마지막 선비라고 불렀다.

국가보안법 폐지를 주장했던 대법관

1948년 제주에서 4·3 항쟁이, 여수와 순천에서 군인 반란이 일어났다. 이 두 사건은 이승만 정권에 심각한 위기의식을 불러일으켰다. 단독 정부 수립 반대, 민족 통일, 미군정 반대, 친일파 처단 등을 구호로 내세운 봉기였다. 모두 남로당이 개입되어 있었다. 하지만 공산당과 관련 없는 일반 민중들이 순식간에 호응했다는 점에서 정권이 받은 충격은 컸다. 이는 김구를 비롯한 중도 보수의 평화통일운동이 국민의 호응을 얻고 있다는 의미였다. 게다가 진압 과정에서 제주에서는 3만여 명, 여수와 순천에서는 5천여 명의 무고한 양민들이 학살을 당했다. 공산당이라서 죽인 것이 아니었다. 대부분이 죽고 나서 공산당이 된 사람들이었다.

정부 수립 2개월 만의 일이었다. 소장파 의원 63명은 즉각 진상 조사를 요구했지만 이승만은 오히려 이를 정적 제거의 빌미로 삼았다. '배후에 공산분자 외에 반란분자'도 있다면서 김구와 반 이승만 계열의 우익까지 표적으로 삼은 것이다. 하지만 증거도 없이 김구를 제거하기에는 그는 이미 거물이었다. 그러자 대신 공포 분위기를 몰아 독재의 도구로 쓰일 '국가보안법'을 통과시켰다. 소장파들이 '국가보안법'은 일제의 치안유지법, 히틀러의 유태인탄압법과 같은 것이라며

| 국권 강탈기의 인권 변호사들

애국지사까지 잡아 죽이는 악법이 될 것이라고 반대했지만 상황은 녹록치 않았다. 남로당이 개입한 것은 사실이었다. 반공 논리에 압도 당한 중도파 인사들의 지지를 얻을 수도 없었다.

소장파 의원들의 예상은 맞았다. 반민 특위에서 주도적으로 활동 하던 소장파 의원 3명이 1949년 5월 전격 체포되었다. 남로당과 연결 되어 국회에서 첩자 활동을 했다는 혐의였다. 정적 제거를 목표로 하 고 정권에 반하는 목소리를 누르고자 하는 권력이 그렇듯, 혐의를 입 증할 물증은 없었다. 국보법을 처음 적용하는 탓인지 이때의 검찰은 뒷날 보기에도 허술했다. 남로당 남북 평화통일 7원칙에 따라 활동했 기 때문에 구속한다고 밝힌 것이다. 증거는 뒤에 제출한다. 하지만 체 포 범위는 점점 넓어졌다. 또다른 소장파 의원들과 정부 관료, 군경으 로까지 수사가 확대되었다. 훗날 쿠데타를 일으키는 (만주군 선배 백선 엽, 정일권의 구명운동과 조직원들을 누설하는 조건으로 풀려나지만) 진짜 남로당원 박정희도 이때 체포되었다.

평화통일 7원칙(미소 양군은 철수할 것, 보통·비밀·평등·직접 선거를 통해 최고 입법기구를 구성할 것, 반역자를 처벌할 것 등등)으로는 처음부 터 혐의 입증은 무리였다. 재판 때 제출된 검찰의 증거는 자백 진술서 와 신빙성이 의심되는 암호문서가 전부였다. 1심에서 체포된 13명의 소장파들은 고문에 의한 허위 진술이라고 주장했지만 받아들여지 지 않았다. 입수 경위가 수상쩍은 암호문서 또한 별다른 검증 없이 증 거 능력을 인정받았다. 모두 유죄였다. 즉각 항소했으나 항소심은 열리지 못한다. 한국전쟁이 발발한 것이다. 전쟁 중 대부분이 월북 또는 납북되면서 이 일명 '프락치' 사건은 흐지부지 끝나고 만다.

역사에 가정은 없으나 만약 이 사건이 김병로가 있는 대법원까지 갔다면 어떤 판결이 났을까? 미궁에 빠진 사건을 두고 왈가왈부할 수는 없지만, 김병로는 국가보안법을 긍정적으로 보지 않았다. 그는 1953년 4월 국회 연설 중에 다음과 같이 말했다.

"특수한 법률로 국회에서 임시로 제정하신 줄 안다. 그러한 것을 다 없애고 형법만 가지고 목적을 달성할 수 있는지 고려해보았다. 지금 국가보안법이 제일 중요한 대상인데, 형법과 대조 검토해볼 때 형벌의 경중 차이는 있을지 모르나, 형법만 갖고도 국가보안법에 의해 처벌할 대상을 처벌하지 못할 조문은 없다고 생각한다."

일제가 치안유지법을 어떻게 사용했는지 확연히 지켜본 그로서는 치안유지법을 토대로 한 국가보안법의 위헌성을 두고 볼 수 없었다. 자의적으로 해석되어 권력의 이익을 위해 악용될 소지가 다분했기 때문이다. 하지만 소장파가 해체되고 1949년 6월 김구까지 암살되면서 이승만을 견제할 수 있는 세력은 없었다. 한국전쟁은 끝나지 않았고 공산당에 대한 증오가 끓어오르는 때였다. 형법으로 국가보안법을 대체할 것을 호소하는 대법원장의 목소리에 귀를 기울이는 사람은 없었다.

김병로의 우려는 적중했다. 부통령 선거와 국회의원 선거에서 사실상 패배하면서 4번째 집권이 멀어진 이승만은 거기서 한 발 더 나아갔다. 1958년 12월 24일 야당 의원을 의사당 밖으로 끌어내 감금한 채 여당 의원만으로 '국가보안법 3차 개정안'을 통과시켰다. '국가기밀' 사항이 엄청나게 확대되어 있었다. 이승만과 자유당의 부정을 폭로하는 것도 기밀 사항이었다. 언론 비판도 국가보안법으로 처벌할 수 있었다. 이미 대중에게 알려진 비리 사실을 다시 얘기하는 것도 처벌 대상이었다. 국보법에 걸린 사람들은 변호사를 부를 수 없는 상태에서 무기한 구금이 가능했다. 개악이었다. 여당은 뻔뻔스럽게도 다수결에 의한 만장일치라고 홍보했다. 퇴임 후 재야에 있던 김병로는 즉각 반박문을 발표했다.

"그들의 요점은 악법이라도 공포, 실시되면 복종하라는 것이다. ……야당 위원의 4배나 되는 경찰을 동원해 무더기로 납치해 감금했다가 여당만으로 다수결을 한 것을 다수 의결이라 하여 효력이 발생할 수는 없다. '악법도 법'이라고 말하는 것은 적법한 절차에 따라 국회에서 제정되고 공포되는 것을 말한다. 설령 적법하게 개정된 법률이라 할지라도 그 내용이 헌법 정신에 위배되는 것이라면 국민은 그 법률의 폐지 또는 개정을 위해 국민운동을 일으킬 수 있다. 이것을 경찰이 억압한다는 것은 민주국가에서 있을 수 없는 일이다."

_'국민은 악법 폐지를 요구할 권리가 있다', 〈동아일보〉(1959. 1. 10)

엄격한 법리주의자의 모습 그대로였다. "언론의 자유와 집회의 자유를 제한한다는 것은 쉽게 말해 사람을 불구로 만들겠다는 것이다"라며 연일 반정부 목소리를 높이는 그의 집은 당시 민의를 대변하는 장소였다. 그러나 그해 4월 가장 격렬하게 정부 비판을 쏟아내던 경향신문이 국보법으로 폐간을 당한다. 다음 해에 있을 대통령 선거를 앞두고 언론의 입을 다물게 하기 위한 본보기였다. 그러나 야당인 민주당은 사실상 선거를 포기하고 있었다. 혁신 세력이었던 조봉암은 후에 조작으로 밝혀진 간첩 혐의로 국보법에 따라 사형을 당했고, 부통령 후보인 장면은 저격을 받았으며, 대통령 후보인 조병옥은 선거 직전 사망했기 때문이었다.

단독 후보가 된 이승만은 손쉽게 제4대 대통령으로 당선되었다. 85세의 나이였다. 하지만 이번에는 시민들이 들고 일어났다. 4·19 혁명이었다. 이 시민의 힘에 경찰력으로 유지되던 이승만 정권도 항복을 하고 만다. 하야를 선언한 이승만은 5월 29일 비밀리에 망명을 떠났다. 국민들은 한국전쟁 때와 마찬가지로 그가 도망간 사실을 알지 못했다. 4년 임기를 더 채워 대한민국을 위해 무엇을 하려 했는지 모르지만 늙은 독재자는 하야를 선언하기 전 비상계엄령까지 발동했었다. 《로이터통신》은 전국적으로 시민 183명이 죽고 6,259여 명이 부상을 입은 그날을 '피의 화요일'이라고 타전했다. 1965년 하와이의 한 요양원에서 사망하기까지 이승만은 5년을 더 살았다. 망명이 아니라 사법처리를 받았어야 했다.

"폭군적인 집권자가 형식적인 법에 의거한 행동인 듯 입법 기관을 강요하거나, 국민의 의사에 의한 것처럼 조작하는 수법은 민주 법치국가에 있을 수 없는 일이며, 이를 억제할 수 있는 것은 사법부의 독립, 법원의 독립뿐이다."

정치적인 사건의 재판이든, 선거 소송이든 어느 쪽이 유리한지를 따지지 말고 오직 법에 의해서 재판하라는, 사법부를 향한 김병로의 당부였다. 하지만 "입법 권한을 가진 자들이 방자하다"며 때론 과격한 말까지 아끼지 않으며 지켜내고자 했던 사법부는 박정희 정권을 거치면서 독재 정권을 지탱하는 도구로 전락하고 만다.

"내가 잘못 생각했어. 그놈의 영감도 정정법(정치정화법: 혁명 활동에 방해되는 자의 정치활동을 금지시켰던 법)으로 묶어버릴 걸 그랬어. 내 실수지."

현실 정치에서 물러나 있던 김병로에게 "우국충정으로 혁명을 했으면 이제 국방으로 돌아가 훌륭한 군인이 되라"는 덕담(?)을 들은 5·16 군사 정변의 주역, 박정희의 후회다.

2천만 민족이 원고이자 2천만 민족이 피고다

"내가 변호사 자격을 얻고자 했던 것은…… 첫째로 일제의 박해를 받

아 질곡에 신음하는 동포를 위해 도움이 될 수 있는 행동을 하려 함이
었다. 잔혹했던 경찰도 변호사라면 쉽게 폭행이나 구금을 할 수 없었고,
둘째로 그 수입으로 사회운동의 자금을 충당할 수 있었으며, 셋째로 공
개 법정을 통해 정치 투쟁을 전개할 수 있다는 것 등이 우리에게는 한 무
기가 될 수 있었다."

시작은 니혼 대학교 청강생이었다. 경제적인 문제로 일시 귀국했다
다시 메이지 대학교 3학년에 편입한 김병로는 1년 만에 졸업한다. 공
부밖에 몰랐던 시간이었다. 졸업 대상자 270명 중 22등의 성적이었
다. 일본 교수들은 김병로의 합격을 예상했다. 하지만 스물아홉 식민
지 청년 김병로에게는 변호사 시험을 볼 자격이 없었다. 메이지 대학
교에서도, 또 메이지 대학교와 중앙 대학교가 공동으로 설립한 법률
고등연구과에서도 보기 드물게 성적이 좋았던 김병로였지만 할 수 있
는 일은 조국으로 돌아와 법학을 가르치는 일뿐이었다. 당시 총독부
관리가 되는 길을 제외하고 법학을 활용할 수 있는 길은 그것뿐이었
다. 총독부의 개가 될 수는 없었다. 김병로는 경성전수학교(서울 대학
교 법대 전신)와 보성법률상업학교(고려 대학교 법대 전신)에서 강의를
시작한다. 1915년의 일이다.

변호사가 될 수 있었던 것은 운명처럼 3·1 운동의 영향이었다. 3·1
운동을 계기로 문화통치로 전환한 일제는 자격 요건이 되는 조선인
을 특별 임용해 4~5개월간의 판사 생활을 시킨 다음 변호사 자격을

주었다. 변론을 통한 김병로의 독립운동은 그렇게 시작되었다. 변호사가 된 그는 거의 모든 독립운동과 관련된 사건을 도맡는다. 그는 독립운동가를 변호할 때마다 "2천만 민족이 피고이며 원고이다"라는 말을 즐겨 썼다. 독립운동이 죄라면 조선의 독립을 희망하는 2천만 조선인 모두가 죄인이자 동시에 고통받는 피해자라는 의미였다.

① 종로 경찰서 폭파 사건: 김상옥 의사 사건

1923년 독립투사들을 잡아 악랄하게 고문하던 종로 경찰서에 폭탄이 터져 경찰과 기자 10여 명이 사상을 입었다. 의열단원 김상옥은 남산에서 일경과 총격전 끝에 자결하지만, 일제는 8명의 관련자를 체포했다. 관련자들은 모두 고문을 심하게 받아 법정에 나올 수 없는 상태였다. 일제는 입원조차 허가하지 않았다. 이에 김병로는 아예 피고인들을 현재 그 상태로 법정에 나오게 해 방청객들 앞에서 일제의 고문 만행을 고발해버렸다. 이때 김상옥 의사에게 거처를 마련해준 이혜수 씨는 들것에 실려 재판정에 나왔다고 한다. 김병로는 그녀의 경우, 유죄 판결을 받게 한 다음 형 집행정지로 풀려나오게 하는 것이 치료를 받을 수 있는 가장 빠른 길이라고 판단, 상소를 포기했다고 한다. 남은 피고인의 변론은 대략 다음과 같이 진행되었다.

"김상옥의 경우 다무라 순사를 죽였고 계속해 몇 사람의 경관을 상하게 했으므로 사실이 표현된 죄이지만, 나머지 피고의 경우 김상옥의 사상에 공명되어 가담했다고 할지나 이는 2천만 조선 민족이 모두 독립 사상을 가진 것과 같은 것임을 경찰과 검찰의 기록을 보아도 명백하다."

김병로의 변론으로 모두 징역 1년에서 2년의 선고를 받게 된다. 이혜수 씨와 김병로의 인연은 해방 이후에도 이어졌다. 대법원장이 된 김병로는 그녀를 다시 만났다. 해방된 조국은 모진 고문과 유죄 판결까지 받은 그녀에게 아무런 보상을 해주지 않은 상태였다. 김병로는 그녀가 독립유공자라는 사실을 증명해서 생활을 이어갈 수 있도록 해주었다.

② 광주 항일학생운동 변론

나주에서 광주로 기차를 타고 통학하던 두 여학생을 일본 학생(광주중학)들이 희롱했다. 이를 보고 분을 참지 못한 조선 학생(광주고보)들과 그들 사이에 싸움이 난 것이 사건의 시작이었다. 싸움은 두 학교의 편싸움으로 확대되는데 경찰이 개입해 조선 학생들을 일방적으로 구타하기에 이른다. 억눌려 있던 민족감정이 폭발하면서 광주에서 시민들까지 참여해 독립을 요구하는 격렬한 시위가 곳곳에서 벌어졌다. 독서회를 통해 민족의식을 함양해오던 광주 지역 학생들은 순식간에 조직적으로 움직였다.

이 광주 학생운동은 꺼져가던 항일운동과 항일의식에 불을 지폈다. 70여 명이 구속된 사건은 엄격한 보도 통제에도 불구하고 전국으로 퍼져나갔다. 전국적인 시위가 일어났고 모두 3만 명의 학생들이 재판을 받아야 했다. 전국 각처에서 광주 관련 시위 사건 재판들이 넘쳐나는 상황이었다. 당시 신간회 간부였던 김병로, 허헌, 이인 등은 진상 조사단을 꾸리는가 하면 구속된 학생들을 변론하는 데 앞장섰다. 재판부까지 나서서 치안유지법과 보안법 혐의를 걸려고 했을 정도로 일제는 이 사건을 중요하게 다루었다. 김병로는 일본 정부의 비인도성을 조선인으로서 좌시할 수 없음을 밝히고 자신이 참여한 진상 조사를 토대로 검찰의 편파성을 지적하는 투쟁적인 변론을 펼쳤다.

"이 사건의 조작으로 인해 전 조선에 파급된 수천에 달하는 학생의 희생에 대한 책임은 전적으로 광주 검찰 당국이 져야 한다."

법정에서는 다양한 공방이 오갔으며 그때마다 언론에 보도되면서 이 사건은 국민들의 항일의식 확산에 크게 기여했다.

③ 안창호 사건 변론

농토를 잃고 만주로 밀려난 한민족이 농지 개간을 둘러싸고 중국인들과 충돌한 만보산 사건이 일어났다. 이에 도산 안창호는 중국인의 반한감정을 누그러뜨리고 중국인의 반일감정을 고취시키는 활동을 펼치다 일제에게 체포되어 압송되었다. 김병로는 이인, 허헌, 김용무 등과 함께 공동변호인단을 구성해 변론에 들어갔다. 독립운동

독립투사를 변호하기 위해 법정에 들어서는 김병로(맨 앞)

을 한 것은 명백하지만, 공소시효 범위 내에서 어떤 무장폭력 요소도 없었고, 공산주의와 연결시킬 근거도 없었다. 하지만 일제는 치안유지법을 바탕으로 '독립운동'을 위한 모금과 단체 결성을 처벌하겠다는 의지가 역력했다. 안창호는 변론을 원하지 않았다고 한다. 민족 과업을 성취하지 못하고 적에게 잡힌 몸이라 민족을 대할 낯도 없는데 구구한 변론이 무슨 필요가 있겠냐는 뜻이었다. 공판 당일 새벽부터 2백여 명의 방청객이 모여들었고 그 중에는 중국 국민당 간부들까지 섞여 있었다. 6명의 변호사가 순서대로 일어나 변론을 한 시간은 60분에 불과했다. 변호인들도 안창호의 뜻을 거스를 수 없었다. 다음은 이인의 회고다.

"도산은 의연했다. 재판장이 묻는 말에 간략한 대답뿐 구구한 변해辨解도 하지 않았다. 일본 재판장도 과연 도산은 다르다고 감탄하는 빛이 역력했다. ……민족의 지도자로서 그는 개별 쟁점 하나하나에 치열한 논쟁을 하지 않고 인정할 것은 인정하고 그러면서도 독립운동의 대의와 자신의 의지를 표현했다."

단 한 번의 공판으로 결심이 되고 도산은 징역 4년을 선고받았다. 사건에 비해 높은 형량이었다. 치안유지법이 적용되었기 때문이다. 도산은 오히려 지인과 변호인을 둘러보면서 "30년 독립운동에 겨우 4년 징역이냐"며 농담을 던졌다고 한다.

일제 강점기의 변호사는 태생적으로 한계가 있었다. 식민지 사법 절차라는 것이 인권을 보장하려는 것이 아니라 식민 정책을 시행하기 위한 편의적인 도구였기 때문이다. 법정에서 '민족'을 운운하는 것만으로도 자격정지가 될 수 있었다. 실제 이승만의 지지로 김병로를 대신해 대법원장이 될 뻔한 서광설은 정치적인 형사가 아닌 일반 형사 사건에서 민족 얘기를 꺼내다 검찰 조서에 오른 일이 있었다. 이때 그는 사색이 되어 검찰에게 빌었다고 한다. 독립운동가들을 변호하던 변호사들도 이 사실을 잘 알고 있었다. 그럼에도 독립을 지원한다는 뚜렷한 목적의식을 갖고 있었다. 무료 변론을 비롯해 사식을 차입하고 독립운동 자금까지 지원했다. 일제 강점기에 활약한 3인의 민족 변호사 중의 한 사람인 이인의 회고가 이를 잘 보여준다.

"때로는 피고에게 불리한 줄 알면서 재판장에게 대들고, 민족의식을 강조함으로써 재판장의 비위를 거슬렀다. 변론의 뜻이 개개인의 구제에 있지 않고 독립정신을 일깨우는 데 있었다. 우리의 변론 취지는 무엇보다 독립운동가들이 깊이 이해했다."

뼛속 깊은, 최초의 근대인

김병로가 처음부터 변호사에 뜻을 둔 것은 아니다. 구한말 전라북도 순창의 명문 유학자의 집에서 태어난 그는 17세가 되어서야 비로소 신학문을 접했다. 목포항에서 본 왜인의 거대한 선박과 물질문명에서 받은 충격이 김병로를 신학문의 길로 이끌었다. 처음엔 신학문을 배우면서 구체적으로 무엇이 되고자 한 것도 없었다고 한다. 앞으로 대세를 지켜보고 결정하겠다는 것이 소년의 뜻이었다. 하지만 20세가 되는 해에 더 큰 충격이 소년을 덮친다. 바로 을사늑약이다. 비분을 참을 수 없던 김병로는 면암 최익현 밑에서 의병 활동을 했다. 죽창과 식칼을 들고서라도 일본과 싸우자는 70세 노학자 밑에서 그는 정말 그렇게 싸웠다.

활과 칼로는 신식 총을 이길 수 없다는 좌절감에 그는 기문둔갑과 부적술도 배웠다고 한다. 기문 법칙으로 의병의 거사 일을 정하고 행군 방향을 점치고 총알을 피하는 부적을 쓰는 것이 김병로의 일이었다. 뜻을 함께하던 사람들이 힘 한번 쓰지 못한 채 적의 총탄에 쓰러지는 것을 본 이후에야 가인은 팔괘와 오행술법을 연마하는 일을 그만두었다. 그 후 미신과 봉건적 습속을 철저히 배격하는 근대인으로 다시 태어난다. 실제 그의 행적을 살피면 늘 시대의 관습을 앞서갔다.

김병로의 큰며느리인 고귀현은 유복하고 개화된 집안에서 태어났지만 단지 여자라는 이유로 교육을 받지 못했다. 아들을 유학시키고 스스로도 개화물을 접한 사돈이었지만 딸을 교육시켜야 한다는 생각은 하지 않았던 것이다. 그런데 김병로는 이 며느리를 자신의 딸과 함께 숙명고녀에 입학시키고 약학 전문까지 보냈다. 여자도 배울 수 있는 데까지 배워야 한다는 것이 그의 생각이었다. 1920년대에 보여 준 남녀평등이다. 김병로는 또한 집안 제사를 모두 철폐했다. 기독교

신자도 아니었고 10대 시절 할머니의 묘를 손수 택할 만큼 풍수에도 밝은 김병로였다. 그랬던 그가 조상을 위하는 것과 제사를 지내는 것은 다른 문제라고 했다고는 하나 명문 유학자 가문의 자손으로서 쉬운 결정이 아니었을 것이다. 또 자식들의 자유연애에 간섭하지 않았을뿐더러 법학자로서 동성동본금혼법을 폐지해야 한다는 신념도 갖고 있었다. 동성동본금혼법은 2005년에야 폐기된다. 그의 안목이 얼마나 앞서 나갔는지를 잘 알 수 있는 예일 것이다. 너무 소소한 사례지만 기자에게 맞담배를 권한 일화도 있다. 오늘날 미국 교포 사회에서조차 지켜지는 예절을 그는 깼다. 당시로는 혁명이었다.

　가장 선진적인 민주주의를 보여주던 미국에서 생애 대부분을 보냈으며, 하버드 대학교와 프린스턴 대학교에서 수학하고, 거기서 박사학위까지 취득한 이승만의 정치 행적을 마지막 봉건인의 모습으로 비유할 수 있다면, 이런 김병로의 행동은 진짜 근대인의 얼굴이다. 봉건 시대에 태어나 삼강오륜부터 배웠지만 가인은 삼권분립에 기초한 자유민주주의를 철저히 신봉했고 그 정신이 무엇인지도 잘 알고 있었다. 자유와 평등. 그는 사상에서만이 아니라 행동에서도 이를 보여준 사람이었다.

법복을 입은 독립투사

애산 이인

유학 가서 요시찰 인물로 찍히다

애산愛山 이인(1896~1979)의 아버지 이종영은 한말 애국계몽 단체인 자강회와 대한협회의 중심 인물이었다. 보성전문, 보성중학 같은 민족교육 기관의 경영을 맡기도 했으며 기미 독립선언서를 찍은 보성사라는 인쇄소를 운영하기도 했다. 이런 이력으로 그의 집안은 늘 일제의 감시를 받았다. 숙부 이시영도 독립운동을 하다 잡혀가는 일이 다반사였기에, 애산의 집안은 온통 반일과 독립사상으로 가득한 곳이었다(부통령을 지낸 이시영과 이름이 같았기 때문에 독립운동가들은 대구에서 활동하던 애산의 삼촌은 남시영으로, 서울에서 활동하는 이시영은 북시영으로 구분했다고 한다). 가족들은 아버지가 1년에 한두 차례 구금 생활을 하는 것을 당연하게 받아들였다.

집을 뒤져 아버지와 숙부를 잡아가는 것도 일본인이요, 집안 살림을 빼앗아가는 것도 일본인이라 생각하니 어린 마음에도 이인은 그분을 참을 수 없었다고 한다. 5세 때부터 한학을 공부하며 신동 소리를 듣던 그가 법률을 공부하기로 결심한 것은 억울한 국민을 구해보자는 이런 의분이 뭉친 결과였다. 이인의 회고에 따르면, 일부 지식인층을 제외하고는 일반인들이 모두 몽매하여 일본 거류민의 권익을 보호하기 위해 세운 이사청에다 망국의 한을 풀어달라는 탄원서를 제출할 정도였다고 한다.

"나라 잃은 설움을 안타까워할 줄만 알았지, 반항할 절차를 전혀 몰랐다. 나는 어려서부터 어떻게 하면 일제의 압박을 벗어볼까, 불의와 부정을 타파할까 생각하는 가운데 법률을 공부함이 그 한 가지 길이라고 생각했다."

하지만 이인은 생각보다는 행동이 앞서는 편이었다. 7세 때 시원하고 편해 보인다는 이유로 집안의 허락도 받지 않고 댕기머리를 잘라 깐깐한 유학자였던 할아버지에게 된통 혼이 난 일도 있었다. 이 일로 꼬마 애산은 친척집에 사흘 동안 숨어 있어야 했다. 이렇게 일단 저지르고 보는 그는 일본 유학을 결심한다. 좀 더 넓은 세상에서 본격적인 신학문을 공부하고 싶어서였다. 6개월 정도 일본어 강습소를 다니고는 이 정도면 되겠다는 마음에, 벙어리저금통을 깨서 마련한 45원을 들고 일본으로 갔다. 그때 이인의 나이 17세로, 사실은 무단가출에 가까웠다. "나를 찾지 말아주시오. 공부를 마친 뒤 돌아올 테니 안심하십시오"라는 쪽지 한 장을 남기고 호기롭게 일본으로 건너간 것이다.

언어 공부를 고작 6개월만 하고 일본으로 건너갔으니 발음이 시원치 않아 고생하고, 수업료를 내고 난 뒤 생활비를 충당할 수가 없어도 어디 하소연할 데가 없었다. 이런 와중에도 이인은 아르바이트와 공부를 악착스럽게 병행하며 메이지 대학교에 입학했다. 그 이후에야 고향에 편지를 보내 불효를 사죄했다. 3년 만의 일이었다. 그러나 가만히 앉아서 공부만 하고 있기에는 애산의 몸에 흐르는 피가 너무 뜨거웠다. 조국의 참상이 떠올라 법률 서적에 집중할 수 없었던 것이다. 그는 도서관에 앉아 일본이 한국에서 펴고 있는 탄압상을 낱낱이 고발하는 한 편의 긴 논문을 썼다. 글에다 '조선총독부의 학정을 세계에 호소한다'는 제목을 붙이고는 이것을 국수주의 잡지 《일대제국지—大帝國誌》에 투고했다. '폭정에 시달리다 생계를 잃고 만주로 떠난 국민이 1백만을 헤아린다. 이것이 한일합방의 본뜻인가, 이를 즉각 시정하지 않으면 후회해도 소용없다'는 경고까지 넣은 글이었다.

"적어도 오장육부를 갖춘 인간이라면 반드시 조선에 있는 이주민과 관리들의 포학, 잔인함에 분개하고 우리를 위해 한 줌 동정의 눈물을 흘리지 않을 수 없을 것이다."

'총독 정치하의 조선인은 벌레만도 못한 인간, 도살장에 끌려가는 소'라는 적나라한 표현이 담긴 그의 글이 일제 강점기 일본의 한복판인 도쿄에서 발행되는 잡지에 실렸다는 것은 지금 생각해도 불가사의한 일이다. 이 투고로 이인은 뜻하지 않게 좋은 일을 하나 하게 된다. 국수주의 잡지《일대제국지》가 발간 금지를 당했기 때문이다.

몇 번의 문초를 당하는 것으로 처벌은 면하지만 이인에게 유학생활 내내 일본 경시청의 미행과 감시가 따라붙은 것은 물론이었다. 하지만 이 와중에도 울분을 참지 못한 이인은 또다시 조국의 참상을 고발하는 글을 썼다. 이번엔《아사히신문》이었다. 그의 글은 '일본은 조선에 대한 가혹한 식민 정책을 양기하라(버려라)'는 제목으로 1면에 연이틀 연재가 되었다. "가슴에 맺힌 생각을 뱉어놓지 않고는 법조문이 제대로 머리에 들어갈 것 같지도 않았다"는 것이 글을 쓴 동기였다. 우리의 군사 독재 시절이었다면 필화 사건으로 충분히 엮였을 법한 내용이었지만 이인은 다시 처벌을 면한다. 3·1 운동 직후 문화통치를 표방하던 상황이었고, 신문사라는 언론 기관의 위력도 그가 처벌을 피하는 데 한몫했다고 한다.

이인이 한창 변호사 활동을 하던 1932년 '변호사 평판기'라는 제목으로 잡지《동광》에 실린 그의 인물평이다.

"……이 군은 마음에 먹은 일이면 그냥 내어 쏘는 성질이 있다. 그러므로 이 군은 이것으로 이익을 보는 때도 있거니와 손실을 보는 때도 있다. 다시 말하면 이 성품은 이 군의 장점도 되거니와 결점도 되는 것이다……"

독립운동을 지원하던 민족 변호사 대부분이 그랬다. 민족의식 고취도 변론의 목적이었던 그들은 재판장에서 흥분하면 단상에 서서 웅변하듯 목소리를 높였다. 그런 변호사들 가운데서도 이인은 좀 더 유별났던 모양이다.

가슴에 있는 말은 쏟아야 하는, 심히 불온한 변호사

변호사가 되기 전 이인은 은행원으로 6개월 정도 사회생활을 경험한 일이 있다. 대학을 졸업했으나 가슴 깊은 울화증을 달래지 못해 무엇이 될까 고민하며 방황하던 시절이었다. 은행원이 된 것은 여러 해 동안 어렵게 공부한 탓에 숨이라도 트고 싶어서였다. 하지만 은행원 생활을 성실하게 한 것은 아니었다. 상업은행(현 우리은행) 종로 본점에 첫 출근을 했을 때 그에게 맡겨진 업무는 환전이었다. 실무에 깜깜했던 사회 초년생은 '에라 모르겠다'는 심정으로 돌아앉아 소설 책이나 읽고 있었다고 한다. 한참이나 상사의 눈총을 받은 끝에 다시 맡겨진 업무는 실무 감각이 필요 없는 계산이었다. 하지만 주판알도 튕기지 못하는 그는 번번이 계산이 틀려서 50여 명의 다른 직원들이 정시에 퇴근하지 못하도록 발목을 잡기가 일쑤였다. "저놈이 정말 대학 졸업생이 맞나?" 하는 시선을 한 몸에 받았다.

이인이 처음 마음먹은 대로 변호사가 되기로 한 것은 숙부 이시영의 심부름 때문이었다. 하루가 멀다 하고 사고를 치던 이인은 평택 지점으로 전근을 가는데 하루는 숙부가 찾아와 경기도 지도를 주면서 어디어디를 찾아가라고 했다. 군자금을 조달해오라는 분부였다. 그러나 숙부의 말을 따라 안성으로 내려가던 애산은 경찰에 덜컥 잡히고 말았다. 일주일 동안 갇혀 귀가 안 들릴 정도로 모진 고문을 받은 그는 다시 법률 공부에 뜻을 두었다. 변호사의 필요성을 몸으로 느낀 것이다. 이인은 일제와 싸우기 위해서라도 법률가가 되기로 작정했다.

애산 이인은 2번의 도전 끝에 1922년 일본에서 치러진 변호사 시험에 합격한다. 일본 전국에서 4천 명이 응시했는데 합격자는 겨우 70명으로, 이인은 그 중 유일한 한국인이었다. 27세의 일이다. 울화가 치밀어 하고 싶은 말을 쏟지 않고는 공부를 할 수 없었던 애산은 변호사가 되어서도 마찬가지였다. 울화가 치밀면 하고 싶은 말을 해야 했다.

① 경북 중대 음모 사건: 나체 공판

상하이 임시정부의 독립자금을 확보하기 위해 대구 조선은행의 금고를 깨뜨리려고 한 사건이다. 체포된 사람은 최윤동, 이수영, 송두환 등 9명에 이르렀다. 거사 직전에 발각되었는데, 이인은 대구 지역 변호사 4명을 돕기 위해 서울에서 급히 내려갔다. 재판장 좌석이 부족해 변호사들과 피고인들이 가까이 앉게 되었을 때 이인은 피고인들에게서 고문의 흔적을 발견했다. 그는 공판 도중 벌떡 일어나 신문 중지를 재판부에 요구했다.

"피고인들이 형언 못할 고문을 당한 것이 분명하니 검진해주기를 바란다. 피고인들의 옷을 벗겨보면 금방 알 수 있다."

애산의 말이 떨어지기가 무섭게 피고 중 한 사람이 옷을 홀렁홀렁 벗었다. 그러자 너도나도 앞다투어 옷을 벗었고 재판장은 순식간에 나체로 가득 차버렸다. 피고들의 몸은 차마 눈을 뜨고 볼 수가 없을 정도로 참혹했다. 예심을 끌며 상처를 아물린 다음에 진행된 공판이었음에도 상처에서는 여전히 진물이 흘렀다. 이때 애산은 그들의 나체를 보며 장하다고 해야 할지 비장한 용기라고 해야 할지 모를 감동에 가슴이 메었다고 한다.

다급해진 것은 검찰 쪽이었다. 휴정 시간에 검사가 애산을 찾아와 "잘 부탁한다. 너그럽게 해주면 알아서 처리하겠다. 구형 때 보면 뜻을 알 것이요"라고 했다. 검사의 말처럼 실제 구형은 2년에서 7년이었다. 죄에 비해 가벼운 형량이었다. 하지만 경찰 쪽에서는 상당히 약이 오르는 일이었다. 어떤 놈이 저런 불량한 변호사를 서울에서 불러왔느냐며 피고 가족들을 들쑤시고 다녔다고 한다.

② 비밀 결사 조직으로 둔갑한 야학: 수원고등농림학교 사건

1927년 수원고농 학생들이 야학을 조직하고 농촌계몽운동을 하던 것이 '비밀 결사'라는 대형 조직 사건으로 비약된 사건이다. 수원 경찰서는 혐의자 11명을 잡아들였다. 학생들은 공판이 개시될 때까지 무려 1년 6개월 동안 미결 상태로 구금되어 있었다. 처음부터 경찰은 학생들을 치안유지법 위반으로 몰아가고자 했다. 이 사건은 애산의 가장 유명한 변론 중 하나로 꼽히고 있다.

애산은 단순한 야학 활동을 중대한 비밀 결사 사건으로 조작했음을 통박하면서 시작했다. 학예회 때 출품된 작품에 '민족, 자유, 독립'이라는 단어가 포함된 것은 '조선에서 빈번히 일어나는 일'이기에 처벌하더라도 경범죄일 뿐이라고 검찰의 논조를 반박했다. 일견 평범한 변론인데도 애산은 이 변론으로 정직 6개월의 처분을 당한다.

"양부모의 학대를 견디지 못할 지경이면 양자는 친부모를 그리워하고, 옛 친가의 일을 다시 생각함이 인지상정이다. 일본의 식민 정책이 이런 잘못을 저지르고 있는 것 아니냐? 인간은 원래 굶주리면 식물을 찾고, 결박되었을 때는 자유와 독립, 해방을 요구하는 것이다. 이것이 인간의 본능이니……"

천부인권설을 주장하고, 일본의 식민지 정책을 비판한 것이 변론의 요지였다. 하지만 범죄 사실을 왜곡하고 피고들의 모의를 칭찬함으로써 '심히 불근신한 변론'을 해, 변호사의 '품위와 신용을 실추'시켰다면서 일제는 그에게 정직 처분을 내렸다. 애산이 받은 이 정직 처분은 일제하에서 변호사가 변론 내용으로 징계를 받은 첫 사례였다. 변론을 문제 삼아 총독부가 민족 변호사들의 활동에 제동을 걸려는 의도였다. 그러나 애산은 징계가 풀리자마자 심히 불량하게도 사상 사건 속으로 곧장 뛰어들었다.

실제 1930년대 이후로 독립운동가들의 인권 변호는 애산 이인이 도맡는다. 3인방의 한 사람이었던 허헌은 신간회 활동으로 구속된 상태였고, 김병로는 허헌의 뒤를 이어 좌우로 분열되려는 신간회를 간신히 떠받치고 있었다. 이런 가운데 애산은 매년 80~90건의 독립운동 관련 사건을 처리했는데, 해방이 되기까지 그의 변호를 받은 독립운동가는 1만 명이 넘었다고 한다.

③ 신분 차별 철폐와 민족 해방: 형평사 사건

형평사는 백정이라는 특정 직업을 천시하는 계급 의식을 타파하기 위해 만들어진 결사체였다. 이들은 반봉건 투쟁을 벌이면서 민족 해방운동을 비롯한 각종 사회활동에 적극적이었다. 일제는 유독 이 단체를 탄압했다. 1928년 광주 경찰서가 총동원되어 전국의 형평사 사원들을 구속했을 때 그 숫자가 630명이 넘었다. 일제의 탄압이 극도에 이르렀을 때에도 이 형평사만큼 대량 검거를 한 사례는 없었다. 검거한 사람이 너무 많아서 경찰서 나뭇가지에 수갑을 채워놓았고

형평사 제6회 정기전국대회 포스터(진주시청)

이 때문에 손이 비틀려 평생 불구가 된 사람이 생기고 매를 맞고 숨진 사람까지 나오는 상황이었다.

이인은 김병로, 이창휘와 함께 검거 소동이 끝이 난 이듬해 광주지방법원으로 내려갔다. 공판장에 들어선 그는 피고의 숫자에 놀라고 기록 뭉치의 양에 놀랐다. 그의 표현에 따르면, 마치 종이 산성을 쌓아 놓은 듯했다고 한다. 일일이 등사할 수가 없어 변호사들은 불구속 피고들에게서 예심종결결정서만을 얻어 공판에 임했다. 판사가 피고들을 불러 인정 신문을 하는 동안에도 기록을 뒤지느라 정신이 없는 상황이었다. 애산은 이때 아주 중요한 것을 발견한다. 피고들의 조서가 모두 같은 날짜로 되어 있었던 것이다. 아무리 유능한 형사라도 형사 기록은 하루를 꼬박 일해서 50장 정도를 작성할 수 있는데, 많은 분량은 850장, 적은 분량은 450장에 이르렀다. 게다가 기록들 사이에 "이러이러한 구절은 이러하게 고칠 것"이라고 의견을 적은 쪽지까지 있었다. 기록 작성 때 상사가 담당 형사에게 지시한 메모 사항이었다. 필적까지 동일했다. 애산은 즉각 공판을 중지시키고 감정과 검진 신청을 요구했다.

"광주뿐만 아니라 전국 방방곡곡에서 피고들이 검거되었으며 만주에서도 잡혀왔다. 그런데 조서가 한날한시에 그것도 동일한 필적으로 작성되었다니 이게 무슨 말인가."

이 한마디로 재판은 끝난 것이나 다름없었다. 선고 공판에서 전원이 무죄 판결을 받았다. 검찰은 불복해 항소를 하지만 3개월 뒤에 열린 공판에서도 무죄 판결이었다. 무리한 수사로 사건을 날조한 것부터가 잘못이었지만 애산의 재치가 돋보이는 변론이었다. 항소에서는 변호인단이 한마디의 변론도 할 필요가 없었다고 할 만큼 완벽한 승리였다.

식민지 시대 재판 역사상 이렇게 많은 피고가 1심과 2심에서 모두 무죄를 받고 풀려난 일은 없었다. 사람들은 이 승리를 '유치장 혁명'이라고 부르며 기뻐했는데, 총독부만큼은 그럴 기분이 아니었던 모양이다. 그들은 전국의 경찰 간부를 소집해 담당 책임자를 면직시키는 것으로 화풀이를 대신했다.

④ 투옥과 자격 박탈: 조선어학회 사건

사건의 발단은 여학생의 일기 몇 줄이었다. 1942년 여름 방학 직후, 철도 승객을 단속하러 나왔던 일본 형사가 박병엽이라는 청년을 불심검문했다. 총독부가 강요하던 국방복을 입지 않았고 삭발도 하지 않았다는 이유였다. 경찰은 그의 집까지 수색을 했다. 이때 박병엽의 조카인 함흥 영생여고보 박영옥의 일기장에서 "오늘 국어를 사용하다가 벌을 받았다"는 구절이 발견되었다. 일제는 1939년부터 '국어 상용'을 실시했는데 이때의 국어는 당연히 '일본어'였다. 경찰은 '일본어'를 사용하다 벌을 받았다라고 해석해 반일사상을 가진 교사를 색출하기로 작정했다.

마음먹고 박영옥의 학교를 조사했지만 뜻밖에 학교는 '국어(일본어) 상용'을 철저히 하고 있었고, 박영옥은 '조선어'를 사용하다 처벌받은 것이었다. 하지만 일본 경찰은 사건을 꾸며내기로 마음을 달리먹는다. 트집거리를 찾아 조사를 하던 중 1년 전 퇴직하고 조선어학회에서 일을 보고 있는 정태진이 걸려들었다. 이를 시작으로 이극로, 장지영, 김윤경, 최현배, 이희승 등의 조선어학자들과 회원들을 검거하기 시작했다. 변호사였던 이인은 이 사건을 맡지 못한다. 단체를 후원했다는 명목으로 그도 같이 잡혀 들어갔기 때문이다.

모든 활동을 공개적으로 해왔고, 출판물 또한 총독부의 검열을 받아 출판하던 조선어학회였기에 애당초 사건이 되기가 어려웠다. 단체 회원들의 일차적 목표는 한글의 대중화와 학술화였기 때문에 이 목적에 장애가 될 만한 것들은 의식적으로 피했기 때문이었다. 그들은 '조선 독립'을 표방한 적도, 독립과 관련하여 뚜렷한 활동을 한 일도 없었다. 하지만 모든 폭압적 권력이 마음을 먹으면 그렇듯이, 증거가 없는 사건은 고문으로 증거를 만들어낸다. 체포된 인사들 모두 무려 4개월간 모진 고문을 받았다. 조선어학회는 학술 단체를 가장한 독립 비밀결사 단체로 둔갑하고 말았다.

여기서 변호사였던 이인은 법을 안다는 이유로 특별 취급을 받았다. 서울에서 연행된 모든 인사들이 함북 홍원 경찰서로 끌려가 고문을 받는데, 애산만 함남 함흥 경찰서로 유치되어 따로 고문을 받았다.

법률을 아는 이인 같은 민족 변호사가 다른 사람들과 함께 있으면 말썽거리가 생길 것을 우려한 탓이었다.

"사지를 묶은 사이로 목총을 가로질러 꿰어 넣은 다음 목총 양끝을 천장에 매달아 놓아 비틀고 저미게 하는 비행기 타기와 두 다리를 뻗은 채 앉혀 놓고 목총을 넣어 비틀어대는 아사가제가 특히 괴로웠다. 이 중에서 아사가제 때문에 평생 보행이 불편할 정도로 다리를 상했다."

재판에서 조선어학회 회원들에게 적용된 혐의는 모두 치안유지법 위반이었다. 합법도 불법으로 만들 수 있는 것이 치안유지법이었다. 검사의 심문 과정을 이인은 다음과 같이 회고했다.

"검사가 아오야나기였는데, 이 자가 경찰을 지휘해 사건을 만든 장본인이었다. 집요하고 간교해 이것도 독립운동 하려던 것이냐, 저것도 독립운동 아니냐 하고 사사건건 트집을 잡았다. 참다못한 내가 '그럼 밥 먹는 것도 독립운동이냐'고 대드니까 '밥 먹고 기운 차리면 독립운동 하겠지' 하고 서슴없이 대답하더라."

이인은 이 일로 4년을 복역하고 1945년 1월 학질로 인한 병보석으로 풀려났다. 소아마비를 앓아 조금 절룩거리던 그의 다리는 고문 후유증으로 한두 걸음도 옮기기 힘들 정도로 망가져 있었다. 반죽음 상태로 서울로 돌아왔지만 총독부에 요주의 감시 대상에 올라 있던 애산은 이제 '흑표 4호'로 지목되어 언제든 다시 체포될 수 있는 위험인물이었다. 쇠약해진 몸을 이끌고 양주로 몸을 숨긴 그는 독립국가에서 사용할 국기와 국호를 구상하다 해방을 맞이했다.

파탄으로 끝난 이승만과의 동거

해방된 조국에서 이인은 이미 가인 김병로와 함께 대한민국 법조계의 중역이 되어 있었다. 일제하의 기나긴 세월 동안 민족과 국권의 독립을 위해 헌신한 그에게는 아직 기틀도, 조직도 만들어지지 않은 조국이 기다리고 있었다. 그는 미군정하에서 수석대법관과 대법원장 서리가 되어 해방 후 혼란한 치안을 담당했고, 한편으로는 가인 김병로와 함께 '헌법기초위원회'를 조직해 신생 공화국의 뼈대가 될 헌법 초안을 만들기 위해 뛰어다녔다. 행동이 빠른 그의 면모를 알 수 있는 것으로, 임시정부 귀국 환영회 바로 다음 날 이 '헌법기초위원회'를 조직한 것이다. 하지만 일제의 법률을 대신할 법전 편찬 작업만큼은 쉽지 않았다고 한다.

> "착취, 차별, 압박으로 내포된 일본의 법률을 철폐하고 우리 생활과 실정에 맞는 민주 법률을 제정해 국가의 면모를 일신해야 했다. 하지만 일천만 원 이상의 재용이 소용되는 일이었다."

인적 자원도, 물적 자원도 부족했기에 일제 법령을 철폐하기 위한 본격적인 작업은 정부 수립 이후 '법전편찬위원회'가 만들어지면서 가능했다.

해방 후 그가 펼친 활약 가운데 애산의 정치적 성향을 알 수 있는 일이 있다. 바로 한국민주당의 창당이다. 좌익계였던 몽양 여운형의 조선건국준비위원회가 임시정부의 귀환을 기다리지 않고 단독적인 건국 준비에 들어가자, 독자 행보에 실망을 한 애산이 우익 민족주의자들을 규합한 것이다. 가인 김병로도 이때 한국민주당으로 들어온다. 아이러니한 것은 가인과 애산 모두 식민지 시대 일본에게 '좌익 변호사'나 '사상 변호사'라고 불렸다는 것이다. 항일 변론을 주도하면서 좌익과 우익을 가리지 않고 변호를 했지만, 둘의 정치적 성향은 우익이다. 한국민주당은 창당 선언을 통해 조선인민공화국을 타도하고 임시정부를 대한민국 정부로 받아들이겠다는 뜻을 분명히 밝혔기 때문이다.

좌익의 스펙트럼이 넓은 오늘날 한국으로서는 가인과 애산이 일제로부터 '좌익 변호사'라 불렸다는 점을 생각해봐야 할 것 같다. 일제가 민족 변호사들을 '좌익'으로 규정한 이유는 '인권'이라는 보편적 가치를 드러내고, 억압받는 사람들을 돕고자 했기 때문이다. '민족 독립'이라는 당연한 신념도 '좌익'이 될 수 있던 세상이 일본 제국주의 시절이었다. 오늘날 대한민국도 권력에 비협조적인 사람들을 그렇게 바라보는 것은 아닐까 하고 '블랙리스트 파동'을 접하면서 생각했었다.

| 국권 강탈기의 인권 변호사들

아래는 애산이 변호사는 어떠해야 하는가를 밝힌 글이다.

"모름지기 변호사는 돈맛을 알아서는 안 된다는 게 나의 신조이다. 억강
부약(抑强扶弱: 강함에 맞서고 약한 것을 돕는다)하는 것이 변호사의 성스러
운 임무인데 약자에게 받아낼 돈이 어디 있단 말인가?"

약자를 모른다 하고 강자에 빌붙는 자를 애산은 이미 변호사 자격
이 없는 사람이라고 했다. 애산은 이 글의 끝에 항일운동에는 한사코
꽁무니를 빼거나 이름만 걸어놓고 행동을 하지 않는 조선 변호사들
이 있었음을 고백하고 있다. 모두 투쟁적이었다면 역사가 조금은 달
라졌을 것이라는 것이 그의 생각이었다.

애산과 가인은 또 민주주의에 대한 확고한 신념도 같이했지만 더
불어 둘 다 상당히 진보적이었다. 당시 남한은 농가의 70퍼센트가 토
지를 전혀 갖지 못한 소작농이었는데, 그들은 과중한 수탈에 시달리
고 있었다. 전체 인구의 80퍼센트를 차지하는 농민의 이런 상황은 모
든 정치적 불안의 근원이었다. 무상 몰수, 무상 분배와 같이 가인과
애산은 농지개혁 법안에서 지주 편을 들지 않고 소작농의 편에 섰
다. 유상 매입, 유상 분배를 고집하는 한국민주당의 보수적인 성향
과는 맞지 않았기에 가인은 한민당을 탈당하고 말았다. 이인도 마찬
가지였다. 친일 청산에 반대할뿐더러(한민당의 주된 세력이 친일 지주였
다), 비민주적인 행태까지 보이는 것에 실망해 탈당하고 만 것이다. 근

20년을 함께 변론하며 동반자처럼 움직였고, 일제 강점기 치안유지법의 호된 시련을 당했기 때문인지 둘은 '국가보안법'에 대한 견해도 일치했다. 어쩌면 두 사람은 민족주의자이면서 민주주의자이고 진보적 시각도 어느 정도 공유했다고 보는 것이 맞을 듯하다.

한민당에서 이승만과 맺은 인연과 미군정 당시의 업무 능력을 인정받아 초대 법무부 장관이 된 애산이었지만, 이런 애산이었기에 이승만 정권과의 불협화음은 예약되어 있었다. 당시 언론에게 권력 앞에 순종적인 인물로만 가득하다는 평을 받았던 첫 내각에서 이인은 유일하게 목소리를 높이는 장관이었다. 직선적인 성격 그대로 법무부 장관으로 취임한 지 2개월도 안 되어 이승만과 충돌이 일어나 사표를 제출했지만 이 사표는 수리되지 않았다고 한다. 그러나 대한민국 최초의 여성 장관이자 이승만의 양녀라고 불리던 임영신 상공부 장관을 사기와 뇌물 수뢰 혐의로 기소한 후 이인은 사표를 내고 스스로 물러나고 만다. 기소하지 말라는 이승만의 지시를 대놓고 어긴 것은 물론이다. 그는 사표를 무려 4번이나 반복적으로 냈다고 한다.

"이 대통령은 정부 수립에 전연 백지였던 것은 물론이고 주먹구구식이었다. 특히 인사에서는 등신이라는 혹평을 들을 만큼 편협했다. 그래서 국회와 조화가 이룩되지 못한 것은 당연하려니와 행정 면으로도 지대한 차질을 거듭해 급기야는 뜻하지 않은 북괴의 남침을 초래했다."

장관직을 사퇴한 그는 이승만 독재에 가장 비판적인 정치인이었다. 특히 한국전쟁 발발 이후 부산 피난 시기, 재집권을 위해 비상계엄령을 발동한 후 국회를 마음대로 해산하는 이승만의 반민주적 행태를 목격한 애산의 분노는 대단했다고 한다.

민주주의에 대한 이인의 신념과 불같은 성격은 군사 정변으로 집권한 공화당의 군홧발 아래에서도 여전했다. 국가 권력의 묵인하에 이루어진 삼성의 사카린 밀수 사건을 '법치주의의 장송'이라고 일갈했다.

> "국민은 삼성 밀수 사건의 전모를 알고 있으며 수사도 이미 다 해놓았다. 왜 검찰만 사건의 내용을 모른다고 하는가. 가장 공정해야 할 수사 기관이 독립적이고 능동적인 행동을 하지 못하고 정권의 시녀로 전락했다는 사실을 확인해준 셈이다."

애산과 가인은 메이지 대학교 법학과 동문이다. 김병로가 이인보다 9년 나이가 많지만, 가인이 늦게 공부를 시작한 탓에 둘은 햇수로는 3년 선후배 사이였다. 두 사람은 잔존하는 일본 법률을 철폐해 대한민국 법률을 바로 세우고 헌법을 기초하는 데 많은 공헌을 했다. 전력하지 못해 아쉬움이 남는다고 했지만 그것은 남겨진 후학들의 몫일 것이다. 해방된 조국의 민주주의는 두 사람이 살아생전에 꽃피지 못했다. 애산과 가인이 집필한 제헌 헌법 초안에도 주권재민의 원칙은 명시되어 있었다.

제1조 한국은 민주공화국이다.

제2조 한국의 주권은 인민에게 있고 모든 주권은 인민으로부터 발發한다.

통치자들은 헌법을 권리의 보장으로 보지 않고 통치의 도구로 여겼다. 정부의 권력은 반드시 헌법에 명시된 권력이어야 하며, 그 이상도 그 이하도 아니어야 한다. 가끔 모국의 뉴스를 접할 때마다(글을 쓰는 지금은 거의 매일이지만) 대한민국이 헌법에 보장된 개인의 자유와 권리를 보장받기까지는 얼마나 더 긴 시간이 필요할지 새삼 생각이 깊어진다.

공자의 후손에게 고소를 당하다

"지금 생각해도 변호사를 시작한 뒤의 생활은 그야말로 눈코 뜰 사이 없이 바빴다. 자고 나면 사건이요, 또 자고 나면 사건이 생겼다. 나라를 도로 찾겠다고 법정에서 아무리 열변을 토해도 끝이 없는 것이다. 결국 나라를 빼앗긴 근본 문제가 해결되지 않고서는 아니 되겠다는 생각이 드는 것이다."

이인은 여기에서 비롯된 생각을 갈무리하여 1926년 《신민》 5월호에 '신윤리론'이라는 제목으로 글을 썼다. 내용은 흐려진 국민정신과 쇠망으로 떨어진 제국 정치와 빈궁에 빠진 개인 살림살이를 바로잡으려면 무기력한 사대주의와 무의지한 노예근성을 씻어 없애고 신시대의 새로운 윤리를 창건해야 한다는 주장이었다.

그런데 새로운 윤리를 수립하자는 이론을 펴면서 애산은 조선 5백 년의 유학을 나무랐다. 그 대목에서 '공부자孔夫子'가 되어야 할 글자가 '아비 부' 대신 '썩을 부'가 들어간 '공부자孔腐子'로 잘못 인쇄가 되었다. 애산은 유림 스스로도 자기를 낮추어 말할 때 '부유腐儒'라고 하니 큰 문제가 아니라고 생각했다. 그런데 이것이 문제가 되어 난리가 났다. 전국의 유림들이 들고 일어났을뿐더러 중추원, 성균관 등에서도 애산을 벌하라는 성토문이 쏟아졌다. 애산으로서는 뜻하지 않은 필화 사건을 겪게 된 것이다. 애산이 겪은 이 사건이 상당히 재밌기에 조금 길어도 소개하겠다.

'머리를 자를지언정 머리카락은 자를 수 없다'고 고종의 단발령 앞에 두 눈을 부릅뜨고 버틴 최익현의 후학들답게 전국의 유생들은 2년이나 넘게 이인을 처벌하라고 집요하게 요구했다. 심지어는 신임 총독 야마나시가 부임하는 수원역에 갓 쓰고 도포를 두른 유림 10여 명이 가마니를 깔고 앉아 애산의 책벌을 하소연하는 풍경까지 연출했다. 그들은 야마나시 총독을 붙들고 이인이라는 작자를 국외 추방하라, 집의 전기와 수도를 끊어라, 절해고도로 귀양을 보내라와 같은 요구를 했다는 것이다. 이 이야기를 들은 애산은 그야말로 '썩은 유

이인 변호사

림'이구나 하고 가소롭게 여기고 넘겼다고 한다.

하지만 공자라는 절대적 가치를 숭상하는 유생들은 포기를 몰랐다. 어느 날 안 모라는 유생이 서울 지방검사국에 애산을 고소했다. 그의 글이 공자의 명예를 훼손했다는 이유였다. 검찰은 고소인이 공자의 자손이 아니라는 이유로 불기소처분을 해버렸다. 그래도 유생들은 멈추지 않았다. 끝내 공씨 성을 가진 사람을 찾아내고는 재차 그 이름으로 애산을 고소했다. 이번에는 직계 자손이 아니라는 이유로 불기소처분이 나고 말았다. 애산은 한 가지 목표를 향해 그렇게 집요하게 궐기하는 유림의 힘에 감탄하면서도 그런 힘을 좀 더 실속 있는 일에 쏟지 못하는 것을 안타까워했다.

성리학 외에는 그 어떤 사상의 자유도 허락되지 않던 조선의 폐단이 망국의 한 원인이라는 것을 드러내는 일화라 나로서는 재미있으면서도 씁쓸한 느낌이 든다. 법률가의 롤 모델이라고 불리는 윌리엄 웬들 홈즈 대법관은 "사상의 자유란 모두가 싫어하는 생각을 할 자유도 보장하는 것이다"라는 말을 남겼다. 그는 공산주의처럼 위험한 사상도 '사상의 자유시장'에서 경쟁하기를 바란 것으로 유명하다. 조선도 이와 같았다면 우리의 역사는 상당히 달랐을 것이다.

대한민국에서 부를 수 없었던
불온한 이름

긍인 허헌

호랑이에게 물렸다 살아난 소년

가인 김병로, 애산 이인과 더불어 긍인_{兢人} 허헌(1885~1951)에게는
일제 강점기부터 3인의 민족 변호사라는 별칭이 붙어 다녔다. 당대를
통틀어 세 사람이 가장 많은 민족 변론을 하기도 했고, 또 뜻이 맞아
'형사변호공동연구회'라는 사무실을 함께 차린 연유도 있었다. 거기
에 세 사람의 호나 이름이 모두 '인' 자로 끝이 났기 때문이었다.

허헌은 이들 가운데 가장 나이가 많았다. 때문에 구한말 관료 제도
를 경험했으며 근대법 체계를 세웠으면서도 여전히 전근대적인 사고
에 매여 있는 관료들과 충돌을 겪기도 했었다. 이때의 체험은 그를 확

고한 법치주의자로 만들어준다. 그러나 확고한 법치주의자 긍인은 해방 후 대한민국 땅에서 사라지고 말았다. 한때 우리 역사에 정OO, 임O, 이OO, 박OO로 표기되어야 했던 수많은 운명들처럼 그도 월북했기 때문이었다. 우리 역사를 위해 희생했지만 우리 역사가 다시 희생시킨 인물, 긍인 허헌은 1988년 이후에야 다시 이름을 찾을 수 있었다.

긍인은 서울에서 멀리 떨어진 함경북도 명천군에서 태어났다. 한학자였던 아버지의 영향으로 3세 되던 해부터 서당에 나가 한문을 공부했다고 한다. 고향은 서울에서 너무 멀리 떨어져 있던 탓에 신학문에 대한 감각조차 없는 두메산골이었다. 다른 아이들과 달리 개구쟁이 짓을 하지 않던 긍인은 스승에 대한 존경심도 대단해서 나중에 서울에 올라와서도 자주 문안을 올렸을 정도였고, 스승이 돌아가셨을 때는 손수 비문을 쓰기도 했다.

이렇게 예의가 바르던 긍인은 오른손이 불편해서 식사 때는 왼손을 사용하고 걸을 때는 오른손 주먹을 꼭 쥐고 다녀야 했다. 여기에는 연유가 있다. 명천은 산세가 험해 호랑이가 자주 출몰했다. 어느 날 소년 허헌이 호랑이를 만난 것이다. 숲에서 갑자기 달려든 호랑이에게 팔꿈치를 물린 소년은 담력이 어지간했는지 호랑이가 자신을 놓치는 잠깐의 틈을 타 소나무 꼭대기로 올라갔다. 오직 호랑이에게 물려도 정신만 차리면 산다는 생각으로 하루를 그렇게 버티고 동네 사람들에게 구조되었다. 이때 입은 상처로 허헌은 오른쪽 팔꿈치를 온전히 펼 수가 없었고 붓글씨 외에 일상생활은 모두 왼손에 의지해야 했다(이것도 운명인지 모르겠다. 3인 변호사들은 모두 몸이 온전하지 않았다. 가인은 훗날 골수염을 앓아 의족을 껴야 했고, 애산은 소아마비로 다리를 절었다).

9세 때 양친을 모두 잃었는데, 담력도 대단하고 영특했던 긍인은 동생을 데리고 당시 블라디보스토크에 있는 친척에게 찾아갔다고 한다. 여기서 일자리를 얻어 생활을 하던 소년은 문득 공부에 뜻을 세우고 무작정 서울로 올라간다. 어린 소년이 믿는 것은 명천 출신으로서 왕실의 재무 대신으로 일하고 있던 이용익 대감이었다. 일면식이 없음에도 찾아갈 수 있었던 것은 그가 민족교육을 위해 개인적 희생도 마다하지 않는 사람이었기 때문이다. 이용익 대감이 세운 학교가 보성소학교, 보성중학교, 보성전문학교였다. 허헌은 그 덕을 볼 수 있었다.

여담이지만 이용익은 보부상 출신으로 천한 계급 출신이었다. 그가 대감 자리까지 오를 수 있었던 것은 임오군란을 피해 장호원에 숨어 있던 명성황후와 고종 사이의 밀서를 하루 300리 길을 뛰어 매일같이 전한 공로 때문이었다. 일종의 전근대적인 특채였지만 이용익은 민족의식이 대단했고, 이재에도 상당히 밝았으며, 왕실의 재정권이 자신에게 있었음에도 청렴한 인물이었다. 이런 인물이었으나 당시 팽배했던 계급 의식으로 인해 이용익은 번번이 모욕을 감수해야 했다. 하급 관료뿐만 아니라 하인들조차 그에게는 고개를 숙이지 않았다고 한다. 세상이 근대로 넘어가고 있던 시기에 아직 조선만은 봉건의 잠에서 깨어나지 못하고 있었던 것이다.

19~20세가 되던 해 이용익의 주선으로 규장각 법부주사 자리를 잠시 맡았던 것이 인연이 되어 긍인은 운명처럼 법학의 길로 들어섰다. 보성전문학교에서 2년 법률을 전공하고 일본으로 건너가 후에 가인과 애산이 다니는 메이지 대학교 법학부에 들어갔다. 이 법학부를 수료하고 1907년에 시행된 제1회 변호사 시험에 합격하지만, 변호사 활동을 바로 시작하지는 않았다. 그에게 변호사보다 더 중요했던 것이 민족교육이었다. 친일 교육 단체인 일진회에 맞서 애국계몽 활동을 벌이던 서북학회에 들어가 교편을 먼저 잡았다. 변호사 활동보다 구체적인 항일운동이 그에게는 더 긴요했다.

긍인이 변호사 활동을 항일운동의 하나로 인식한 계기는 1909년 '한국사법 및 감옥사무위탁에 관한 각서' 때문이었다. 이 각서로 일제는 경찰권에 이어 사법권까지 장악하면서 조선 전체를 감옥으로 만들고 있었다. 반일적인 조선인은 무조건 체포했고, 정당하게 심리하지도 않았으며, 교수형을 무더기로 남발했다. 당시 서울 주재《아사히신문》특파원이었던 시부가와 겐지가 서울의 재판 광경을 보고 '무서운 조선'이라는 제목으로 쓴 기사가 아래와 같이 전한다.

"심리도 하지 않고 일본인 재판장이 매우 간단하게 일본어 판결문을 낭독했다. '피고를 교수형에 처한다.' 이를 한국어 통역이 한국어로 전달함

으로써 재판은 끝이 났다. 더구나 소송 비용까지 한국인 피고에게 부담

시켰다. 놀라운 광경이었다."

변호 활동에 적극적인 생각이 없던 허헌에게 변호가 독립운동의

한 갈래가 된 것이다.

제명, 또 제명: 간난고초로 시작하는 변호사 생활

긍인은 변호사 활동을 시작하고 얼마 지나지 않아 징계에 회부되

어 변호사에서 제명되었다. 관보에 기록된 바로는 '패설모매(悖說侮

罵: 어긋난 말로 욕을 하다)'였다. 구체적인 기록이 남아 있지 않지만 '재

판 과정에서 판사가 판결문을 읽어 내려가는데, 갑자기 일어나서 책

상을 치며 판결이 부당하니 판결을 시정하라고 크게 소리쳐 판사가

신성한 법정을 모독했다고 호령하자, 허헌이 다시 판사에게 대들고

심한 욕설을 퍼부었다'고 되어 있다. 전하는 내용에 따르면, 실제 그

는 판사석까지 뛰어들어 기물을 파괴하다 경비원에게 끌려 퇴장을

당했다고 한다. 불의를 보고 참지 못하는 행동파다운 긍인의 성격을

알 수 있다. 실제 그는 일제 말기로 가면 변론 활동보다 독립운동에

더 헌신한다.

허헌의 성격을 알 수 있는 또다른 사건으로 '하미전下米廛' 사건이

있다. 이 사건은 긍인의 변론 활동 가운데서도 유명한 사건으로, '당

시 한성의 아동과 포졸도 알 만한 일'로 회자되는 이야기다. 하지만

항일과 관련된 것이 아니라 부패와 관련된 사건이다. 훗날 1932년 《삼천리》에 기록된 내용부터 보자.

"당시 허헌은 24~5세의 팔팔한 청년이었다. ……경성에는 미전으로 종로 네거리 부근에 상미전이 있었고 이현 근처에는 하미전이 있어 시민의 식량을 팔았다. 하미전에 있는 창고 하나가 어느 개인의 소유였다. 그 창고 사용료를 여러 해 동안 지불하지 않았다는 이유로 어떤 파락호가 소송을 냈는데 당시 법부 대신 조중응이 비호해 법부의 일편 지령으로 하미전의 쌀을 전부 차압하니…… 사건을 맡은 허헌은 격렬한 가두연설로 법부를 지탄하고 필경엔 조중응을 만나 '그대는 일본의 신문명을 시찰하고 그만한 식견이 있으면서 이런 비루한 일을 감행하느냐'고 법부 대신을 모욕해 제명을 당했다. 그러나 이 때문에 차압은 풀렸다."

법리주의자라기보다 선동가적인 모습이 드러나는 기사다. 하지만 여기에는 약간의 소설적 과장과 왜곡이 섞여 있는 듯하다. 서울 대학교 한인섭 교수가 기록을 토대로 정리한 사건의 전말은 다음과 같다.

하미전 상인 김주현에게 쌀을 구매하기로 계약한 김동혁은 김주현이 이를 넘기지 않는다는 이유로 소송을 냈다. 하지만 매매 계약을 입증할 명문도, 장부도 없었기에 김동혁이 패소를 하고 말았다. 그러자 김동혁은 평리원 판사 송진옥의 권력을 이용하고자 했다. 송진옥은 하미전 상인들을 강제로 구금한 다음, 정식 판결이 아닌 법부(법무부)의 지령 한 장으로 쌀 600석을 하미전에서 강제로 징발했다. 합당한 법적 근거 없이 위력으로 사람을 잡아넣고 재산을 빼앗는 조선 후기 관료의 전형적인 횡포였다. 많은 하미전 상인들이 철시를 단행하고, 도로에서 울부짖으며 법부로 달려갔지만 아무런 효과가 없었다. 이에 하미전 상인들은 사건을 변호사 허헌에게 맡겼다.

긍인은 민사 집행을 하려면 판결이 먼저 있어야 하는데, 이 사건에는 판결이 아예 없다는 점을 지적하며 '이의신고서'를 송진옥에게 제출했다. 하지만 송진옥은 도리어 허헌에게 변호사 위임을 해제할 것과 이의신고서를 철회할 것을 요구했다. 게다가 송진옥은 자신의 말을 듣지 않고 법 절차대로 진행할 것을 요구하는 긍인에게 "해라", "나가거라"는 식으로 낮춰 보는 모욕적인 언사를 퍼붓고, "법률을 수개월 견습하여 가지고 너와 같이 변호사 하다가는 망국하겠다"는 폭언까지 했다. 그리고 송진옥은 사건 전말을 날조해 상부에 보고했고, 법부는 그 보고만을 보고 긍인을 변호사에서 제명하고 말았다. 긍인은 이 징계에 대해 항소했으나 거꾸로 송진옥이 고소를 하고는 판사 직권으로 그를 구금해버렸다. 일제 강점기 그가 펼쳤던 꼼꼼한 변론을 돌아보면 이 이야기에 나오는 모습이 긍인에게 더 맞을 듯하다. 《대한매일신보》는 이 사건을 다음과 같이 논평했다.

"전 법대(법부 대신) 이하영 씨는 이준 씨(헤이그 밀사 사건의 주역으로, 당시 관리의 횡포를 수사하던 검사)의 압제 세력으로 태형을 가하더니 현 법대

조중응 씨는 허헌 씨 사건의 압제 세력으로 또다시 제명을 강행하니 우리 법관은 사법司法이 아니오, 사법私法인즉 그 슬픔에 인민이 어떻게 생활을 보전하겠느냐는 여론이 비등하다."

구한말 재판의 모습이 이랬다. 근대 사법 체계를 갖추고도 관료 대부분은 조선 후기 부패 관료들의 사고방식과 행태에서 벗어나지 못했다. 긍인은 이 사건으로 1년이 지난 후에야 변호사 자격을 되찾는다. 일본이 야욕을 드러내면서 나라의 운명이 벼랑 끝으로 몰려가던 때였다. 조선은 스스로 세운 법조차 지키지 않고 책임을 다하고자 하는 사람이 오히려 억울한 일을 당하는 나라였다. '망국'의 책임이 있는 송진옥 같은 자가 의인들을 도리어 꾸짖고 있었다.

나라는 망했어도 그의 이름은 빛났다

1910년 8월 22일 한일합방이 조인되고, 7일 후 합방이 공포되면서 한국은 완전히 일제의 식민지가 되었다. 26세의 허헌은 망국의 한을 달래지 못해 스스로 변호사 사무실 문을 닫고 고향 명천으로 돌아갔다. 하지만 운명처럼 그는 다시 사무실 문을 열어야 했다. 애국계몽운동, 교육구국운동 등 국권 회복을 위해 활발한 활동을 벌이던 신민회 소속 회원들이 데라우치 총독의 암살을 기도했다는 혐의로 잡혀 들어갔다. 이른바 105인 사건이다. 긍인은 이 105인 사건을 변론하고 잡혀간 동지들의 옥살이를 뒷바라지하기 위해 변호사 사무실을 다시 열었다. 그리고 그는 곧 눈부신 변론과 활동으로 일제의 갑종 요시찰 인물이 되었다.

① 일본 본토까지 놀라게 한 '공소불수리론': 3·1 운동 변론

군인과 경찰력으로 무단통치를 강행하던 일본은 1919년 전국적으로 일어난 독립운동 시위를 마주하게 되었다. 가혹한 진압과 친일 조선인을 내세운 회유에도 불구하고 대한 독립을 외치는 물결은 5월까지 지속되었다. 수많은 사람들이 피살되고, 구속과 고문을 당했다. 일본은 독립선언서 서명자 33명을 비롯해 주모자급 48명의 인사를 연행했다. 긍인은 이 재판 하나만은 이겨놓고 죽는다는 각오로 변호인단에 뛰어들었다. 당시 아내의 회고다.

"그는 변호사였기 때문에 어떻게 하면 죄를 경하게 할까? 어떻게 하면 석방하여줄까? 하고 몹시 애를 태우고 다녔으며, 때때로 고단해하고, 우는 때도 많았습니다. 공판이 가까이 오면 육법전서를 들고 미친 사람 마냥 법정에서 할 이야기를 혼자서 떠들고는 했습니다."

공판 당일 허헌이 내세운 '공소불수리'는 법 논리와 함께 법의 허점을 파고든 주장이었다. 조선 독립운동 변론 사건 가운데 법률상 가장 큰 성과로서 언론에 대서특필되었고 조선의 법조계뿐만 아니라 일본 본토에까지 충격을 주었다. 법의 허점이 드러난 배경은 이렇다.

일제는 당초 주모자들을 보안법 위반으로 다루기 위해 지방 법원 검사가 심리하도록 했다. 그러나 독립운동의 물결이 전국적으로 확대되고 결과가 심각해지자 내란죄로 기소해 전원을 사형 처리하기로 마음을 먹었다. 그들은 재판소구성법에 따라 내란죄를 다루는 고등법원으로 사건을 보냈다. 내란죄는 고등법원이 1심이었기 때문이다. 하지만 고등법원 검사국은 총독부와 협의를 통해 내란죄가 아니라 보안법으로 처리하는 것이 국제 여론을 잠재우고, 향후 조선 통치 과정에도 더 유리하다는 판단을 내리고는, 다시 사건을 경성 지방법원 검사국으로 보냈다. 이때 사건을 다시 지방법원으로 보내려면 "이 사건은 내란죄에 해당되지 않는다. 보안법 위반 사건이므로 경성 지방법원 관할에 속한다"라는 취지의 기록송치결정서를 작성해 공식적으로 송치해야 했다. 그런데 이 절차를 밟지 않았다. 고등법원의 주문에는 사건을 경성 지방법원 관할로 지정한다는 말뿐이었다.

"주문에 송치한다는 말이 없기 때문에 기록으로는 이 재판소에 왔으나 사건으로는 오지 않았다. ……그렇다면 이 사건이 고등법원에 있느냐 하면 그렇지 않다. 고등법원에서는 이미 보낸 사건이니까 고등법원으로 다시 송치할 수 없는 일이고, 다시 보내라고 청구할 권리도 없다. 그런즉 이 사건은 어디에서도 처리할 수 없는 사건이라 공소를 수리치 말고(공소 불수리) 피고를 즉각 석방해야 한다."

3개월 동안 기록 검토에 매달리다 발견한 허점이었다. 당황한 판사와 검사들이 따로 별실에서 토론을 벌였지만 그날은 일단 폐정하는 수밖에 없었다. 다음 날 속개된 재판에서 허헌과 검사가 다시 날 선 논전을 이어갔고 재판장은 허헌의 주장을 받아들여야만 했다. 법의 논리가 그러했기 때문이다. 공소기각 판결, 즉 공소불수리를 한 것이었다. 당시 조선인들은 무죄 판결을 받아낸 것처럼 기뻐했고, 모든 일본 언론에 보도되면서 일본 정계가 받은 충격도 컸다고 한다. 법률가가 독립운동에 쓸모 있다는 사실을 증명한 첫 사례였다.

하지만 이 판결은 항소심인 경성 복심법원에서 번복되고 허헌이 제기한 공소불수리 신청은 기각되었다. 항소심은 억지스러운 논리를 펼쳐가며 법리적 측면에서 절차적 하자가 없다고 강변했는데, 이는 법리적 판단이 아니라 정치적 판단에 의해 정당화한 것이었다. 1심 판결을 그대로 유지하면 일본의 입장에서는 엄청난 후폭풍을 감당해야 했다. 그들은 억지를 써서라도 처벌을 해야 했던 것이다. 다만 1심에서 공소불수리 주장을 받아들인 이상, 항소심에서 중한 처벌을 할 수가 없었다. 그 결과 피고들의 형량이 예상보다 낮은 방향으로 갔다. 허헌은 이 일로 일본 법조계에서도 일약 주목받는 인물이 되었고, 스스로도 가장 기억에 남는 변론으로 이 공소불수리론을 들고는 했다.

② 공산당과 인연을 맺다: 조선공산당 사건과 간도공산당 사건

1925년 신의주 한 음식점에서 폭행 사건이 발행했다. 피해자는 친일 지역 유지들과 일본 순사였다. 단순 폭행으로 보였던 사건은 가해자 측 청년들이 신만청년회 소속임이 밝혀지면서 다른 방향으로 흘러갔다. 경찰은 청년들의 문건 속에서 조선공산당 간부 박헌영이 보낸 것을 발견하고 조선공산당과 고려공산청년회 간부들 및 관련자들을 체포하기 시작했다. 허헌의 장녀 허정숙과 사위 임원근도 여기에 포함되어 있었다. 일본은 치안유지법 1조와 2조 위반 혐의를 걸었다.

긍인, 가인, 이인, 이 3인 변호사를 중심으로 28명의 변호인단이 꾸려졌다. 이 사건은 변호인단의 규모로도 큰 화제를 불러일으켰다. 민족 변호사 대부분과 '사상의 자유'를 옹호하는 일본 변호사들까지 집결했기 때문이다. 국제적인 연대였다. 피고인의 숫자도 100여 명을 넘어섰는데 고문으로 재판석에 나올 수 없는 사람도 많았다. 변호인단은 보석 신청 투쟁과 고문경찰 고발을 핵심으로 변론을 펼쳤다.

허헌은 법률가적 관점에서 피고인들이 공산주의자이거나 공산주의 사상에 공명하는 사람들로서 공산주의를 선전하려 했던 것을 인정하면서 변론을 시작했다. 그의 변론 논리는 이렇다.

"이들 피고는 선전의 차원을 넘어 폭력적으로 또는 조직적으로 어떤 실천 계획을 세운 것은 발견할 수 없으며, 피고인들도 이 점을 부인하고 있다. 문제가 되는 것은 국제공산당과 연락한 흔적이 있다는 것과 공산당이라는 명칭으로 선입관적인 혐의를 받는다는 것뿐이다. 사실을 규명하면 이들은 사상 단체로밖에 볼 수 없다."

흡사 1957년 미국 검찰이 기소한 공산당원 100여 명에 대해 무죄를 선고했던 연방대법원의 판결을 연상시키는 변론이다. "공산당이라도 자신의 사상을 불법적인 행동으로 옮겼을 때에만 처벌이 가능하다"는 것이 당시 미국 연방대법원의 판결 내용이었다. 하지만 허헌의 시대는 식민지 시대였다. 국가와 치안이라는 이름의 폭력은 늘 개인의 인권보다 앞에 놓였다(이 불행한 전통은 해방 후 군사 독재 시대까지 이어진다).

고문으로 옥중에서 사망하는 수감자가 발생했으며, 박헌영은 고문에 의한 정신이상 증후까지 보였을 만큼 힘든 싸움이었다. 일제는 공산당이라면 무조건 처벌하기를 원했다. 같은 혐의가 적용되어도 공산주의자들은 민족주의 계열 독립운동가들보다 훨씬 더 많은 형량을 선고받고는 했다. 변호사들은 고문경관 고소와 병보석 신청, 재판장 기피 신청 등 법률가가 구사할 수 있는 모든 방법을 동원했다.

긍인은 또 1927년 간도에 있는 일본총영사관에 의해 고려공산청년회 회원들이 체포되어 서울에서 진행된 '간도공산당 사건'에도 뛰어들었다. 당시 서울에서 진행 중이던 조선공산당 사건의 공개 공판을 주장하는 격문을 배포하고 시위를 계획했다는 혐의였다. 체포된 사람들은 28명에 달했다. 검사는 개정된 신치안유지법을 적용해 중형을 선고하려 들었다. 이에 맞선 긍인은 법률불소급 원칙을 주장하며 구치안유지법 적용을 주장했다. 공산당을 조직한 날짜가 치안유지법이 개정되기 10일 전이므로 구법 적용을 주장한 것이었다. 결국 긍인의 주장이 받아들여진다. 법률 해석 문제를 놓고 식민지 검사와의 대결에서 또다시 승리한 것이었다.

허헌이 공산당원들과 인간적인 유대 관계를 맺게 된 것은 이 두 사건이 계기가 되었다. 그리고 해방 이후 대한민국 역사에서 그의 이름이 사라지게 된 비극의 시작이기도 했다.

구속과 변호사 자격 박탈, 독립운동을 시작하다

① 첫 번째 투옥, 만해 한용운을 화나게 하다

1928년 말부터 긍인은 "변호사 업을 그만두고 민족적, 사회적인 큰일에 진력하고 싶다"는 포부를 피력하고는 했었다. 그는 자신의 바람대로 식민지 시대 최대 민족운동 단체인 신간회에 뛰어들었다. 변론 활동과 함께 신간회 확장을 위해 헌신하던 가운데 1929년 광주 학생운동이 일어났다. 신간회 집행위원장으로서 허헌은 광주 학생운동 사건의 원인과 경위를 조사하고 구속된 학생들의 석방을 위해 변호인단을 조직하는 한편, 이 사건을 대중 운동으로 연결시키기 위해 뛰어다녔다. 언론 검열로 광주 지역에 고립되어 있던 만세 사건을 전국적으로 확산시키는 것이 목적이었다.

일제의 압박과 감시에도 신간회는 서울 지역 학생들에게 광주 학생운동의 진상과 경위를 전파했고, 닷새 후에 서울에서도 학생들의 독립만세운동과 동맹 휴학이 일어났다. 그리고 이는 곧 전국적으로 퍼졌다. 긍인은 기세를 몰아 홍명희, 조병옥 등의 신간회 간부들과 함께 안국동 네거리에서 대규모 민중 대회를 개최할 계획까지 세웠다. 하지만 계획이 사전에 발각되면서 관련자들이 구속되고 말았다. 보안법 7조 위반과 형사령 42조 위반이 적용되었다. 독립운동과 관련되어 긍인이 처음으로 구속을 당한 사건이었다. 여기에 관련해 애산 이인이 재미난 일화를 남겼다.

"뒷날 안국동 선학원으로 만해 한용운을 찾아간 일이 있다. 점심으로 상추쌈을 먹는데 만해가 '세상에 육법전서 읽으며 독립운동 하는 꼴은 처음 보았네' 한다. 무슨 말이냐고 하니까 만해가 말하길, 모두 민중 대회 사건으로 유치장에 갇혀 있는데 긍인이 육법전서를 차입시켜 열심히 읽더라는 것이다. 그러더니 감방 동지들을 향해 '아무리 보아도 우리가 한 일은 경범죄야. 그러니 고작 구류 아니면 과료에 해당해' 했다는 것이다. 만해는 다 같이 독립을 위해 싸우는데 죄의 경중을 따지는 것을 보고 너무 화가 치밀어 목침으로 한 대 쳐주고 싶었다고 했다. 그때의 분이 덜 풀려서 같은 변호사인 나를 보자마자 말한 것이었다."

화가 치민 만해의 모습도 이해가 가고 육법전서를 들고 꼼꼼히 따지는 긍인의 모습도 이해가 간다. 일이 생겼을 때 목사들이 성경을 먼

ㅣ 국권 강탈기의 인권 변호사들

저 잡듯, 법률가들은 법전을 먼저 뒤진다. 나라도 그랬을 것이다. '공소불수리론'도 긍인의 이런 법률가적인 모습이 있었기 때문에 나올 수 있었던 것이다. 재판은 구속되고 1년 5개월이 지나 열렸다. 대부분의 피고들이 1년 6개월의 유죄 판결을 받았다. 긍인의 예상과 다르게 나온 것이다. 수많은 변론을 통해 일제와 싸워왔던 허헌이다. 나는 그가 시국 사건, 사상 사건이 법리대로 움직이지 않는다는 것을 몰랐을 리가 없다고 생각하기에, 만해가 오해했다고 생각한다. 긍인은 감방 동지이면서 동시에 변호사의 입장에서 피고들을 안심시켰다. 그의 눈에는 동지들이 의뢰인으로 보였을 것이다. 투철한 변호사라면 그렇게 행동한다. 이 사건에서 긍인은 징역 1년 6개월의 실형을 선고받고 구속된 지 2년 만에 병보석으로 출감했다.

② 두 번째 투옥, 경성방송국 단파 도청

1932년 병보석으로 풀려난 긍인은 변호사 자격을 박탈당한 채 서울 자택에서 암울한 식민지 시절을 보내야 했다. 이 시기 일제는 대륙 침략에 본격적으로 나서고 있었고, 징병 제도를 강화해 수많은 젊은 이들을 전쟁터로 내몰고 있었다. 탄압과 감시를 피해 긍인의 큰딸 허정숙은 독립운동을 하기 위해 중국으로 망명했고, 일제의 회유에 넘어가 변절하는 민족지사들이 생겨나고 있었다. 긍인에게도 그런 회유가 들어왔다. 협력 요청을 거부한 그가 할 수 있는 일은 없었다. 가출옥을 한 뒤에 '변호사 복권이 머지않았고, 다시 법조계에 나서리란

설립 당시의 경성방송국

관측'의 기사도 있었다. 그러나 일제는 더 이상 그에게 변호사의 자격을 허락하지 않았다. 갑종 요시찰 인물인 그로서는 운신의 폭이 넓지 않았다. 주변에 늘 일제의 감시가 따라다녔다.

1940년부터 태평양전쟁이 조금씩 불리하게 돌아가자 일제는 이 사실을 숨기기 위해 이듬해부터는 외국 단파 방송 청취를 금지시키고 단파 라디오를 모두 등록하게 했다. 또 외국인이 갖고 있던 단파 라디오를 압수하고 선교사들까지 본국으로 추방하는 조치를 내렸다. 당시 단파 라디오는 눈과 귀를 빼앗긴 조선인이 국제 정세를 알 수 있는 유일한 통로였다. 독립운동가들은 경성방송국의 한국인 기술자들이 단파로 해외 방송을 듣고 있다는 사실을 알아냈다. 여기서 빼돌린 라디오를 통해 청취된 '중경 임시정부' 방송과 '미국의 소리'는 숨을 죽이고 있던 독립운동가에게는 조국의 독립이 멀지 않았다는 희망이 싹트게 했다.

긍인도 국제 정세를 파악하기 위해 단파 라디오를 청취했다. 이 단파 방송 청취는 오래가지 못했다. 1943년 일본 고등계 형사에게 발각되어 방송국 기술자 40여 명이 체포된 것을 시작으로, 긍인을 비롯해 총 150여 명이 연행되기에 이른 것이다. 단파 청취가 조직적인 데다 파급 효과가 컸던 만큼 일제의 고문은 악랄했다. 민족지사 중 처음 연행된 홍익범이 고문사하고, 연이어 5명이 옥중에서 사망했다. 홍익범, 송남헌은 모진 고문에도 불구하고 허헌 한 사람의 이름만 댔다. 긍인은 또 자기 선에서 입을 다물어 김병로, 송진우 등 다른 민족지

변호사로 활동하던 시절의 허헌

사들이 검거를 피할 수 있게 했다.

형식뿐일지라도 변호를 해줄 수 있는 민족 변호사는 없었다. 가인은 탄압과 감시를 피해 시골에서 은둔 생활을 하는 중이었고, 애산은 조선어학회 사건으로 이미 복역 중이었다. 긍인은 보안법 위반, 치안유지법 위반 등의 혐의로 기소되어 2년 형을 선고받고 투옥되었다. 병보석으로 풀려난 것은 1945년 4월이었다. 독서로 소일하고 건강을 회복하기 위해 노력하면서, 가인과 애산이 그랬듯 긍인도 해방된 조국의 헌법을 구상하며 광복의 그날을 기다렸다.

민족주의자들과 끝내 결연하다

허헌은 변호사로 활동할 때에도 교육과 언론계 일에 적극적이었다. 서북학회 부총무를 지낸 것은 물론이고, 오성학교 설립과 민립대학 설립운동에도 주도적으로 참여했다. 그는 동아일보 주주로서 언론운동에도 깊숙이 관여했다. 하지만 이 동아일보와의 인연은 해방 후 그가 가인과 애산과 다른 행보를 보인 또다른 계기가 되고 만다. 긍인은 동아일보가 주도하던 거의 모든 사회활동에 적극적인 역할을 했는데, 민중 대회 사건으로 구속되어 재판을 받는 동안 동아일보가 그를 취체역(대표이사)에서 제외시켜버린 일이 일어났다. 서울 대학교 최종고 교수는 이로 인해 인간적인 배신감을 느낀 허헌이 해방 직후 건국준비위원회와 대립하던 한국민주당과 거리를 두게 된 것으로 보았다. 동아일보 사장 송진우가 한민당을 이끌었다는 점에서 일리가 있는 견해다.

연구자들은 긍인이 한 번도 자신의 이념을 드러낸 적이 없다고 한다. 하지만 긍인은 딸과 사위가 공산주의를 신봉했고, 사상 변론으로 인연을 맺은 공산주의자들과 교분이 두터웠다. 신간회 활동 당시 그의 주된 지지 기반 역시 사회주의 계열이었다. 이런 배경이 해방 직후 그의 활동을 설명하는 더 큰 요인으로 보인다. 단파 라디오 사건으로 고문을 당했을 때도 허헌은 송진우와 동아일보 계열 사람들을 불지 않았을 만큼 개인적 서운함으로 일을 그르치지 않았다. 다만 인간적 친소 관계가 해방 직후 그를 건국준비위원회로 이끈 것으로 보인다. 게다가 한국민주당은 자유주의를 추구하며 세워진 정당이었어도 절반이 지주 계급일 만큼 부르주아들이었고 친일파까지 섞여 있었다. 민족주의적 색깔이 뚜렷했던 가인과 애산이 처음 이들과 함께했다 탈당할 수밖에 없었던 것도 이들의 구성 성분을 볼 때 예견된 일이었다. 긍인이라고 달랐을 것 같지는 않다. 한민당에 가입했을지라도 그의 성격상 동거가 오래가지는 않았을 것이다.

연구자들에 따라서는 그의 이념적 지향을 '좌파 민족주의자'로 보기도 하고, '중도 지향', '좌우통합 지향', '개방적 민족주의자'로 보기도 한다. 나로서는 그의 이념적 지향을 어떻게 얘기해야 할지 모르겠으나, 해방 후 긍인이 좌익 쪽에 경도되었던 것은 분명하다. 또 우익 민족 계열보다 좌익이 그를 더 필요로 했다. 여운형과 안재홍이 합작한 '건국준비위원회'에 허헌이 들어갔을 때 무게 중심은 분명 왼쪽으로 움직였다. 미군정과 우익에서 추진하던 단정 수립을 반대하고 통일정부 수립을 외치던 그는 미군정의 수배까지 받았다. 김구를 중심으로 한 임시정부 계열의 생각과 다르지 않았지만 그는 남로당 계열의 건국준비위원회에 몸을 담고 있었던 것이다. 그런 까닭에 남북 분단이 확정되는 시점에 허헌은 북을 택할 수밖에 없었을 것이다.

언제나 조선의 독립을 희망하고 있는 자

민족 변호사들에게서 독립운동을 하는 것과 독립운동을 변론하는 것의 경계를 구분하기는 쉽지가 않다. 그들에게는 독립운동 변론이 곧 독립운동이었다. 하지만 긍인 허헌은 이 경계가 더욱 희미했다. 그가 독립운동과 직접 관련되어 변호사 활동조차 할 수 없었다는 것은 앞에서 설명했다. 허헌은 또 항일운동과 관련하여 물질적인 지원도 아끼지 않았는데 그의 시계에 얽힌 가인의 재미난 회고가 있다.

> "긍인이 차고 있는 시계가 아주 비싼 시계였지. 그 시계가 전당포 신세를 많이 졌어. 긍인을 찾아와 용돈을 달라고 하는 동지들의 발길이 끊이지 않아 긍인은 주머니에 돈이 남아날 새가 없었지. 돈이 없을 때 누가 찾아와 당장 돈이 필요하다고 하면 그 시계를 풀어주면서 시계를 전당포에 잡혀서 돈은 자네가 갖고 전당표 표는 자기에게 가져오라고 했지. 내가 직접 눈으로 본 것만 해도 백 번은 더 봤을걸……."

누구도 그의 이름 두 자를 온전히 부를 수 없고, 쓸 수 없던 시절, 가인과 애산만큼은 그 이름을 당당히 불렀다고 한다.

"우리는 이름 없는 허○ 변호사가 아니라 허헌 변호사와 같이 독립투사들을 변론했다."

김병로와 이인은 해방 후 모든 회고를 통해 허헌의 업적과 그와 함께한 일을 기술할 때 그의 이름자를 절대 빠뜨리지 않았다. 25년을 함께한 연대와 우정은 이데올로기의 광기로도 손상될 수 없었던 것이다.

일제에게 '언제나 조선의 독립을 희망하는 자(민중 대회 사건 판결문 일부)'라고 평가받은 긍인 허헌은 휴전 협상이 제기되고 전쟁이 소강 상태로 들어선 8월 16일, 김일성 대학 총장 자격으로 개교식을 진행하기 위해 장마로 불어난 강물을 건너다 배가 뒤집혀 익사하고 말았다. 그의 장례식은 북한 국장으로 치러졌으며 시신은 평양 애국열사릉에 안치되어 있다.

II

해방 이후와
유신 독재 시기까지의
인권 변호사들

해방 이후 한국 사회는 갈등과 혼란의 시기였다. 좌익과 우익의 갈등, 친일 청산의 실패와 한국전쟁으로 인한 이데올로기의 극한 대립으로 인권 변론은 일제 강점기보다 어려운 상황이었다. 이승만은 극단적인 냉전 의식의 소유자였고, 여기에 전쟁으로 인한 상처가 더해 나라 전체가 반공의 광풍에 휩싸여 있었다. 이승만 정권은 전쟁이 한창이었던 시기부터 영구 집권을 꿈꾸었는데, 걸림돌이 되는 정적을 제거하기 위해 반공을 적절하게 이용했다. 이런 상황에서 인권 변론, 특히 좌익 혐의가 덧씌워진 사건의 변론을 맡기란 쉽지 않았다. 이 시기 인권은 국가의 소유물이었지 시민의 것이 아니었다.

3인 변호사 중 허헌은 월북했고, 김병로는 대법원장이었으며, 이인은 정치인으로 변신해 이승만과 대립각을 세우고 있었기에 이들 모두 인권 변론 활동을 할 수 없었다. 이들과 함께 독립운동가를 변호했던 다른 변호사들은 판사와 검사로 복귀해 변호사 활동을 하는 사람이 없었다. 암흑기라고 할 수 있는 이 시기에 두드러진 활동을 한 사람으로 김춘봉 변호사를 첫손에 꼽을 수 있다. 1958년 진보당 간첩 사건이 대표적인 변론이다. 하지만 정치적 목적으로 사법 살인을 강행하는 것을 목격한 이후, 변호사의 직무에 회의감을 느끼고 10년간 이어온 인권 사건 변론을 사실상 중단하고 말았다(2011년, 역사의 재판에서 조봉암을 비롯한 이 사건의 관련자 전원에게 무죄 판결이 내려졌다). 이외에 경향신문 폐간 사건 변론을 맡은 정구영이 있고, 이승만 정권 말기에 오면 이병린이 활동을 시작해 유신까지 인권 변론을 이어간다.

오히려 이 시기에는 김병로의 사법부와 이승만의 대립이 심각했다. 김병로의 권위는 여러 시국 사건에서 사법부가 소신 판결을 내리는 바탕이 되었다. 특히 1953년 이승만의 대통령직선제 개헌안을 거부하고 거꾸로 내각책임제 개헌안을 제출했던 서민호 국회의원을 살인죄로 기소한 사건을 사법부가 정당방위로 무죄 판결을 내리자 이승만은 격분했다. 그는 판사의 권한을 제한하려고까지 했었다. 김병로는 대통령도 판결에 이의가 있으면 절차에 따라 항소할 것이지 사법부의 독립성을 훼손하지 말라고 했다. 하지만 1957년 김병로가 대법원장에서 퇴임하면서 사법부도 차츰 정권의 의도대로 움직이게 된다.

1961년 5·16 군사 정변이 일어나면서 4·19로 획득한 민주주의는 또다시 압살되었다. 군사 정변으로 집권한 박정희는 1963년 '민정이양'을 위한 선거에서 대통령에 당선된 이후 1967년 재선에 성공했다. 그러나 1969년 박정희는 연임만이 허용되었던 당시 헌법을 고쳐 '3선 개헌'을 단행했고, 이는 곧 국민적 저항을 불러일으켰다. '반공을 제일의 국시'로 삼았던 군사정부는 민주 세력을 감시하면서 작은 빌미만 보여도 이들을 '반국가행위자'로 처단했다. 동백림 사건, 통일혁명당 사건, 소설 「분지」 필화 사건 등이 이때 일어난 시국 사건이다.

1971년 치러진 대선에서 김대중 후보에게 겨우 이긴 군사 세력들은 이후 선거를 통해 정권 재창출이 불가능하다는 위기의식을 느낀다. 이에 따라 직선제를 폐지하고 '통일주체국민회의'를 통해 대통령을 간접 선출하며 연임 조항을 없애는 등 영구 집권을 제도적으로 보장하는 유신헌법을 만든다. 유신헌법은 그나마 존재하고 있던 민주주의의 형식과 절차성을 완전히 억압한 것으로 민중의 전면적인 저항에 직면한다. 민중의 정치적 요구를 억제하기 위해 군사 정권은 언론과 국회에 강도 높은 탄압을 자행했고, 이는 또다시 국민적 분노와 저항을 촉발했다. 이 정치적 악순환의 정점에 '긴급조치권'이 있다. 유신과 대통령을 비판하는 모든 형태의 말과 행동을 금지하기 위해 '긴급조치권'이 남발되면서 수많은 시국 사건이 발생하고 이 과정에서 심각한 인권 유린이 대량으로 일어났다.

빈발하는 시국 사건과 대량의 인권 침해를 계기로 그동안 개별적
으로 활동하던 변호사들도 좀 더 조직적인 형태를 띠고 변론에 나선
다. 이병린 변호사를 필두로, 한승헌과 4인방 변호사라 불리는 이돈
명, 조준희, 홍성우, 황인철이 이 유신 시대 인권 전선의 맨 앞줄에 서
있다. 이들 외에도 유현석, 강신옥, 고영구, 최영도, 하경철, 이돈희, 이
세중, 박세경 등이 민주주의의 최소 기준이라도 지켜내기 위해 군사
정권과 싸웠다.

법은 올바른 입법자와 운용자를 만날 때 비로소 진가가 발휘되는 운이다

심당 이병린

유신에 맞서던 대쪽, 간통죄에 걸리다

1972년 12월 유신헌법이 공표되면서 박정희의 영구 집권이 공식적으로 시작됐다. 국회해산권과 법관임명권까지 대통령의 손에 들어갔다. 삼권분립의 가치를 훼손한 것은 물론이고, 긴급조치 발동으로 헌법까지 일시정지를 시킬 수 있었다. 한마디로 모든 권력이 대통령 한 사람의 손아귀에 들어간 것이다. 견제와 균형을 지향하는 민주주의 사회에서는 결코 태어날 수 없는 법이었다.

국회는 해산되었고 비상계엄이 선포되었다. 대학에는 군대가 진입했다. 악명 높은 히틀러도 상아탑을 방문할 때는 군복을 벗고 사복으로 갈아입었다고 한다. 학문의 전당을 군홧발로 디딜 수가 없다는 것이 그 이유였다. 히틀러를 옹호하려는 것이 아니다. 히틀러가 지킬 수 있었던 그 품격(?)에는 어찌 되었든 독일 국민의 합의라도 있었다. 하지만 유신에는 그런 것이 없었다. 유신헌법 통과를 묻는 두 번의 선거가 있었지만 찬반 토론을 할 수 없었고, 언론은 비판 기사를 실을 수 없었다. 한쪽에서는 돈이 뿌려지고, 향응이 제공되고, 대리 투표가 진행되었으며, 다른 쪽에서는 탱크와 군인이 도심에 상주하는 공포 분위기가 연출되고 있었다.

압도적인 찬성률로 유신이 통과되지만 찬성률과 다르게 국민의 저항은 갈수록 격렬해지기만 했다. 하지만 영장 없이 구속이 가능한 무법적 상황에서 인권이 지켜질 수는 없었다. 이렇게 인권이 유린되는 곳에는 어김없이 심당心堂 이병린(1911~1986)이 있었다. 그의 손에는 군사 정권이 모독하고 짓밟은 '법리'가 들려 있었다. 같은 칼이라도 누가 쥐느냐에 따라 용도가 달라지는 법이다. 백정의 손과 의사의 손. 부도덕한 정권에게 그의 존재는 눈엣가시였고 제거되어야 할 정적일 수밖에 없었다. 대한민국 인권 변론의 시조로 추앙받는 이병린 변호사가 바로 그다.

민주주의 발원지로 일컬어지는 고대 그리스에서도 권력자와 그에 반대하는 정적이 있었던 것일까? 아리스토텔레스는 그의 『정치론』에서 이렇게 말했다.

"민주주의 체계에서 정적은 제거의 대상이 아니라 협상의 대상이다."

하지만 1970년대 대한민국은 민주주의 국가가 아니었다. 군사 독재의 걸림돌이었던 그는 제거의 대상이었다. 상대는 일식집에서 만난 여성이었다. 당시 이병린은 아내와 사별한 상태였고, 여성 또한 남편이 없는 상태였다. 이병린은 그렇게 알았기에 증거 사진을 찍기 위해 호텔에 들이닥친 의문의 남자에게 태연히 포즈까지 취해주었다.

"죄 될 것이 없으니까 너무 걱정하지 마시오."

이병린은 함께 있던 여성에게 그렇게 말했다. 하지만 여성에게는 별거 중인 남편이 있었다. 그들은 법적으로 여전히 부부였다. 1975년 1월 이병린은 간통죄로 구속을 당했다.

유교적 가치관이 지배하는 대한민국 사회에서 이런 염문은 치명적이다. 도덕적 권위가 더럽혀지는 순간 그가 가진 모든 기반과 명예를 상실하고 만다. 나도 고등학교 때까지 한국에 있었기에 사실 관계를 떠나 소문만으로도 어떤 상처를 입는지는 알고 있다. 미국 사회에 적응하면서 '성도덕'이 엄격한 곳에서 이런 스캔들이 어떤 파괴력을 지니는지를 똑똑히 봐왔었다. 이병린, 그는 어떤 심정이었을까?

흔히 미국은 모든 면에서 자유로운 곳이라고 생각한다. 하지만 이는 대중 매체가 만들어낸 허상이고 일면일 뿐이다. 이곳도 유교만큼

국가보안법 국회 공청회(1958년 12월 17일)에서 반대 발언을 하는 이병린 당시 변협 부의장

엄격한 청교도 윤리가 지배하는 사회다. 어떤 주는 산부인과 진료를 옷을 입은 채 받는다. 사람들 앞에서 아기에게 모유를 먹였다는 이유로 엄마가 체포될 수도 있다. 화장실을 휴게실을 뜻하는 'restroom'으로 완곡하게 부르는 것이 예의인 나라다. 대중의 대다수가 '그 정도야'라고 넘어가는 사안에도 언론과 관료들은 목을 물어뜯는 하이에나처럼 달려든다. 그러면 그가 이룩했던 정치·사회적 영향력은 끝장이 난다. 1988년 민주당의 가장 강력한 대선 후보였던 개리 하트의 정치 경력을 끝장낸 것도 이런 스캔들이었다. 빌 클린턴 전 대통령을 탄핵 직전까지 몰고 간 것도 르윈스키와의 성추문이었다. 공직자로서 더 심각한, 부정 대출 의혹이 있는 화이트워터 부동산 사건이 아니었다.

기획된 공작이었다. 중앙정보부가 이병린 변호사의 사생활을 사찰하고 있었던 것이다. 정보부는 이병린에게 "여자의 남편이 당신을 간통죄로 고발하려고 한다. 자신들이 사건을 무마해줄 테니 민주수호국민협의회 대표를 그만둔다는 사퇴서를 쓰라"고 회유했다. 민주수호국민협의회는 1971년 군사 독재로부터 민주화를 이룩하려고 설립된 최초의 재야 조직이다. 그는 단체의 발족을 처음으로 주도한 7인의 한 사람이었고 3인 공동 대표의 한 사람이기도 했다. 단체를 와해시키겠다는 의도였다. 이병린은 선택해야 했다.

"단체의 대표로 앉아 있으면 사퇴서를 쓰더라도 내가 직접 우리 단체에

내야지. 내가 왜 수사 기관에 사표를 내느냐!"

선택의 갈림길에서 이병린은 평생을 통해 쌓은 명예를 버리는 쪽을 택한다. 권력의 회유에 넘어가지 않는 대신, 언론에 대서특필되는 모멸을 감수하기로 한 것이다.

"(군사 정권과 맞서면서) 세 번의 억울한 구속을 당했다. 하지만 간통죄에 대해서만큼은 법적 책임은 나의 수치임이 틀림없다…… (간통죄가 알려져서) 내 명예가 떨어졌다고 걱정한 일은 없다."

하지만 이런 담담한 술회에도 그가 느낀 모욕감은 컸다. 석방 후 이병린의 건강은 극도로 나빠졌다. 오른쪽 다리가 꼬챙이처럼 말라 걸을 수가 없었다. 누구도 비난하거나 욕하지 않았음에도 그는 공식 석상에 더 이상 모습을 드러내지 않았다. 부도덕한 권력은 살아 있었고 세상은 여전히 이병린을 필요로 했으나, 그는 스스로를 그렇게 유폐시키고 말았다.

'민족중흥의 역사적 사명을 띠고'라는 거대한 사기극에 맞서다

심당 이병린은 법조계 내부에서 '의인'으로 통했다. 군사 독재 아래 아무도 고개를 들지 못할 때 그만은 분연히 일어나 부당함을 지적하고 통박했다. 개인 변호사로서, 대한변호사협회 수장으로서 법률의 정의를 옹호했다. 함석헌 선생의 표현처럼 세상의 많은 지식인들이 폭풍 밑의 갈대처럼 머리를 숙이고 아첨할 때 오직 그만이 버티고 싸웠다. 이병린은 법에도 눈물이 있다고 했다. 법의 눈물은 감성의 눈물이 아니라 이성의 눈물이라고 했다. 하지만 광기로 치달아가는 유신 정권의 질주 앞에서 그는 이성의 눈물만 흘리고 있지는 않았다.

① 풍자도 할 수 없는 시대: 김지하의 「오적」 변론

이 필화 사건은 처음에는 크게 문제 될 것이 없었다. 1970년 5월 《사상계》에 이 시가 처음 실릴 당시에는 판매를 목적으로 하지 않았기 때문이다. 문제가 불거진 것은 당시 야당이었던 신민당의 기관지 《민주전선》 6월 1일자에 시가 실리면서부터였다. 6월 2일 새벽에 들이닥친 중앙정보부는 기관지 10만 부를 모두 압수했으며, 《사상계》를 폐간시키고, 편집인과 발행인을 비롯해 시인과 관련 당사자들을 구속한다. 국가보안법 위반, 즉 반국가 단체인 북한을 이롭게 했다는 죄목이었다.

문학 창작물과 기관지가 갖고 있는 영향력의 한계를 볼 때 이 사건은 정권의 명백한 호들갑이었다. 하지만 국민의 동의를 얻지 못하는 정권은 언제나 이런 조급을 떨기 마련이었다. 작은 풍자와 패러디에도 통치 기반이 흔들릴 수 있었다.

김지하의 「오적」은 재벌, 국회위원, 고급 공무원, 장성, 장·차관을 '을사오적'에 빗대 그들의 부정부패를 판소리의 서사 구조를 빌려 풍자한 이야기 형식의 시다. 계급 의식을 고취시키고 빈부 격차를 과장함으로써 반국가 단체인 북한의 선전 자료로 이용되었다는 것이 검찰의 기소 내용이었다. 하지만 아무리 읽어보아도 마르크스적 계급의식이 드러나는 대목은 보이지를 않는다. 오히려 북한이 선전 자료로 이용하기에 께름칙한 부분이 있을 뿐이다.

"남녘은 똥덩어리 둥둥/ 구정물 한강 가에 동빙고동 우뚝/ 북녘은 털 빠진 닭똥구멍 민둥/ 벗은 산 만장 아래 성북동 수유동 뾰죽/ 남북 간에 오종종종 판잣집 다닥다닥"

"시를 쓰되 좀스럽게 쓰지 말고 똑 이렇게 쓰랏다"로 시작하는 「오적」의 앞머리 일부다. 남과 북을 싸잡고 있다. 예나 지금이나 더 경직되어 있는 북한 체제가 이런 표현을 반겼을 리는 없다. 건강하지 못한 권력은 아량이 없기 때문이다. 그들은 조금의 비판도 용납하지 않는다. 북한이 《노동신문》이라는 국가 기관지 외에 어떤 것도 용납하지 않는 것도 그 때문이다. 민주주의를 표방하고 있었지만 유신 체제도 마찬가지였다. '붕어빵 언론'이라고 자조했을 만큼 정치적 사안에 대한 기사는 모든 언론사가 거기서 거기였다. 조간 신문의 제목과 내용이 토씨 하나 바뀌지 않고 석간에 그대로 실리는 놀라운 통일성의 시대가 바로 유신이었다.

김지하는 「오적」의 이름에 모두 개 견(犬) 부수를 집어넣어 옥편에 나오지도 않는 한자를 만들어 썼을뿐더러, 풍자의 강도는 오늘날에도 유효할 만큼 신랄했다. 하지만 신랄하다고 해서 구속된다는 것은 다른 문제다.

"천千원 공사工事 오 원에 쓱싹, 노동자 임금은 언제나 외상 외상"

"치자즉도자治者卽盜者요 공약즉공약公約卽空約이니"

"높은 놈껜 삽살개요 아랫놈껜 사냥개라, 공금은 잘라먹고 뇌물은 청請해 먹고"

내가 이병린의 많은 변론 중 '김지하의 오적'을 예로 든 것은 민주주의에서 훼손되어서는 안 되는 가치가 무엇인지를 잘 보여주는 사건이기 때문이다. 이병린이 권력과 맞서 지키고자 했던 것은 '표현의 자유'였다.

'표현의 자유'를 거론하면 많은 분들이 미국의 '수정헌법 1조'를 떠올릴 것이다. 영화와 미디어에서 많이 다루어졌지만 사실 '수정헌법 1조'는 표현의 자유만을 다루고 있지 않다. '수정헌법 1조'는 자유에 대한 포괄적인 기술이다. 미국이 내부적으로 많은 문제가 있음에도 강대국으로서 세계에 영향력을 잃지 않는 것과 사회적 건강성을 유지할 수 있는 이유가 나는 바로 '수정헌법 1조'에 있다고 생각한다.

"의회는 국교를 설립하거나, 자유로운 종교 활동을 금지하거나, 발언의 자유를 저해하거나, 출판의 자유, 평화로운 집회의 권리, 정부에 탄원할 수 있는 권리를 제한하는 어떠한 법률도 만들 수 없다."

'수정헌법 1조' 전문의 내용이다. 이 정신에 따라 미국인은 타인에게 무력을 행사하지 않는 한 무제한의 자유를 누릴 수 있다. 정부 정책에 반대하기 위해 공공장소에서 성조기를 불태우는 시위도 정당한 권리에 해당한다. 《뉴욕타임스》가 베트남전쟁 당시 미국의 안보 이익에 치명적이며 회복할 수 없는 손실을 안겨줄 수 있는 1급 군사기밀 '펜타곤 페이퍼'를 폭로해 부도덕한 전쟁을 끝내게 할 수 있었던 것도 '수정헌법 1조'의 정신이 있었기 때문이다. 건강한 권력, 건전한 사회는 풍자, 패러디는 물론이고 비판도 수용한다.

이병린이 '오적 필화 사건'의 변론을 위해 준비했던 원고는 2백자 원고지 190쪽에 달하는 분량이었다. A4지로 따지면 25장 안팎이 될 것이다. 여기엔 정약용, 맹자, 아리스토텔레스, 프로이트, 존 밀턴, 토머스 제퍼슨 등 동서고금의 사상가와 매슈 아놀드를 비롯한 문학인, 브랜다이스를 비롯한 미국 연방대법원 판사 등의 이론이 인용되어 있으며, 풍자시의 성격, 언론과 사상의 자유에 관한 정연한 논리를 담았다고 한다. 아쉽게도 이 변론문은 9월 8일 김지하가 폐결핵으로 가석방되고 관련자들도 별다른 처벌 없이 풀려나면서 실제 변론으로 쓰이지는 못했다.

하지만 정부는 목적을 달성했다. 영향력 있는 진보 잡지 《사상계》

를 폐간시켰으며 언론과 문화 예술인에게는 시 한 편으로도 다칠 수 있다는 경고 메시지를 보냈다. 반체제 시인이 된 김지하는 이후 몇 편의 풍자시를 더 발표하고 이 때문에 사형 선고까지 받고 만다. 시를 쓰되 정권에 비판적이었다는, 단지 그 이유 때문이었다. '표현의 자유'는 시민이면 누구나 누려야 하는 복지 같은 것이지만 독재 정권 아래에선 목숨을 걸어야 하는 고가품이었다.

미국이라고 처음부터 '수정헌법 1조'의 권리를 자유롭게 누렸던 것은 아니라는 사실을 독자들이 알았으면 한다. 미국에도 1차 세계대전 때는 정부 정책에 비판적으로 말하거나 글을 썼다는 단순한 이유로 수백 명의 사람들이 기소를 당한 역사가 있다. 매카시즘의 광풍이 몰아치던 냉전 시대에는 어떤 언론인, 예술인, 정당인도 이 자유를 누릴 수 없었다. 미국의 위선적인 성도덕을 조롱하기 위해 성조기로 팬티를 만들어 입었던 《허슬러》의 발행인 래리 플란트는 국기모독죄로 실형을 살기도 했다. 역사가들이 '수정헌법 1조'는 1791년 제정 이래로 끊임없는 위기의 역사가 기록된 현재진행형이라고 말하는 이유다. 권력은 언제든 억압하고 제한하고 싶어 한다. 특히 기득권에 비판적일수록 권력의 의지는 강해진다. 지금 언론을 향해 노골적으로 적대감을 드러내는 트럼프의 천박함처럼 말이다.

하지만 자유의 위기 때마다 이를 수호하고자 했던 사람들과 사회가 있었다. 미국 언론은 지금 트럼프와 싸우고 있다. 다인종, 다민족, 다문화 국가이며 서로 다른 가치관이 충돌하기 마련인 미국 사회가

김지하의 시 「오적」에 대한 첫 공판

건강하기 위해서는 어떤 것보다 '수정헌법 1조'의 정신이 우선되어야 한다는 것을 알기 때문이다.

미국에 있는 동포들은 언제나 한쪽 눈과 한쪽 귀가 고국을 향해 열려 있다. 특히 나와 같은 이민 1세대가 갖는 애착의 강도는 어떤 면에서는 고국에 있는 이들을 뛰어넘을 것이다. 이 글을 쓰는 동안 대한민국에서는 문화체육관광부가 주도한 '문화예술계 블랙리스트'의 존재가 확인됐다. 21세기에도 권력은 여전히 '표현의 자유'를 감시하고 억압하고 싶어 했던 것이다. 권력의 속성이다.

아래는 '표현의 자유'를 옹호한 브랜다이스 미국 연방대법원 판사의 글이다. 이병린 변호사가 김지하의 「오적」을 변론하면서 인용하려고 했던 것이 이 글이 아닐까 싶다.

"그들은(독립을 쟁취한 선조) 자신들이 원하는 대로 생각하고 생각하는 대로 말하는 자유야말로 정치적 진실을 발견하는 필수 불가결한 수단이라 믿었고…… 자유로운 의사 표현과 집회가 있어야만 유해한 신조의 유포로부터 (국가를) 적절하게 보호할 수 있다고 믿었고…… 자유에 대한 가장 큰 위협은 행동에 나서지 않는 국민이라고 믿었다. ……**생각과 희망과 상상을 꺾는 것이야말로 정부를 위협하는 가장 큰 요소다.**"

② 비상계엄과 유신에 맞선 법리주의자

1964년 6·3 한일회담 반대 시위를 빌미 삼아 6월 22일 박정희 정권은 서울에 비상계엄령을 선포했다. 6·3 시위와 관련해 구속된 사람들이 내란죄로 처벌될 위기였다. 이에 당시 대한변호사협회장이었던 이병린은 '인권에 관한 건의서'를 발표했다. 5개 항으로 된 건의서의 골자는 아래와 같다.

"계엄령은 국민의 기본권을 극도로 제한할 뿐만 아니라 사법권과 행정권까지 군에서 행사하는 위험한 법이다. 때문에 이를 해석할 때는 지극히 엄격하게 할 필요가 있다. ……하지만 한일회담 반대 데모는 전쟁도 사변도 아니며 적에게 포위된 것도 아니다."

법리에 바탕을 둔 당연한 해석이었고 요구였다. 계엄법 4조는 '비상계엄은 전쟁이나 사변에 있어서 적에게 포위된 때'에 선포할 수 있다고 명시했기 때문이다. 하지만 군사 정권은 이를 중대한 도전으로 받아들였다. 이병린은 계엄포고령 위반으로 구속을 당하고 말았다. 영장 없는 구속이었다. 보통군법회의 검찰부로 송치됨과 동시에 서울교도소로 이감되었고 공소장 내용은 전혀 공표되지 않았다.

이병린 변호사의 요구가 당시 얼마나 위험한 행동이었던가는 다른 법조인들의 행보를 보면 알 수 있다. 변호사협회 회장직을 그만둔 시점은 박정희 정권이 장기 집권을 위해 3선 개헌을 단행했을 때였다. 이때 그는 헌법을 지키기 위한 호헌선언문을 뜻을 같이하는 변호사 30여 명과 발표했다. 하지만 변호사협회 측은 그가 호헌선언문을 낭독하지 못하도록 현관문을 잠가버리고 몇몇 회원들의 개인 행동이라는 성명서를 냈다. 3선 개헌안이 국회에서 변칙 통과된 후 개헌안 무효선언서를 발표했을 때는 "협회 빈 사무실에서 집회를 열어 다수의 변호사가 관여하는 것 같은 인상을 주지 말 것과 다시는 이런 일을 되풀이하지 말라"는 통고문이 날아왔다. 그의 뒤를 이어 변호사협회장에 오른 전봉덕의 이름으로 온 것이었다.

1972년 유신이 선포되었을 당시의 상황은 더 심각했다. 이병린은 1973년 다른 재야 인사들과 더불어 헌법개정청원운동본부를 출범시켰다. 그러나 박정희 정부는 "유신 체제를 전복하고 사회를 혼란시키는 불순한 움직임"이라는 담화와 함께 긴급조치 1, 2호를 발동했다. 정부와 다른 의견을 가진 사람은 모두 영장 없는 구속과 15년 이하의 징역, 비상군법회의에 따른 재판을 받을 수 있었다. 윤보선 전 대통령, 지학순 주교, 박형규 목사, 김지하 시인 등 재야와 종교, 언론, 문화계 인사들이 모두 이 긴급조치 위반으로 구속을 당했다. 10·26으로 유신 정권이 종말을 맞을 때까지 이 긴급조치는 계속해서 내려졌다. 이 시기를 '긴조 시대'라고 부를 만큼 인권의 암흑기였다. 하지만 이 암흑기를 달리 표현한 사람도 있었다.

"유신은 인권 보장의 첩경이다."

민복기 대법원장의 말이다. 헌법 수호의 최후의 보루도 권력과 인간의 그릇된 욕망 앞에 자유롭지 못하던 시절이었다. 권력에 순종하는 것이 곧 국가에 충성하는 것으로 착각해서 한 말은 아닐 것이다. 그저 현세의 권세와 안위를 누리기 위해 굴종과 왜곡을 택한 것뿐이다. 10·26 이후 유신이 철폐되고 대한민국이 짧은 '민주화의 봄'을 만끽하고 있을 때 누구도 저렇게 외치는 사람은 없었다.

"우리나라는 자유민주주의의 나라이다. 정치적 슬로건에만 그치는 것이 아니라 헌법에 의한 불가침의 법적 규범이다. 누구를 막론하고 이 철칙을 어길 수 없다. ……헌법을 도구처럼 경시해서 정치적으로 악용하거나 짓밟게 되는 날, 자유롭고 평화스럽게 살아갈 생각을 버려야 한다. 근본이 송두리째 흔들리는데 지엽이 안전할 수 없기 때문이다."

하지만 이병린은 달랐다. 자신의 모든 것을 걸고 법치주의를 수호하고자 했었다. 정권의 감시를 받아 변호사로서의 수입조차 올릴 수 없었지만(일반 사건의 의뢰인들에게까지 정보부 사찰이 들어갔다고 한다) 타협하지 않았던 그였기에 법조계는 지금도 그를 '의인'이라고 추앙하는 것이다. '자유의 나무는 압제자와 애국자의 피를 끊임없이 수혈받으며 자란다'는 토머스 제퍼슨의 말처럼 자유는 그저 주어지지 않는다. 이병린이 위대한 점이 여기에 있다. 그는 압제자에 맞서 순교를 두려워하지 않았다.

권력주의에 맞선 법치주의자, 대한민국 인권 변론의 시조가 되다

이병린은 1911년 양평군 단월면 산음리에서 태어났다. 호랑이 울음소리가 들리는 용문산 기슭의 두메산골이었다. 원래는 3형제의 막내였으나 형들이 어린 나이에 모두 죽고 그만 살아남았다고 한다. 철이 들면서부터는 서울에서 살았는데 아버지가 한약방을 경영했기 때문이다. 그러나 아버지는 나라 잃은 울분을 술로 달래다 48세에 돌아가시고 말았다.

이후 이병린은 지독한 가난에 시달렸다. 학비가 없는 것은 물론이고 겨울에는 속옷 없이 광목 셔츠 하나로 견뎌야 했다. 하루는 바지 궁둥이가 뻥 하고 뚫어진 것을 모르고 친구에게 돈을 빌리러 갔다가 면전에서 거절당하는 수모를 겪기도 했다. 훗날 이병린이 변호사가 되었을 때 이 친구가 거꾸로 돈을 빌리러 왔었다고 한다. 그는 두말 않고 꾸어주었다.

이병린은 처음부터 변호사에 뜻을 두지는 않았다. 집안에 자기 아니면 벌이를 할 사람이 없었기 때문에, 그는 사범학교를 선택해 초등학교 교사로 먼저 사회생활을 시작했다. 하지만 창씨개명과 조선어 금지 같은 탄압을 견디다 못해 변호사로 마음을 돌렸다. 더구나 놀랍게도 이병린은 독학으로 변호사가 되었다.

"독학했습니다. 남대문로에 있던 총독부 도서관에 개근을 했지요. 아침 10시에 나가 밤 10시에 돌아오는 생활을 계속했지요. ……처음엔 예비 시험에서 떨어졌었습니다. 그러니 생활을 할 수가 없어 마포에서 장작도 팔았고요. 그러다 변호사 시험 석 달 전부터 다시 공부를 했어요. 서울 고등학교 자리에서 시험을 칠 때, 점심 시간에 형법 책을 잠깐 읽었는데 거기서 문제가 나왔어요. 운이 좋았지요."

그는 1940년 조선 변호사 시험에 합격했다. 일제 강점기 마지막 변호사 시험이었다. 4·19 직후 서울 지검 검사장으로 발탁될 기회가 있었으나 거절하고, 판·검사나 관직에 몸담는 일 없이 40년 이상을 오직 변호사로 일관했다. 해방 전 청진에서 막 변호사 개업을 했을 당시 그는 한 사건을 맡게 되면서 법조인으로서 평생의 신념을 갖는다.

응달에 쪼달려서

주름살이 잡혔건만

저 촌로 불평없이 태평만 하오

부럽기도 하려니와

불쌍도 하오

장물죄로 구속된 아들의 석방을 위해 매일 밤, 형무소 담 밑에다가 고삿밥을 차려놓고 석방 기도를 올리던 늙은 의뢰인의 모습을 보고 지은 이병린의 시조다. 공무원의 부패와 법에 대한 무지로 손해를 보던 그 촌로를 두고 그는 이렇게 말했다.

II 해방 이후와 유신 독재 시기까지의 인권 변호사들

"자연의 응달은 필연적이지만 법의 응달은 인간이 만든다. 인간의 그릇된 마음씨, 바로 그것이 법의 응달을 만든다. ……우리 민족이 가장 먼저 퇴치해야 할 것이 법의 응달이라고 하면 그 퇴치의 선봉에 나서야 할 것은 법조인 바로 우리들이다."

　의뢰인에게 가진 동정심, 연민의 정을 '법 정신'으로까지 끌어올린 사색이다. 법의 응달을 퇴치하고자 했고 그것을 만든 인간의 그릇된 마음씨를 두려워했던 그는 필연적으로 독재와 맞설 수밖에 없는 운명이었다. 시작은 1958년 진보당 재판의 1심 판결에서 조봉암 당수에게 징역 5년을 선고하고 나머지 피고인들에게 무죄 판결이 내려진 일로 대법원 청사에 정체불명의 청년 200명이 난입한 사건이었다. 청년들은 "친공판사 유병진을 타도하자"며 행패를 부렸다. 당시 그는 대한변협 총무로 있었다. 다수의 위력으로 사법권의 독립을 훼손하려는 배후가 이승만임을 알고 이병린은 큰 충격을 받았다. 이후 1960년 3·15 부정선거를 규탄하던 마산 시민학생 시위대를 향해 발포를 한 경찰 책임자를 살인죄로 엄단하라고 요구한 것을 기점으로, 본격적인 인권 변론의 길로 들어서게 된다.

　해방된 조국에서 걷고자 했던 법조인의 길이 그토록 오랜 세월과 고난을 요구할지 이병린은 짐작도 못했을 것이다. 이승만 독재가 물러가자 새로운 군사 독재가 찾아왔다. 곧 인권 변론에 뛰어들 후배들의 사표이자 구심점이었던 그는 박정희 정권이 가장 먼저 제거하고 싫어 했던 정적이었다. 1975년 지병이 악화되어 낙향한 그를 찾았던 날을 이돈명 변호사는 이렇게 기억하고 있다.

"서울에 오셔서 편안히 쉬실 한 평의 따뜻한 방도 없었지만 그 가운데서도 일을 하고 싶어 하셨다. 위암 수술을 하고 잠 속을 오락가락하는 어느 날 아침, 나는 선생님을 찾아뵈었다. 그때 내 손을 꼭 잡고서는 '어려운 일 고마워, 꼭 해야 돼.' 하시던 그때 그 모습을 나는 결코 잊지 못할 것이다."

'교도소의 명부와 지옥의 명부는 일치하지 않는다. 인간은 죄과를 다스리는 데 너무 무능하고 너무 차별적이다'라며 변호사는 본질적으로 약자의 편에 있는 자로서 억울한 일을 철저히 가려주는 것이 본업이라고 강조하던 그는 76세의 일기로 생을 달리했다.

"그 꼴을 보다 못해, 견디다 못해, 하늘에 직소直訴하려고 분이 터져 죽으신 것입니까? 그리하여 우리 모두의 가슴에 불을 질러 하늘 뻗치는 불기둥이 되게 하려고. 아! 그럼 잘 가십시오."

그의 사망을 안타깝게 여긴 함석헌 선생의 조사다. 이병린의 장례식은 대한변호사협회 창립 이래 처음으로 대한변호사회 장례로 변호사회관 광장에서 진행되었다.

지혜의 소금, 양심의 소금, 용기의 소금

범하 이돈명

초등학교 졸업이 끝이었던 촌놈, 대학을 만들어서 입학하다

그에게는 일제 강점기 소학교 졸업장 말고는 제대로 된 졸업장이 없다고 해도 지나친 말이 아니다. 자식을 농사일에 붙들어두려고 했던 아버지는 서당에 보내 글이나 읽게끔 해주는 걸로 교육의 소임을 다하는 것으로 생각했다. 그러나 글공부에 뜻과 재주가 있었던 범하凡下 이돈명(1922~2011)은 다른 아이들이 잠깐 다니다 마는 서당을 6년이나 다닌다.

어찌 되었든 세상은 변했고 사람 구실을 하려면 신학문도 필요하다는 것을 깨달은 아버지가 그를 다시 신식 학교에 보낸 것은 12세가 되는 해였다. 재주를 눈여겨본 일본인 선생에게 일본 유학을 권유받기도 했지만, 이돈명은 땅을 물려주겠다는 아버지의 뜻을 이길 수는 없었다. 아버지는 소작농으로 몰락해버린 집안을 근면과 성실로 다시 일으킨 자수성가형 농사꾼이었다. 게다가 완강한 아버지의 뜻이 '옳다구나' 싶게 이돈명은 상급 학교였던 목포상업학교 진학 시험에 떨어지고 만다. 이후로 그는 정말 제대로 된 교육을 받아본 적이 없다. '범하'라는 호보다 '촌놈'이라고 불렸던, 외모가 수더분하다 못해 구수했던 이돈명 변호사가 그 주인공이다.

하지만 타고난 농사꾼이었던 아버지도 자식농사만큼은 뜻대로 되지 않았다. 상급학교 진학에 떨어졌으니 농사일에 마음을 붙여볼 만도 한데 이돈명은 도무지 농사에 마음을 두지 않았다. 그러고는 요즘식으로 하면 인터넷 강의에 해당하는 우편통신 강의를 듣는다. 당시에는 와세다 대학교 강의록을 우편으로 받아 공부하고, 다시 우편으로 치르는 시험에 합격하면, 중등학교 졸업 자격을 인정해주는 제도가 있었다. 이돈명은 그렇게 3년을 공부하고 중등학교 졸업 시험에 합격했다.

시험 통과 후 다시 일본 유학의 뜻을 내비쳤으나 역시 아버지의 반대로 좌절됐다. 하지만 인생사 '새옹지마'라는 사자성어가 이돈명에게 딱 맞아떨어진다. 태평양전쟁이 끝으로 치닫던 1940년대에 일본으로 유학 간 많은 한국인들이 강제 징용을 당하기 때문이다. 이돈명 변호사의 전기인『돈명이 할아버지』에 따르면, "담양, 창평만 해도 일본 유학 간 사람이 많아 면 단위만 해도 십여 명이 넘었다. ……학병으로 끌려간 사람이 많아 마을마다 숨죽인 곡소리가 흘러나왔다"고 한다.

하지만 조선 땅에 있는 것만으로 안전을 보장받을 수는 없었다. 발악만 남은 일제의 손아귀를 벗어날 수 있는 유일한 길은 관공서나 군수업체에 취직하는 길뿐이었다. 이때 우편으로 딴 '중등학교 졸업' 자격이 도움이 되었다. 이돈명은 조선금융조합 서기로 취직했다. 비료와 농약을 공급하고 양곡 수매를 하면서 농민에게 돈을 빌려주는 대표적인 식민지 착취 기관이었지만, 19세 이돈명은 그것까지는 의식하지 못했다. 그저 나라를 잃었다는 추상적인 분노만 가슴 속에 자리 잡고 있었는데 이 때문에 여러 번 사고를 쳤다.

"너 이 자식, 조선말 썼다."

"내가 뭘 잘못했어! 조선 사람이 조선말 좀 쓰면 어때?"

금융조합 서기로 있으면서 각 기관원들과 술자리가 종종 있었다. 내선일체를 주장하며 조선말 사용이 완전히 금지되던 때에 술을 핑계 삼아 동료들과 조선말로 대화를 나누는 것을 일본인 상관이 들은 것이었다. 사과하지 않고 대든 것이 결국 일본인들과 패싸움으로 번졌다. 명백한 위법 행위를 저질렀음에도 위법을 지적하는 일본인의 멱살을 잡은 것이었다. 당시는 일제가 10대 여성들까지도 정신대라는 이름으로 강제 징발해 위안부로 보내던 극악한 시절이었다. 술김이라지만 어떤 불이익도 감당해야 했다. 그에게도, 훗날 대한민국에게도 다행이라면 일본 상관이 이 일을 문제 삼지 않았다는 것이다.

하지만 이 일을 다행으로 생각하지 않았던 건 오직 이돈명 그뿐이었던 것 같다. 그냥 넘어가도 될 일을 일본인이라면 지위고하를 막론하고 쏘아붙여 툭하면 싸움을 만들고는 했다. 이렇게 일본인이라면 조건반사적으로 분노를 표출하던, 혈기 넘치는 민족주의자 이돈명은 상하이 임시정부의 존재를 처음 알던 날을 이렇게 기억한다.

> "(친구 이지열이 잔뜩 흥분된 상태로 찾아왔다. 법성포에서 중국 방송을 몰래 듣다 알았다고 한다.) ……상해 임시정부에 대해 들어본 적이 없었다. 세상 돌아가는 일에 대해 이야기할 사람 하나 없는 막막한 시골, 그곳은 이를테면 세계로부터 고립된 무인도나 다름없는데, 상해 임시정부는 그곳에 갇힌 사람에게 전해진 구원의 소식이 아니었겠는가."

임시정부가 존재한다는 소식만으로도 흥분을 감추지 못했던, 21세 청년 민족주의자 이돈명은 아마 상상도 하지 못했을 것이다. 해방된 조국이 친일파를 청산하지 못하리라는 것을! 역사는 그렇게 이돈명을 유신과 만나게 한다.

먹고살기 빠듯한 대한민국 판사

피가 뜨거운 자식을 주저앉히기 위해 19세에 장가까지 보냈건만 아버지는 공부에 대한 이돈명의 열의를 꺾을 수 없었다. 해방이 되고

1년이 흐른 1946년 9월, 차라리 죽어버리겠다는 소동을 벌인 끝에 이돈명은 훗날 조선 대학교가 되는 광주야간대학원 정치학과에 입학한다. 그의 나이 25세였다.

그러나 이돈명은 마음 편히 공부할 팔자는 아니었던 듯하다. 이미 있는 대학에 입학한 것이 아니라 대학을 만들어서(?) 입학한다. 해방 직후 호남, 광주 지역에서 종합대학 설립운동이 있었는데 그는 이 설립동지회의 주축이자 동시에 입학에 뜻을 둔 학생이었던 것이다. 학교는 도지사의 설립 허가만 나왔을 뿐 아무것도 없는 상태였다. 기자재와 기금을 모으러 전국 방방곡곡을 돌아다니는 일이 입학 전 학생들이 해야 할 일이었다. 개교를 했는데 건물이 없어 초등학교, 직업학교, 절 등으로 흩어져 수업을 들어야 했다.

이돈명은 여기서 정치학과를 선택했다. 특별한 이유는 없었다. 정상적인 단계를 밟으며 공부하지 못한 것이 나중에 한이 될 것 같아 그냥 최상급 과정인 대학에 진학한 것이었다. 하지만 건물도 없는 학교에서 이리저리 옮겨 다니며 공부를 해야 하는 불안한 상황은 그에게 미래를 위해 뭔가 확실한 보험을 만들어두게끔 했다. 사법고시에 뜻을 둔 것이다. 두 번의 낙방을 경험하고 1953년 광주 지방법원 사법관 시보(당시 연수원 교육에 해당)가 되면서 이돈명은 법조인의 길을 걷기 시작했다.

본격적인 행보는 1954년 대전 지방법원 판사로 부임하면서부터다. 이 영광스러운 부임길에 그는 처자식을 고향에 두고 혼자 대전으로 갔다. 그럴 수밖에 없었다. 초임 판사 월급이 너무 박했던 것이다. 적게 나오면 쌀 반 가마였고 많이 나오면 쌀 한 가마에 현금 얼마가 더 얹어지는데, 이게 하숙비와 딱 맞아 떨어질 만큼이었다. 이 월급으로는 빨래까지 해주는 고급 하숙집은 생각도 할 수 없었다. 옷을 직접 빨아 입어야 했던 판사는 점심 식사 사먹을 돈도 마땅치 않았다고 한다.

로스쿨이 도입되기 전 사법 시험이 계급 이동의 사다리라고 불렸다는 점에서 독자들도 판사의 곤궁한 생활을 이해할 수 없을 것이다. 아무리 한국전쟁 직후의 어수선하고 너나없이 굶주리던 상황이라고 할지라도 말이다(뒤에 얘기하겠지만 여기에는 이유가 있었다). 이돈명은 판사가 되었건만 집에 돈을 보태주기는커녕 받아서 써야 했다. 실제 이돈명은 판사 생활 내내 농사짓는 아버지의 원조를 받았다. 판사가 되면 뭔가 대단할 줄 알았던 아버지의 실망도 이만저만이 아니었다고 한다.

이렇게 이돈명을 빈곤의 길로 잡아끈 사람은 광주 지방법원의 김제형 부장판사였다. 시보 시절부터 고향 땅에 변호사 개업을 생각하고, 기회가 닿으면 (한승헌의 검사 시절처럼) 교편도 잡아볼 생각이었던 이돈명의 팔을 붙잡고 설득한 것이었다.

"본인을 위해서도 사법부를 위해서도 판사가 좋을 것 같다. 정의감이 강하고 날카로운 직감을 갖고 있는 듯하다."

부장판사의 판단은 옳았다. 배를 곯는 판사 생활이었지만 이돈명은 공정한 판결로 유명해진다. 대표적인 사례가 토지 소유권 분쟁이다. 당시 엄청난 재력을 지닌 대전의 백화양조장 사장이 경계선이 불분명하다는 핑계로 양조장 옆 땅을 점유하려고 했다. 대전 사람들은 모두 다 양조장이 이길 것이라고 생각했다. 재벌과 서민의 싸움이었다. 그런데 이돈명은 땅주인의 손을 들어주었다. 대전 시내가 후끈할 정도로 시끄러웠다고 한다. 땅주인 측 변호인은 판결에 감격한 나머지 "대한민국에 사법부만은 살아 있다"며 만세까지 불렀다고 한다.

부정부패가 공공연하던 자유당 집권기의 이야기다. 눈 한번 질끈 감았다면 여덟 식구의 가장으로, 판사 아들을 둔 늙은 농사꾼의 아들로서 위신을 세울 수도 있었을 것이다. 아무리 엄격한 법조문도 허점은 있기 마련이다. 유능한 변호사는 그 점을 파고들고, 사심이 많은 판사는 상식(헌법)에 어긋나는 법 해석을 내린다.

내가 있는 이곳, 미국에서 있었던 일화를 하나 들도록 하자. 1896년 연방대법원의 판사들은 공공장소에서 흑인과 백인을 분리하는 것이 수정헌법 14조(미국 시민의 평등권)를 위반하는지 그 여부를 판결해야 했다. 이른바 '플레시 대 퍼거슨Plessy vs Ferguson' 사건이라 부르는 사건으로, 발단은 이랬다. 1892년 루이지애나 행 일등석 기차표를 들고 백인 칸에 탑승하려고 했던 호머 플레시라는 인물이 체포를 당했던 것이다. 그는 엄밀하게 따지면 8분의 7은 유럽의 피가, 8분의 1은 아프리카의 피가 흐르는 자유인이었지만, 루이지애나 법에 따르면 엄연한 '흑인'이었다. 사건을 담당한 퍼거슨John Howard Ferguson 판사는 그에게 유죄를 선고하고 25달러의 벌금을 선고했다. 이에 불복한 플레시는 사건을 연방대법원까지 끌고 갔다.

여기서 어이없는 판결이 나온다. '공공시설에서 백인 전용칸과 흑인 전용칸의 시설 차이를 발견할 수 없다.' 그러므로 '분리되지만 평등하다separate but equal'. 이 판결은 흑백 분리가 시설이 동등한 경우라면 합헌이라는 선례를 남겼다. 따라서 열차, 학교, 병원과 같은 공공장소에서 흑인과 백인을 분리하는 것은 수정헌법 14조를 위배한 것이 아니었다. 이 교묘한 법 해석이 결국 누구의 기득권을 옹호한 것인지는 굳이 설명하지 않아도 될 것이다. 미국은 이 판결로 유색 인종이 백인과 동석할 수 있는 자유와 권리를 얻기까지 마틴 루터 킹의 인권운동을 기다려야만 했다. 반세기가 더 필요했던 것이다. 법의 해석 권한을 갖고 있는 판사의 위치가 그만큼 중요한 것이다.

미국 법조계에는 또 이런 금언이 있다. '법률가들의 취향은 귀족과 군주에 가깝다. 하지만 이해관계는 국민과 가까워야 한다.' 그러나 성공과 돈, 권력 앞에 쉽게 흔들리는 것이 사람이다. 법률가라고 해서 다르지는 않다. 이해관계를 국민이 아니라 기득권에 두는 편이 성공과 명예를 얻는 데 유리하다. 위 금언은 돈이 되지 않고 권력도 쥐어주지 않는다.

앞에서 잘못된 판례를 소개했지만 미국에서 돈과 권력에 야합한다는 오명은 판사가 아니라 대개는 변호사들이 뒤집어쓴다.

이돈명 변호사는 돈과 권력에 야합하지 않았다. 그는 후일 독재 시대의 법정 상황을 이렇게 얘기했다.

"우리의 변론은 메아리 없는 독백이었다. ……변론은 법관을 향해야 하는 것인데도 나는 뒤에 있는 방청객이나 피고석에 앉은 학생들에게 부디 용기를 내라는 뜻에서 말하고 있었다. ……열심히 변론해도 무죄 선고는 없을뿐더러 오히려 역효과를 내는 경우가 허다했다."

하지만 유신이 닥치기까지 대한민국 사법부는 그런 대로 살아 있었다. 바로 이것 때문에 판사들이 굶주렸다. 이승만 정권이 법을 농단하려고 해도 사법부가 협조를 하지 않았던 것이다. 김병로 대법관이 헌법을 쥐고 버티고 있었다. '함부로 석방한다'라고 이승만이 직접 불편한 심정을 교시로 내렸지만 사법부만은 법규와 법의 정신에 따라 판결했다. 사법부에 대한 이승만의 복수가 바로 월급이었다. 판사들의 포도청을 틀어쥔 것이었다. 행정부 쪽 동급 관료보다 훨씬 적은데도 전혀 인상을 해주지 않았다. 법관의 월급으로는 4인 가족이 기본 생활조차 유지할 수 없었다. 김병로 대법관이 판사들에게 '눈물을 먹고 살라'는 당부를 남겼을 만큼 모두 형편이 어려웠다.

이렇게 이해관계를 헌법과 국민에게 두었기에 판사 이돈명도 대전 생활 4년이 지나도록 방 두 칸짜리 전셋집을 벗어나지 못했다(그 전세 자금이 누구 돈이었을까도 충분히 짐작되는 일이다). 여전히 어린 두 아이

이돈명 변호사(1986년)

는 고향집 부모님에게 맡겨둔 채였다. 하지만 이돈명은 이 시절 평생의 지기이자 후원군을 만난다. 유현석 판사다.

"뜻이 잘 맞았다. ……판결을 엉터리로 해 문제가 생기는 것도 없고, 실수하는 것도 없었다. 배석들끼리 의견이 달라 싸우고 사표까지 내는 경우도 있는데, 우리는 그런 문제가 전혀 생기지 않았다."

둘은 훗날 대한민국 법률 서비스의 모범이자 기적으로 불리는 '제일합동법률사무소'로 다시 모인다. 앞서 언급했던 김제형 판사와 함께 이 세 사람의 만남은 훗날 도원결의라고 불렸다.

판사의 정신을 가진 변호사

이돈명이 서울 지법으로 승진한 지 얼마 되지 않아 가족의 실질적인 가장이었던 아버지가 세상을 떠난다. 군사 정부가 들어서며 월급이 인상되기는 했지만 여전히 판사 월급만으로는 가족의 생계를 감당할 수 없었다. 이돈명은 생계 곤란의 위기에 직면한다. 남은 것이라고는 수입이 좋다는 변호사 개업밖에 없었다. 선택은 옳았다. 초짜 변호사 한 달 수입이 판사 일 년 치 월급보다 많았던 것이다. 굶고 사는 게 익숙했던 이돈명이었지만 그 액수에 스스로도 놀랐다고 한다. 그는 이렇게 순전히 경제적인 이유로 변호사가 되었다. 이돈명을 돈도 안 되고 힘들기만 한 인권 변호사의 길로 들어서게 만든 것은 바로 법 같지 않은 법, 유신헌법이었다.

"72년 10월 17일 유신 선포를 접했다. ……대통령 선거를 통한 정권 교체가 막힌 상태에서 민주 정치가 될 수는 없는 것 아닌가! 이 제도하에서의 사법 제도는 어떻게 되는가? 그리고 변호사는 무엇을 어떻게 해야 되는가?"

법 자체가 잘못되어 인권과 자유를 유린한다면 그 법을 다루는 사람으로서 어떻게 해야 할 것인가라는 의문을 놓을 수 없었던 것이다. 하지만 본격적인 인권 변호사의 길을 걷는 이돈명을 얘기하기 전에 '제일합동법률사무소'가 먼저 언급되어야 한다. 합동법률사무소는 독재에 저항했던 이돈명의 가장 든든한 법률 지원군이자 생활 후원군이었기 때문이다.

맨 처음 동업을 제안한 것은 그를 생활고로 이끌었던 김제형 판사였다. 그는 이돈명보다 3년 앞서 변호사를 하고 있었다. 당시 동업 형태의 사무실이 드물었기 때문에 이돈명은 망설였다. 하지만 이상적인 법률사무실을 만들고 싶었던 둘은 곧 의견의 일치를 본다. 여기에 대전 시절을 함께했던 유현석과 이동신을 불러들였다. 군사 정권하에 떳떳한 판결을 할 수 없었던 그 둘도 법복을 벗고 합류를 했다. 이렇게 '제일합동법률사무소'라는, 전무후무한 사무소가 탄생한다. 1966년이었다.

"말 그대로 도원결의였다. 공동 수임, 공동 수행, 공동 수입, 공동 지출, 공동 분배. 그걸 죽 실천했다. 누가 많이 벌었다 적게 벌었다, 누가 더 일했다 적게 했다, 그거 따지지 않았다."

로펌이 일반화되어 있는 미국 변호사 사회에 익숙한 나는 이런 식의 수익 배분 규칙이 이상적이라 보지만, 실천에 옮기기는 매우 어렵다고 생각한다. 현실에서는 부딪히는 문제들이 몹시 많기 때문이다. 누군가의 희생이 아니라 모두의 노력이 필요한 일이다. 이돈명은 이 덕을 보았다. 1970년대 중반 이후 인권 변호사로 거듭날 수 있었던 것은 제일합동법률사무소의 설립 정신과 후원이 있었기 때문이라고 스스로도 밝힌다.

"함께 활동을 하던 변호사들은 내 처지를 부러워했다. 인권 변호사는 수입이 없는 것이나 마찬가지이기 때문이다. 제 돈까지 쓰면서 해야 하는 일이었다. 그래서 나는 나보다 다른 동료들이 더 대단하다고 생각한다."

인권 사건을 맡는다는 것은 정부의 감시와 협박도 함께 받는 일이었다. 도청과 미행, 연금과 연행, 나아가서는 구속과 자격정지까지 당할 수 있었다. 정보부의 감시는 일반 사건 수임조차 들어오지 않게 만들었다. 인권 변론의 대부인 이병린 변호사는 말년에는 막내딸의

다락방에서 살면서 병원도 다닐 수 없는 빈곤에 시달렸다. 이 점에서 이돈명은 운이 좋았다.

"게다가 나는 나 혼자 한 것도 아니다. 법정에 나간 것만 나 혼자였지 우리 사무소가 모든 것을 뒷받침했다. 우리는 함께했다. 함께 공소장을 짜고, 함께 법률 검토를 하고. 그리고 김제형과 유현석은 스스로도 인권 변론을 했다."

이돈명은 늘 이렇게 대답하고는 했다. 사실이면서 겸손이 들어간 말이기도 하다. 하지만 든든한 배경이 있다고 누구나 그 길을 걷지 않는다. 이돈명의 전기를 보면서 나는 '제일합동법률사무소'의 후원이 없었어도 그가 인권 변론의 가시밭길 앞에 섰으리라는 것을 확신한다. (소개하지 못했지만) 공정한 판결을 위해 고심에 고심을 거듭하던 판사 재임 때의 이야기가 그렇다. 초짜 변호사 시절에도 반인륜적·반도덕적인 사건은 맡지 않았던 일, 부당하게 이익을 도모하려는 사람의 사건도 맡지 않았던 것 역시 나에게 그런 인상을 주었다.

아무나 할 수 있는 일이 아니다. 정의의 여신도 눈을 가리고 있지만 우리 변호사 역시 눈을 가리고 있다. 사람 따지고, 사건 가리면서 맡지 않아야 하기 때문이다. 변호사는 때로는 악마도 변호해야 한다. 이 점에서 이돈명은 법률 정의를 지켜야 한다는 판사의 정신을 가진 변호사였다.

유신과 긴급조치라는 두 괴물, 평범한 변호사를 인권 변호사로 만들다

1971년 재집권에 성공한 박정희 정권은 곧바로 영구 집권의 길을 모색했다. 위협이 될 만한 요소들은 하나둘 제거해갔다. 시작점은 선거에서 그를 괴롭힌 김대중을 납치해 선거법 위반으로 넘긴 일이었다. 이어 1972년 10월 27일 대통령종신제를 골격으로 한 헌법 개정안을 공고하고 찬반 투표를 실시했다. 공포 분위기 속에 실시된 투표에서 개정안은 91.5%의 찬성을 얻었다. 절대 탄핵할 수 없는 대통령, 각급 법관의 임명권을 쥔 대통령, 국회를 해산할 수 있는 대통령, 연임에 제한이 없는 대통령, 국회위원 3분의 1을 자신의 뜻대로 뽑을 수 있는 대통령이 탄생한 것이다. 10월 유신이었다.

반유신 투쟁은 대학가에서부터 시작되었다. 1974년엔 종교인과 지식인이 중심이 된 재야에서 개헌 청원운동이 일어났다. 박정희는 긴급조치 1호를 발동한다. 유신에 반대하거나 비방 혹은 개헌을 주장하면 군사 재판에서 징역 15년에 처할 수 있는 조치였다. 학생들의 시위를 사전에 차단하기 위해 긴급조치 4호도 발동한다. 이제 사형까지 처해질 수 있었다. 이 조치로 1,204명이 수사 대상에 오르고 253명이 군법회의에 송치되며 34명이 핵심으로 지목된다. 학생, 종교인, 문인, 언론인 그리고 2명의 일본인이 포함된 민청학련 사건이다. 그리고 이 사건이 이돈명을 역사의 현장으로 끌어들였다.

"(민청학련 변호를 담당했던 황인철 변호사, 홍성우 변호사를 찾아갔다.) 유신의 반민주적 형태에 분개하고 있었기 때문에 함께하고 싶다고 의사를 밝혔다. 모두 기뻐했다."

먼저 활동하고 있던 황인철, 홍성우와 더불어 이돈명과 거의 같은 시기에 합류한 조준희, 이 네 사람은 1970~80년대 민주주의의 어둠을 밝히던 '인권 4인방'이라고 불린다.

① 김지하, 메모 하나로 간첩으로 몰리다

민청학련 사건으로 무기형을 선고받고 복역 중이던 김지하가 1975년 형 집행정지로 석방되었다가 한 달이 못 되어 다시 구속되었다. 감옥에서 작품을 구상한 메모가 문제였다. 수첩의 내용을 두고 반국가 단체를 찬양하는 표현물 제작, 반국가 단체를 찬양·고무·동조하는 표현물 은닉 혐의 등 반공법 4조 위반을 적용한 것이었다. 이돈명은 이 사건을 시작으로 인권 변론의 험한 길에 들어선다.

이 사건은 정권의 고약한 음모가 숨어 있었다. 김지하가 인혁당 사건의 진실을 캐고 다녔던 것이다. 집행정지 석방 한 달 동안 천주교 사제단과 기자를 만나고 혹은 단독 성명을 통해 인혁당 사건이 정부에 의해 조작된 것임을 증언하고 다녔다. 정권의 입장에서는 치명적인 타격을 입기 전에 김지하의 입에 재갈을 물려야 했다. 이미 그는 두 번이나 박정희 정권의 심기를 건드린 이력이 있었다. 입을 다물고 살 사람이 아니었다. 실제로 검찰은 공소 사실은 그대로 둔 채, 최고

7년을 선고할 수 있는 반공법 4조 위반에서 사형까지 가능하도록 국가보안법 위반으로 공소장을 변경했다. 여기에 8명의 공동변호인단 중 한 사람인 한승헌 변호사까지 반공법 위반으로 구속해버린다. 게다가 재판장은 인혁당 판결에서 사형을 주도한 심훈정 판사였다. 당시 변호인단이 느낀 심리적 압박은 엄청났다.

민주주의에 대한 열망을 탄압하는 데 이용되는 사법부가 변호사들의 변론을 인정할 리는 없었다. 재판은 형식이었다. 그들은 그냥 법복을 입은 군인이었다. 김지하가 재판정에 들어설 때는 무려 30명의 교도관이 따라붙어 공포감을 조성했고, 방청석은 정보부 요원들밖에 없었다. 변론의 질이 문제가 아니었다. 희망이라고는 재판 기일을 늦추면서 국제 사회의 도움을 요청하는 길뿐이었다. 변호인단들로서는 지금의 재판부로는 공정한 재판을 받을 수 없다는 '재판부 기피 신청'을 내면서 재판을 끌 수밖에 없었다. 함께 참여했던 홍성우 변호사의 회고다.

"(기피 신청을 김지하의 이름으로 냈다.) 변호사 이름으로 기피 신청을 내는 것도 무서웠다. 다음 날 법정에 들어가는데 다른 분들이 아직 오지 않아, 혼자 먼저 들어가게 되었는데 그때 두려움이라는 게…… 김지하는 훗날 법정에 칼이 서 있었다라고 하더라."

항고, 재항고를 거치면서 국제 사회의 구명운동도 동시에 전개되었

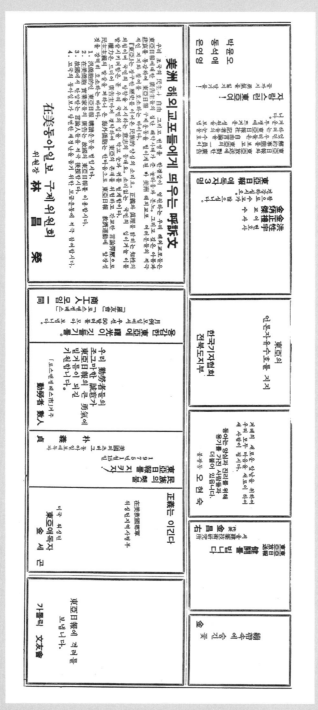

동아일보 백지 광고 사태 당시의 격려 광고

다. 결국 김지하는 1976년 사형이 아닌 징역 7년 형을 선고받는다. 작품으로 만들어지지도 않은 메모를 갖고 공산 혁명 운운하며 국가보안법을 걸려고 한 것 자체가 우스운 일이었다. 그런 시대였다.

군사 정권은 주로 민주 인사를 탄압하기 위해 이 국가보안법을 이용했다. 국가보안법은 일제의 치안유지법을 토대로 만들어진 것이다. 1925년 제정 당시 일본 본토 내에서 악법 논란이 일자, 조선 총독은 조선에서라도 시행되기를 희망했다. 수많은 독립투사와 애국열사들을 죽음으로 몰고 간 이 치안유지법은 1948년 해방된 조국, 이승만에 의해 한국화가 되었다. 청산되지 못한 일제의 망령이 독재의 도구로 부활한 것이다.

② 동아일보 백지 광고 사태와 이돈명의 깨달음

이돈명, 황인철, 홍성우, 조준희. 이 네 사람은 1970~80년대 시국 사건 대부분을 도맡아 변호하던 사람들이다. 하지만 당면한 현실적인 문제가 있었다. 이돈명을 제외하고는 여기에 뛰어든 대부분의 변호사들이 생계 걱정에서 벗어날 수 없었다. 이는 당시 양심의 소리를 따르던 사람들 모두가 겪던 일이었다. 언론인이라고 예외가 아니었다.

정보부 요원들이 언론사에 무상으로 출입하면서 기사를 검열하고, 이에 따르지 않는 기자들은 연행하고 폭행하던 시대였다. 이에 1974년 10월 동아일보를 중심으로 자유언론 실천운동이 일어났다. 그런데 그해 12월부터 동아일보 광고 지면에서 광고가 사라지기 시작했다. 언론사의 목덜미를 틀어쥔 것이었다. 기업의 광고가 사라진 백지 면에 시민들의 격려 광고가 쏟아졌지만 이 또한 쉬운 일이 아니었다. 동아일보 돕기 손수건을 판매했다는 이유로도 구속되는 상황이었다. 이 상황에서 이돈명은 법조인의 호응을 이끌기 위해 동분서주했다.

"(광고비를 걷으러 다니면서) 세상 공부 다시 했다. 이 사람은 틀림없겠거니 했는데 아들이 어떻고 처가 어떻고 핑계를 댄다. 몸을 사리는 것이다. 또 이 사람은 십중팔구 거절이다 싶은데 돈을 낸다. 대신 내 이름으로 (광고를) 내지 마라 하는 사람도 있었다. 사람의 겉과 속은 행동을 통해서 확인이 되더라."

광고 탄압과 격려 광고의 싸움은 결국 정권의 승리로 돌아갔다. 경영진이 언론 자유를 외치는 기자 114명을 해고한 것이다. 해직 기자들은 '동아투위'를 조직해 동아투위 소식지를 발간했는데 이 또한 만만치 않았다. 소식지가 나올 때마다 구속자가 생겨났다. 집회 연단에서 소식지를 낭독할 때 눈으로 따라 읽었다는 이유로도 구속자를 만들었다. 모두 7명이었다. 4인방을 비롯해 22명의 변호사가 변론에 참여했다. 다음은 이돈명 변호사의 변론이다.

"(내용 요약: 자유 언론이 안보를 위협한다는 논리라면) 정부가 신문을 다 만들어서 민족 안보, 국가 안보를 책임져라."

"검찰은 동아투위가 언론 단체가 아니라 정치 단체라고 한다. 피고들이 '요즘 정치가 잘못돼가고 있다'고 했다는데, 언론에 있는 사람들이 정치 이야기 안 하고 뭘 말 하나? ……집권자의 말을 국민이 듣기를 원한다면 국민의 말도 집권자가 듣도록 해야 할 것이다."

엄청난 이론이 인용된 변론이 아니다. 평범하고 상식적인 말이다. 하지만 그것조차 용납되지 않았다. 유신 체제가 끝날 때까지 17명의 해직 기자가 구속된다.

③ 당사자들도 몰랐던 반정부 결사 조직, 오송회

발단은 버스에 두고 내린 월북 시인의 시집 복사본이었다. 신고를 받은 경찰은 철학과 교수에게 검증을 의뢰하고, 그 교수는 '인민의 이름으로'로 시작되는 한 구절을 지적해 고정 간첩이 배포한 유인물이라고 단정했다. 이에 1982년 군산제일고등학교 교사 5명이 용공 지하 단체를 만들었다는 혐의로 체포된다. 독서토론 모임을 가진 후 학교 뒷산에서 막걸리를 마시며 시국 토론을 한 것이 전부였던 이들은 영장 없이 연행되어 43일간 고문을 받는다. 그들은 거기서 자신들의 조직 이름을 처음 듣는다. 오송회五松會. 5명이 소나무 아래에서 모임을 가졌다는 이유였다. 배후 조정자를 포함해 모두 9명이 기소된 이 사건에 이돈명, 황인철이 뛰어들지만 결론은 이미 정해져 있었다. 당시 피고인이었던 조성용의 회고다.

"두 분 변호사와 우리들은 열심히 인권 탄압을 성토하고 무죄를 주장하는데 재판장은 졸고 있었다."

이 사건은 5공화국 신군부가 저지른 대표적인 간첩 조작 사건으로 2008년 관련자 전원의 명예가 회복되지만, 주범으로 몰렸던 이광웅 교사는 고문 후유증으로 이미 세상을 떠난 뒤였다.

앞서 김지하 사건도 그랬지만 유신과 5공화국엔 이런 식의 간첩 조작이 셀 수 없이 많았다. 이미 죽고 없는 사람을 간첩으로 몰아 주변 일가친척을 구속한 '송창섭 사건'부터, 딸아이의 백일 잔치를 반국가 단체 결성 모임으로 둔갑시킨 '아람회 사건'에 이르기까지, 부도덕한 권력은 민주화의 열망이 터져 나올 때마다 간첩을 만들었다.

그렇다면 자유민주주의 국가에서 간첩죄 또는 국가반역죄가 적용되기 위해서는 어떠해야 할까? 미국의 예를 들도록 하자. 1957년 공산당 100여 명이 스미스법(Alien Registration Act of 1940, 미국의 국가보안법) 위반으로 체포된다. 오해하지 말자. 조작이 아니었다. 이들은 스스로를 공산당이라고 했던 진짜 '빨갱이'들이었다. 검찰이 제출한 증거도 분명했다. "제국주의자들의 전쟁을 내란으로 바꾸자", "자본주의를 때려 엎자", "붉은 혁명의 깃발 아래 단결하자" 등의 문서와 조직

표가 있었다. 하지만 이 사건은 대법원에서 무죄를 선고받았다. 공산당이라도 자신의 사상을 실제 불법적인 행동으로 옮겼을 때만 처벌해야 한다는 이유에서였다.

미국에서는 공산당도 사상과 표현의 자유를 누려야 한다. 모든 사람들로부터 안전하다고 인정받는 사상이나 표현만 보호하는 것은 수정헌법 1조의 정신이 아니라고 판결한 것이다. 하지만 예이츠 판결이라 불린 이 사건은 역설적으로 미국 공산당에게 치명타를 입혔다. 판결 이후 미국 공산당은 차츰 조직이 와해되어 사멸하고 말았던 것이다. 수정헌법 1조 '사상과 표현의 자유'가 자신들을 구했지만 정작 공산당은 이런 자유를 허락하지 않았던 것이 한 가지 이유였다.

이돈명 변호사는 인권 변호사들 사이에서 사령탑 또는 대장으로 불렸다. 연배가 가장 높기도 했고 가장 활달하여 스스로가 중심이 되었기 때문이다. 또 적이 없을 만큼 친화력이 좋았다. 시국 사건으로 구속된 가족을 둔 사람들이 하소연을 하는 자리에는 늘 그가 있었다. 일이 산더미처럼 쌓여 있는데도 초조한 낯빛 없이 그들의 말을 듣고 공감하고 위로하는 것을 또다른 업무로 삼았다. 동아일보 사태가 벌어졌을 때는 매일 출퇴근길에 동아일보사 앞을 거쳐 해직 기자들과 얼굴을 익히고 이름과 사연을 주고받았다고 한다. 그는 어쩌면 변호사의 입이 아니라 판사의 귀를 먼저 가진 사람이었다.

"법관은 오랜 옛날부터 '지혜의 소금', '양심의 소금', '용기의 소금'이기를 요구받아왔다. ……이 세 가지는 먼 훗날까지도 소신 있는 법관이 갖추어야 할 기본 조건이다."

판사와 변호사로 50여 년을 살아온, 범하 이돈명이 평생 잃지 않으려 했던 법관의 자세다. 하지만 그가 활약한 1970~80년대에는 소수의 변호사만이 갖고 있던 자세이기도 했다. 2011년 1월 88세의 나이로 유명을 달리했지만 천주교인권위원회는 '이돈명 인권상'을 지정해 그의 뜻을 기리고 있다.

대한민국 절반의 희망이 된
여성 1호 변호사

이태영

자꾸 울어대는 이상한 암탉, 한국 여성 인권의 어머니가 되다

1960년대까지만 해도 여자는 조심스러워야 했다. 결혼한 내외가 다닐 때도 아내는 몇 발짝 뒤에서 조용히 걸어야 할 만큼 남존여비의 시절이었다. 그러나 남편의 독립운동을 뒷바라지하다 직접 고문까지 당하면서도 굽히지 않던 평북 출신의 개화된 여자에게 이런 습속은 낡은 옷에 불과했다. 그녀는 이런 습속을 타파하는 데는 과감했다. 1950년 국회의원 선거에 출마한 남편 정일형의 유세장에 찬조 연설을 하러 나가겠다고 했을 때 남편의 선거 참모들조차 반기지 않았다. 사회는 그만큼 보수적이었다. 그녀가 연단에 올라서면 '암탉이 울면 집안이 망한다' 식의 비난이 쏟아졌다. 말재간이 좋고 강단도 뛰어났던 이태영(1914~1998)은 이런 식의 야유에 아랑곳하지 않았다.

"암탉이 울면 집안이 망하는 것이 아니라 알을 낳습니다. 암탉이 울면 병아리를 낳고 계란도 만듭니다."

누구는 신선하다고 생각했고, 어떤 남자들은 거부감을 일으켰다. 하지만 이태영의 연설만큼은 매력이 있었다. 그의 남편이 출마한 서울 중구는 그때도 정치 1번지라고 할 만큼 유권자들의 의식이 높았다. 이때부터 국회의원 1선을 시작으로, 정일형은 이승만의 정적으로 떠오르게 된다. 이태영이 이렇게 찬조 연설과 선거운동에 뛰어들게 된 것은 남편의 입신을 위해서도 자신의 영달을 위해서도 아니었다. 그녀는 남편 정일형에게 늘 이렇게 얘기했다.

"내가 당신을 위해 열심히 선거운동을 한 것은 당신의 나의 남편이어서만은 아닙니다. 인간의 평등사상에 입각해서 남녀평등을 실현시켜줄 분이라고 확신했기 때문입니다. 유권자들 중에서 여성들이 당신을 전폭적으로 지지했다는 사실을 상기하세요."

1957년 여성계가 만든 가족법 수정안 '민법안 중 친족상속편 수정안 및 사유서'에 그녀의 남편 정일형이 제안자 대표로 맨 앞에 이름을 올린 것은 우연이 아니었다.

인권의 역사를 살펴보면 지금은 당연한 권리로 인식하는 것이지만, 한 세대만 앞으로 가도 당연하지 않았을 때가 있다. 인권의 역사에서 권리는 그저 주어진 적이 한 번도 없었다. 자유의 나라라 불리는 미국도(트럼프 집권 후 자꾸 후퇴하고 있지만) 모두가 처음부터 인권을 갖고 자유를 누리는 삶을 산 것은 아니다. 흑인 민권운동의 역사만큼 여성들의 인권운동 역사도 길다. 18세기 후반 식민지 시대 뉴저지에서 여성의 선거권이 인정된 일이 있었고, 독립 당시 9개 주에서 여성의 참정권을 명문화하려는 움직임도 있었지만 모두 좌절되었던 역사가 미국에도 있다.

'앤서니 수정안'이라고 불리는 여성의 참정권이 각 주의 비준을 받게 된 것은 1920년에 이르러서야 가능했다. 이 또한 남성들의 각성을 통해 이루어진 것이 아니다. 엘리자베스 스탠턴, 루크리셔 모트, 수전 앤서니와 같은 여성 인권운동가들의 끊임없는 활동과 계몽 때문이었다. 특히 앤서니는 투표권이 없던 시기, 처음으로 대통령 선거 투표를 시도해 벌금 100달러를 물어야 했다. 하지만 지불을 거부했으며, 재판에서 심판은 자신이 아닌 미국 정부가 받아야 함을 호소하기도 했다.

이들이 여성 인권운동을 하면서 노예제 폐지까지 함께 주장했다는 점은 '인권'이 무엇인지 우리에게 시사하는 바가 크다고 나는 생각한다. 기득권에 머물러 있는 사람은 비록 시대를 앞서 나가는 사고를 할지라도 약자의 서러움을 깨닫지 못한다. 독자들은 가인 김병로와 애산 이인이 해방된 조국 대한민국의 '법률제정위원회' 구성원이었다는 점을 상기했으면 한다. 민족, 계급, 이념, 법치와 민주주의에 대해 가장 예민하게 고민했던 그들이었지만 남성이라는 특권을 뛰어넘어 여성에게 드리운 그늘까지 볼 수는 없었다. 오직 억압받는 사람들만이 억압받는 자의 슬픔을 안다. 가장 낮은 자로 오셨던 예수님처럼 가장 낮은 자가 가장 큰 사랑을 할 수 있는 법이다. 가장 낮았던 여성, 이태영. 그녀가 그랬다.

"가족법은 여성법이 아니라 '가족 모두의 법'입니다."

1989년 가족법 개정운동의 결실을 받아내던 날, 이태영은 '가족법'의 의미를 이렇게 요약했다. 대한민국의 여권운동가들은 모두 그녀의 몸에서 나왔다.

여권운동이 곧 인권운동이다

이승만이 아니었다면 그녀는 아마도 대한민국 1호 여성 판사가 되었을지 모른다. 사법관 시보(수습)를 마쳤을 때 이태영은 판사를 지원했었다. 당시엔 시보를 마치면 누구나 마음대로 판사, 검사, 변호사에 지원할 수 있었고, 모두 자신이 원하는 대로 임용이 되던 때였다. 그러나 대법원장 김병로의 거듭된 건의와 설득에도 이승만은 이태영의 판사 임용을 거부했다. 형식적인 서류에 사인만 하면 됐지만 이승만은 완고했다. 표면적인 이유는 여성이 판사가 되는 것은 시기상조라 가당치 않다는 이유였다. 여기에 야당집 마누라를 판사 자리에 앉혀 놓으면 무슨 일을 할지 모른다는 이유도 더해져 있었다.

이승만에 의해 판사로 임용되지 못했지만 이태영에게는 그것이 계기가 되었다. 사회 전반의 여성 문제와 엘리트 법조인의 세계에도 깔려 있는 남녀차별에 눈을 뜬 것이다. 그녀는 판사 임용 거부를 계기로 남녀평등을 실현하기 위한 법률 활동에 뜻을 둔다. 대한민국 최초로 여성 변호사 사무실이 개소되었을 때는 전화가 불이 날 정도로 사건이 밀려왔다고 한다. 모두 억압받고 차별받는 여성들이었다. 누구에게도 하소연할 수 없고, 어디에도 기댈 수 없는 여성들이었다. 여성의 관점에서, 여성의 시각으로, 여성들을 변호하는 것은 그녀에게 곧 인권을 변호하는 일이었다.

① 축첩한 남편과 누명 쓴 아내: 부흥부 차관 부인 간통 사건 변론

1959년, 전 부흥부(현 건설교통부 전신) 차관 오영재는 아내 안영애와의 이혼 소송에서 이유가 없다고 패소 판결을 받았다. 그는 즉시 항소를 하고 "아내에게 녹용과 인삼을 먹여 몸을 보해줬건만 일방적으로 나를 배척했을뿐더러 댄스 교사와 불륜을 저질렀다"며 아내를 고소했다. 사건의 당사자가 전직 차관이고 고소당한 아내 또한 고등교육을 받은 엘리트였기에 세간의 관심은 대단했다. 언론은 춤바람, 곗

바람, 치정, 외도, 축첩과 같은 자극적인 말들을 연일 쏟아냈고, 공판이 열리는 서울 지방법원에는 여성 방청객들이 서로 들어가려고 아우성을 쳤다. 기마경찰과 무장경찰까지 동원되어 법원 밖 덕수궁 돌담까지 늘어선 여성들을 통제해야 했다.

첩을 두는 남자들이 공공연하던 때였고, 첩을 두는 것이 남자의 능력으로 판가름을 받던 시절이기도 했다. 남자는 외도를 밥 먹듯이 하면서 여자에게는 정절을 요구하는 것이 당연한 분위기였다. 오영재 전 차관도 마찬가지였다. 결혼 30년 동안 한 번도 단란한 결혼생활을 한 적이 없을 만큼 외도와 축첩을 일삼던 인물이었다. 중년여성들에게는 안 여인의 일이 곧 자신의 이야기였다. 게다가 법원은 1955년 이화여대생을 포함해 70여 명의 여성을 농락한 혐의로 체포된 박인수에게 공무원 사칭 부분만 인정하고 간음에 대해 무죄를 선고한 이력이 있었다. "법은 정숙한 여인의 건전하고 순결한 정조만 보호한다"는 판결문이 남자들 사이에서 명문장으로 회자되고 있었다. 유사한 사건이 일어나면 모두 여성의 잘못이었다. 사회와 법에 의한 차별, 여성들의 이목이 쏠린 것은 당연했다.

하지만 이태영에게는 '무죄 외에는 어떠한 결론도 있을 수 없는 사건'이었다. 댄스 교사 전 씨의 자백 외에는 어떤 증거도 없었다. 5년 전 일을 뒤늦게 양심의 가책을 받아 자백한다는 의도도 믿기 어려웠다. 또 오 전 차관이 이혼 소송 패소 후 간통 사실을 알아봐 달라고 지인들에게 부탁한 사실과 이들 지인이 전 씨와 어울려 다니다 녹음

했다는 것도 증거의 진실성이 의심스러운 부분이었다. 구체적인 이유를 들어 반박해가는 이태영의 변론마다 여성 방청객들은 박수를 쳤고, 안 여인에게 무죄가 선고될 때는 여성 모두가 일어나 만세를 부르고 환호하는 풍경이 연출되었다고 한다.

여성에 대한 사회적 차별과 법에 의한 차별이 투사된 이 재판에서 이태영이 당당히 승리한 것이다. 하지만 이 한 번의 승리로 여성의 권리가 올라간 것은 아니었다. 이승만의 양녀라고 불렸던 임영신이 초대 상공부 장관이 되었다고 대한민국 모든 여성들이 남자와 동등한 사회적 권리를 누릴 수 있었던 것이 아니었던 것처럼, 조지 부시 대통령 시절 첫 흑인 여성 국무 장관이 된 콘돌라 라이스가 미국 흑인 여성의 법적 지위를 대변하는 것이 아니었던 것처럼 그것은 단 한 번의 승리였을 뿐이었다. 이태영의 싸움은 이제 시작이었다.

② 여자들의 국가보안법: 가족법 개정 운동

"우리 상담소에 하루 70건의 상담이 들어왔다면 50건은 이혼 사건인데, 그 경우 그만큼 나도 아픔을 느끼기 때문입니다. 그들이 무슨 법이 이러냐고 몸부림치고 반항할 때, 그 법 앞에서는 판사도 변호사도 소용이 없습니다. 그 법의 한도 내에서 주어지는 결과이기 때문입니다. 내가 아무리 발악을 해도 악법 앞에서는 무슨 수로 힘을 쓰겠습니까? 그래서 30년 동안 나의 법의 역사와 함께 가족법 개정운동은 계속되어왔습니다.

가정법률상담소에서 상담 중인 이태영 변호사(1978년)

숙명적으로 나에게 지워진 사명이지요. 왜 내가 역사상 첫 여자 변호사가 되었는가에서 그것을 느낄 수 있었습니다. 그건 이태영이 아니라 누구라도 마찬가지였을 겁니다."

이태영이 법관 실무 실습을 받으면서 느낀 것이었지만, 당시 민법에서 여성의 지위는 심각하게 불평등한 위치에 있었다. 약혼 불이행 혹은 이혼으로 인한 여자의 정신적, 경제적 고통은 남자에 비해 엄청난 것이었으나 민법은 남성 우위에 기준해 정립되어 있었다. 이태영에게 의뢰되는 사건의 대부분이 이혼 사건이고, 약자인 여성을 위해 백방의 노력을 다해도 법의 테두리 안에서 그녀가 할 수 있는 일은 극히 제한적일 수밖에 없었다.

이태영이 이런 힘없는 여성들을 위해 법률 부조 기관을 세워야겠다는 구상을 실천한 것이 1956년 문을 연 '가정법률상담소'이다. 그녀는 이를 통해 안으로는 여성들의 법률 상담에 응하고, 밖으로는 가족법 개정운동을 전개하기 시작했다. 그녀는 불공정한 규칙부터 바꾸고자 했다.

해방 후 '법률개정위원회'가 민법을 기안할 때 가졌던 생각의 골격, 특히 친족상속법은 남녀평등 이념에 입각한 것이 아니었다. '민족의 윤리와 역사적 전통'이라는 관습법에 기반을 두고 있었다. 입안자들에게 남녀평등이란 정치, 사회, 문화 방면에서의 균등한 기회를 의미했다. 가정 내 윤리, 존속 간 윤리에까지 평등을 구현하려고 하지는 않았다. 오히려 관습법에서 한 발짝도 나아가지 않았다. 때문에 남자만의 호주제, 부부 재산상의 남성 우위성, 친권 행사에서 어머니 제외, 재산 상속에서의 남자 우위성과 같은 봉건적 요소들이 많았다. 여성들이 느끼는 '법 감정'의 불합리함에 비해 법리는 한참이나 뒤떨어져 있었다.

이태영과 '가정법률상담소', 여성계의 노력이 가장 먼저 결실을 본 것은 1963년 가정법원의 설치였다. 하지만 가족법을 개정하는 일은 결코 쉬운 일이 아니었다. 이승만은 '내가 살아 있는 동안 가족법은 못 고친다'는 성명을 내걸었고, 유림은 국회 앞에서 가족법 개정 반대 시위를 하는 한편, 여성계와 공청회 대결까지 벌였다.

"성년이라고 하는 것은 원래 그 의의가 본능적으로 음력 보름이 되면 달이 둥글어지고 춘분 추분이 되면 하늘과 땅이 평균되는 것같이 성년이 되는 것이 아니다. ……성년일지라도 나이 삼사십, 사오십이 되어서 사회적 경험을 겪음으로써 실패가 적은 것이 원칙이다. ……그렇기에 법적 성년이 되었다고 모든 권한을 자기 자유에게 맡기는 것은 위험천만하다……."

1957년 4월. 이틀에 걸쳐 벌어진 공청회에서 유림의 대표로 나왔던 김중렬의 발언 내용이다. 그는 동성동본 금혼을 넘어 성년자의 혼인 자유 권리도 부당하다고 주장할 만큼 강경한 유림이었다. 유림에게 그것은 하늘에서부터 내려온 천륜이었다.

"모든 국민은 다 평등하다. ……남녀평등의 원칙, 부부평등의 원칙, 부모평등의 원칙을 명시했습니다. 이제 제정된 모든 법률은 이 헌법 정신의 기초 위에서 이것과 위반되는 법률은 존재할 수 없다고 선언했습니다. ……헌법에 위배되는 제도가 있다면 용단을 내려야 합니다. 남성이 보는 입장에서는 미풍양속이 될는지 모르지만 여성의 입장에서 본다면 그 풍속과 제도는 뼈에 사무치는 원한입니다……."

이태영의 주장은 당시 공청회를 웃고 울게 할 만큼 설득력이 있었다고 한다. 공청회에 나온 인물들의 면면이나 발언의 수준, 공청회의 분위기도 여성계가 유리한 듯 보였다. 하지만 논리적으로 옳다고 해서 개혁이 이루어지는 것은 아니었다. 가족법 개정은 무려 37여 년의 시간이 걸려 조금씩 이루어졌다. 관습의 저항을 누그러뜨리기 위해 거의 한 세대에 해당하는 시간이 필요했던 것이다.

'악법도 법이고, 부당한 법도 법일까?' '국가보안법 3차 개정안'이 통과되었을 당시 가인 김병로에게나, 유신헌법에 반대했던 많은 민주 인사들에게 '악법'은 법이 아니었다. '국가보안법'은 헌법 정신을 위반한 것이었고, '유신헌법'은 '한국적 민주주의'라는 말로 포장이 되었지만 민주주의 자체를 부정하는 헌법이었기 때문이다. 그러나 부당한 법과 관련된 문제들은 사실 논쟁거리가 될 수 있다. 특히 가족법과 같은 민법은 그 적법성을 따지기 애매한 경우가 존재한다. 근대 민법은 봉건적 속박에서 벗어나 '자유와 평등'이라는 대전제 아래 각 '개인의 이익의 범위'를 규정한 것이지만, 사회·경제적 여건의 변동이나 의식의 변화에 따라 '이익의 범위'가 충돌하기 때문이다. 전통을 대표하는 유림과 여성계의 대립이 그런 충돌이다.

법철학적 관점에서 두 가지 큰 줄기가 있다. 먼저 자연법 사상이다. 자연법은 법을 자연의 질서에 바탕을 두고 인간의 본성에 기초한 것으로 본다. 법은 자연의 질서, 신의 섭리, 인간의 합리적 이성에 토대를 둔 것이기에 보편적이고 변치 않는 속성을 갖는다. 이 논리에 따르면 자연법주의자들에게 부당한 법도 법이 된다. 이 반대편에 법실증주의가 있다. 법실증주의는 국가가 실제로 제정한 실정법만을 법으로 인정하고 오직 법 자체만을 논리적으로 따진다. 실정법은 사회 질서를 유지하고 실제 상황에 따라 사용하기 위해 만든 것이기 때문에 시대와 사회에 따라 달라질 수 있다. 자연법보다 합리적인 것 같지만 여기에도 문제는 있다. 법은 아무나 만드는 것이 아니라 합법적인 권위자가 만드는 것이다. 무엇을 권위로 인정할 것인가, 언제 권위가 합법적인가 하는 어려운 문제가 따라온다. 때때로 실정법이 시대에 맞지 않다는 의문이 제기되는 것은 이 때문이다.

언뜻 양 극단으로 보이는 이 두 관점은 현대에 와서 상호 보완적으로 발전하고 있다. 법실증주의는 합법적 권위를 자연법(합리적 이성, 자연의 질서)의 도덕률에서 찾으려 하고, 자연법은 시간과 장소를 초월하는 윤리 원칙에 회의적인 시선을 던지고 법의 절차적 정당성을 강조하는 방향으로 나아가고 있는 것이다. 1957년의 유림은 '가족법'을 아주 협소한 자연법의 관점에서 보았다. 그들에게 가족법 개정이란, 남성의 '이익의 범위'를 침범하는 패륜이었던 것이다. 특정 계급, 특정 계층의 권리를 옹호하는 법은 '자유와 평등'을 지향하는 민주사회에 있을 수 없다. 따라서 이태영과 여성계의 요구는 당연한 것이었다. 부당한 법은 끊임없이 수정을 요구해야 한다. 그리고 '악법은 결코 법이 아니다.' (소크라테스는 악법도 법이라고 말한 적이 없다. 이 말은 경성제국대학 법학과 교수로 있었던 법철학자 오다카 도모오가 일제의 한국 지배를 정당화하기 위해 꾸며낸 말이었다. 그에게서 배운 한국 주류 법학자들이 아무 검증 없이 인용하면서 유명해졌다.)

가족법은 1957년과 1977년에 부분적으로 개정되고 1989년에는 호주제와 동성동본금혼제를 제외한 대부분이 개정되었다. 1989년 개정 가족법은 호주의 권리와 의무를 대폭 삭제하고, 친족법 위에 모계 8촌까지 포함시켰으며, 이혼 시 아내의 재산분할 청구권을 신설하고, 어머니의 친권을 인정하는 등, 여성들의 가족 내에서의 열악한 지위를 상승시키기 위한 최소한의 법적 내용을 확보했다.

가족법 개정운동은 식민지 청산이 완벽히 이루어지지 않은 채 다시 외세의 간섭에 들고 봉건적 잔재가 아직 생활 곳곳에 남아 여성의 권리를 무제한적으로 박탈하고 있는 상황에서 전개되었다. 가족법 개정은 거의 바닥상태에 있던 여성들의 지위를 회복하는 데 기여하였다. 또한 가족법 개정 운동은 여성의 사회적 지위를 우선 가족관계 속에서나마 법률적 수준에서라도 평등하게 만들어보려는 노력으로, 여성들이 다른 사회적 관계에서도 평등한 지위를 누려야 하며 또 그 럴 수 있다는 인식을 사회에 심었다. 이태영은 1989년 가족법 개정에 대체로 만족했다고 한다. 1989년에 와서야 비로소 여성은 남성과 법 률상 동등한 지위에 오른 것이다.

③ 조심했건만 박탈당한 변호사 직위: 긴급조치 9호와 3·1 명동 사건

1972년 공포된 유신헌법에서 가장 강력한 조치는 긴급조치였다. 긴급조치란 '국가의 안전 보장이나 공공의 안녕 질서가 중대한 위협 을 받거나 또는 재정·경제상의 위기에 처했을 때 대통령이 국정 전반 에 걸쳐 내리는 특별한 조치'로서, 역대 헌법 가운데 대통령에게 가장 강력한 권한을 부여했던 긴급권이다. 이 가운데 1975년 5월 발동된 긴급조치 9호는 앞서 내린 일련의 긴급조치의 내용을 총괄하고 적용 범위를 확대한, 긴급조치의 결정판이었다. 유신에 반대하는 행위를 일절 금하고, 위반자는 영장 없이 체포할 수 있으며, 이 조치에 의한 행정은 사법 심사의 대상이 되지 않았다. 이 긴급조치 9호는 민주화 운동을 한동안 얼어붙게 할 만큼 강력했다.

명동 사건이라고도 불리는 1976년 3·1 민주구국선언은 민주화의 열망을 담은 성명서에 불과했다. 그해 1월 원주 원동 성당에서 인권 과 민주 회복을 위한 작은 기도회가 열렸고 천주교 신부들과 문익환

II 해방 이후와 유신 독재 시기까지의 인권 변호사들

목사, 함석헌 등이 오는 삼일절을 맞아 시국 선언을 하자는 취지의 서명을 했다. 때마침 정일형, 김대중 등 정치권에서도 삼일절을 맞아 시국 선언을 준비하고 있었다. 이들은 서명을 모으는 과정에서 함께 하게 되었고 발표 장소는 명동 성당으로 정해졌다. 700여 명의 신도들이 모인 가운데 시국 선언문이 낭독되었다. 유신 철폐, 긴급조치 철폐, 의회정치 회복, 사법권 독립, 박정희 사퇴 등의 내용이 담겨 있었다. 그날은 조용히 끝이 났다. 하지만 다음 날 국무회의 석상에서 보고를 받은 박정희는 이들을 당장 구속할 것을 지시했다. 검찰은 3월 10일 '민중 선동에 의한 국가 변란을 획책'했다고 발표하면서 서명자와 기타 관련자 20여 명을 체포했다. 이태영은 이 성명서의 관련자로, 남편 정일형은 서명자로 체포되었다.

사실 이태영은 이 사건에서 다소 멀찍이 떨어져 있었다. 시국 선언에 서명자로 참여할 것을 권유받았으나 거절했다. 필생의 사업이었던 (훗날 여권운동의 기초가 될) 여성백인회관을 짓고 있던 중이라 사건과 관련되어 구속되는 것을 꺼리고 있었다. 또 몇 달 뒤 미국 장로교 여신도회의 회합에서 강연하기로도 약속이 되어 있었다. 또 민주 인사들이 한꺼번에 잡혀갈 것이 뻔한 상황이라 차후의 행동을 위해 2진을 남겨둘 필요성도 있다고 그녀는 생각했다. 시국 선언에서 그녀가 한 일은 민주 인사 4명에게 서명을 받은 것이 다였다. 하지만 그녀가 간과한 것이 있었다. 이태영은 유신 정권 의회 내 정적인 정일형의 부인이었다. 재판은 일사천리였다. 변호인단은 사실을 밝히기 위해 충분한 시간적 여유가 있어야 한다고 요구했지만 먹혀들지가 않았다. 기피 신청도 무시되고 아무런 증거 채택 없는 재판이 진행되었다. 1심에서 윤보선, 함석헌, 김대중, 문익환 등의 피고인에게 징역 10년, 자격정지 10년이 내려졌고 정일형에게는 징역 7년, 자격정지 7년의 형이 내려졌다. 선언문 한 장으로는 상상할 수 없는 과중한 형량이었다. 항소를 하고, 대법원까지 갔으나 민복기 대법원장과 이영섭 대법원판사를 비롯한 대법원 전원 합의부는 선고 공판에서 상고를 기각하고 피고인 18명 모두에게 원심 확정 판결을 했다. 8선 위원이던 정일형은 이 선고로 의원직을 박탈당했으며, 이태영은 변호사 자격 박탈과 함께 대학 강사, 기관 이사, 가정법원 조정위원 등 맡고 있던 모든 직책에서 물러나야 했다. 이 3·1 명동 사건 재판은 범죄 사실을 보지 않고 사람을 보고 판결한 것으로 조롱을 받았다(2013년 7월 서울 고등법원에서 모두 무죄 확정 판결이 났다).

거인이 된 당돌한 아이

평안북도 운산군 북진면은 산으로 겹겹이 둘러싸여 해산물 따위는 구경할 수도 없고 밭에서 옥수수, 감자, 좁쌀이나 거두어들이는 것이 고작인 산골 마을이었다. 기차를 타려면 청천강을 건너 200여 리가 넘는 맹중리 마을까지 나와야 했다. 가장 가까운 소학교도 묘향산 산골에 위치해 240여 리를 걸어야 신식 교육을 받을 수 있는 촌구석이었다. 이태영은 이곳에서 2남 1녀의 막내로 태어났다. 운이 좋았다면 그녀가 태어날 당시에는 이 산골이 국제 도시로 변모했다는 것이다. 운산에 금광이 발견되면서부터였다.

조선 말 황실이 미국인 모스에게 25년간 운산 금광의 독점 채굴권을 부여하면서 미국인들과 선교사들이 모여들기 시작했고, 2차 상권을 장악하기 위해 중국인들과 일본인들까지 몰려와 저마다 마을을 이루고 살았다. 이태영이 5세 때는 5천여 명이 되는 조선인들 대부분이 금광에서 일한 대가로 생계를 꾸려갔다. 더러는 외국인 못지않게 풍족한 생활을 누리는 사람이 있었는데 이태영의 아버지도 그 중 1명이었다. 하지만 오빠들과는 달리 태영은 유복한 생활을 누리지 못했다. 압록강을 넘나들던 항일 독립투사들에게 자금을 지원하는 것이 본 업무였던 아버지는 태영이 태어나고 1년 뒤에 탄광 사고로 돌아가시고 말았다. 모아둔 재산이 있을 리 없었다. 혼자 살림을 꾸리던 태영의 어머니는 "아들 딸 가리지 않고 공부 잘하는 아이만 끝까지 공부시키겠다"고 마음을 먹었다.

당시에는 이렇게 결심하기도 어려운 일이었다. 여자는 처음부터 고려의 대상이 아닌 시절이었다. 차별하지 않겠다는 것이 엄마의 뜻이었지만 마음속으로 거는 기대는 조금 달랐던 모양이다. 한번은 호롱불을 켜놓고 밤새 공부하는 태영이 앞에서 그만 속마음이 나오고 말았다. "공부해야 할 아들놈은 잠을 자고, 하지 않아도 될 딸년은 이렇게 밤을 새우는구나!" 되바라지다 소릴 들을 만큼 옳은 소리 잘하고, 옳다는 생각과 맞지 않으면 거침이 없었던 꼬마 태영은 엄마의 말에 이렇게 항의했다.

"딸자식은 공부 안 해도 좋겠다고 어머니가 구박하면 하나님도 그렇게 생각하시느냐고 물어볼 테야. 하나님도 그렇다고 하면 난 구렁강에 치마 쓰고 빠져 죽을 테야."

이런 당돌한 딸에게 어머니는 백배사죄를 할 수밖에 없었다. 여자라서 굴하지 않고 어떤 일이든 지지 않으려고 하는 태영의 모습을 유심히 본 것은 큰오빠 태윤이었다. 터울이 12살이나 났던 그는 태영이 철모르던 7세 때부터 변호사의 꿈을 갖게 했고 이후 그녀가 공부할 수 있도록 뒷바라지를 극진히 했다.

그녀는 실력만큼 운도 좋은 여성이다. 식민지 시대나 해방된 대한민국이나 봉건적 습속과 관념에서 자유롭지 못한 것은 마찬가지였다. 그녀가 변호사로 활동하던 시기에도 사람들은 구시대적 습속과 관념에서 자유롭지 못했다. 여자는 교육을 받을 권리도, 남자와 같은 직업을 가질 자격도 없었다. 좋은 엄마, 좋은 오빠를 만난 것은 물론이거니와 그녀는 좋은 남편도 만났다. 일찍이 평양에서 3·1 만세 시위를 주도했던 남편 정일형은 감리교가 시행한 미국 유학생 시험에 합격해 1933년 드류 대학교에서 철학 박사학위를 받은 엘리트이자 동시에 보기 드물게 깨인 근대인이었다.

1936년 이화여전을 졸업하던 그해 이태영은 정일형과 결혼했다. 하지만 도산 안창호의 유지를 이어받은 정일형과의 결혼은 고난의 연속이었다. 흥사단과 관련된 수양동우회 사건으로 구속되는 것을 시작으로 옥바라지가 신접살림처럼 그녀를 따라다녔다. 감옥에서 풀려날 때마다 남편은 산송장이 되어 실려 나왔다. 1942년 감리교 신학교 강의에서 "일본이 태평양전쟁에서 이길 확률은 희박하다"는 발언으로 치안유지법에 걸려 구속되었을 때는 생계를 위해 이불 장사를 해야 했다. 군수물자도 부족하던 시기였다. 제대로 들지 않는 가위에 손이 휘고 쉴 새 없는 재봉질에 발이 부을 정도였다. "그래, 올 고생이면 다 오라!"는 심정으로 그녀는 황소처럼 묵묵히 버텼다. 당시 옥바라지와 가족의 생계까지 책임지던 그녀에게 유일한 소원이 있었다면 "날이 잘 드는 가위 하나 있었으면……"이었다고 한다. 후일 정일형이 정부 직책에 있을 때는 해외에 나가면 매번 '잘 드는 가위' 하나를 사서 아내에게 선물했다. 두 부부에게는 "어려웠던 시절을 잊지 말자"는 의미였다.

해방이 된 후 남편 정일형이 과도정부 인사행정처장과 물자행정처장을 겸임하면서 비로소 그녀는 소원하던 법 공부를 다시 시작할 수 있었다. '이제 당신 꿈을 되찾을 때가 되었다'는 남편의 권유와 격려였다. 그녀는 아이 셋 딸린 주부로 서울 대학교 최초의 여학생이 되었다. 육순 노모를 모시는 일과 이승만 정권과 대립하는 남편의 뒷바라지까지 모두 그녀에게 주어진 몫이었지만, 이 모두를 억척스럽게 해내며 그녀는 법대를 졸업한다. 사법 시험을 준비할 때는 거꾸로 남편

가족법 개정 운동에 헌신한 이태영 변호사(1984년)

정일형과 가족이 그녀를 지원했다. 엄마가 가족과 떨어져 공부에 집중할 수 있도록 자율적으로 행동했을 만큼 아이들은 성숙한 모습을 보였다.

이태영은 1회 시험에서 낙방하지만 한국전쟁으로 부산에서 시행된 1952년 2회 사법 시험에서는 여성으로 유일하게 합격했다. 시험 당일 그녀는 목까지 올라온 털스웨터와 두툼한 솜바지를 입고 있었다고 한다. 초여름으로 넘어가던 유월이었지만 계절의 변화조차 감지하지 못했을 만큼 정신이 온통 시험에 몰두해 있었던 것이다.

가족법 개정사에 이태영이 뚜렷한 발자취를 남길 수 있었던 것은 시대의 제약과 금기에도 소신을 굽히지 않는 굳은 강단도 물론이지만, 계절의 변화조차 잊을 만큼 발휘된 무서운 집중력도 한몫했을 것이다. 어딘가에 몰두하면 주변에 벼락이 떨어져도 모르는 이런 집중력은 남다른 성취를 보이는 사람에게 흔히 볼 수 있는 장점이다. (뒤에서 만날 조영래 변호사도 마찬가지였다. 학창 시절 경기 중·고등학교에서 또래들보다 아이큐가 낮은 것이 평생 콤플렉스였다고는 하지만 공부할 때만큼은 볼을 꼬집고 뒤통수를 치지 않는 이상 책에서 눈을 떼게 할 수 없었다고 한다).

그녀는 한국 여성인권 향상에 한평생을 헌신하다 1998년 12월 17일 세상을 떠났다. 여성 특유의 인내력과 굳은 사명감이 없었다면 걷지 못했을 길이었다.

"나는 길이 없는 데로 다녔다. 내가 간 길은 누구도 간 적이 없어 나는 그 길을 만들어 다녔다. 그런 만큼 험한 길이었다."

작고 가녀린, 그 시대 여느 여성과 다를 바 없었지만, 그녀는 한국 여성 인권운동사의 거인이 되었다. 한국 여성 인권이 끊임없이 향상되어 진정한 양성평등의 시대가 온다면 그것은 우리가 이태영의 어깨를 딛고 시작했기 때문일 것이다.

이기기 위해서가 아니라 무엇이 옳은 것인가를 말하기 위해 싸운다

황인철

1971년 부정 선거를 치르고도 가까스로 7대 대통령에 당선된 박정희는 집권 연장을 위해 초헌법적인 '국가 보위에 대한 특별조치법'을 제정했다. 대통령에게 국가 비상사태를 선포할 수 있는 권한이 생긴 것이다. 대통령은 자신의 재량으로 국가동원령을 선포하며, 옥외 집회와 시위를 규제하고, 언론 출판에 대한 특별조치 등을 취할 수 있었다. 그러나 박정희는 여기서 더 나아갔다. 1972년 유신헌법을 통과시키면서 스스로에게 무제한적인 임기를 보장했다. 단군 이래 이 땅에 출현한 적이 없던 절대왕정의 탄생이었다. 반대가 곧 죽음이던 시기, 인권을 위해 목숨을 걸고 지속적으로 활동하는 변호사는 이병린과 한승헌, 두 사람뿐이라고 해도 과언이 아니었다. 변호인을 선임하려 해도 맡을 사람이 부족했다. 이렇게 국민의 기본권이 질식당하던 시절, 훗날 4인방이라 불리는 4명의 변호사가 이 대열에 합류했다. 그 대열의 맨 앞에 있던 이가 바로 황인철(1940~1993)이었다.

마음이 가득 차면 마음은 눈으로부터 넘쳐 나온다

식구 많은 가난한 집안에 태어나 제대로 먹지 못하고 공부한 탓이었다. 시험을 치고 난 황인철은 원인도 없이 앓아누웠다가 할머니의 민간요법으로 깨어났다. 이 민간요법이란 바가지에 칼을 넣고 방문 앞에서 "우리 손자에게서 썩 물러가라! 못된 귀신아!"라는 주문을 외고 칼로 문살을 드르륵드르륵 긁어대는 것이었다. 어느 정도 신기가 있었던지 손자가 깨어나던 날, 할머니는 뿔 달린 구렁이가 손자의 몸을 휘감고 있는 꿈을 꾸었다. 이 꿈이 바로 황인철의 고시 합격 꿈이다. 황인철은 1961년 13회 고등고시 사법과에 합격했다. 21세의 나이였다.

황인철은 법무관으로 법조 인생을 시작했다. 당시엔 연수원 제도가 없어서 군 법무관으로 3년 근무한 후 판·검사로 임용되는 것이 관례였다. 법무관으로 근무할 당시 5·16 군사 정변 직후였기에 군법회의는 민간인 사건까지 재판했다. 크고 작은 사건이 끊임없이 발생해 잠시도 쉴 틈이 없던 이 시절의 경험이 법관으로서 그의 자질을 다지게 했다. 황인철은 여기서 사건 두 개를 셜록 홈즈처럼 해결하고,

한 가지 중요한 경험을 한다.

'속리산 학생 살인 사건'과 '백마강 살인 사건'이 이때 그가 해결한 두 건의 사건이다. '속리산 학생 살인 사건'은 검거된 피의자가 진짜 범인이 아니라 진범이 따로 있다는 사실을 밝혀낸 사건이다. 그는 탈영병의 누명을 벗긴 것은 물론이고, 사건 조작에 관여한 수사관들과 진범을 체포해 재판에 회부했다. '백마강 살인 사건'은 범인의 친구였던 담당 경찰관이 범인을 동정한 나머지 체포하지 않은 사건이다. 황인철이 아니었으면 자칫 미궁에 빠질 사건이었다. 내부자에 의해 조작된 사건들은 정확한 분석력과 단서 하나라도 놓치지 않는 치밀함이 없다면 해결이 불가능하다. 법관으로서 황인철의 자질이 돋보이는 일화다.

그러나 이 시절 약관의 나이를 갓 벗은 황인철은 경험이 미숙한 탓에 훗날 후회할 판결을 하나 한다. 정신장애자 동생이 아무 여자든 겁간하려는 것에 분개한 형이 동생을 엉겁결에 살해한 사건이었다. 어느 날 행색이 초라한 늙은이가 그의 하숙집으로 찾아와 집안 얘기를 밝히며 잘 봐달라고 무언가를 내놓았다. 황인철은 이를 뇌물로 판단해 '집행유예'로 해주려던 애초의 마음을 바꾸어 실형을 선고했다. 얼마 안 되어 황인철은 이 선고를 후회하기에 이른다. 법관으로서 자존심 때문에 마땅히 구제되어야 할 인간을 학대한 것으로 자탄한 것이다. 이 경험 이후 황인철은 모름지기 법관이란 인간의 불행에 깊은 이해력을 갖춘 사람이어야 한다는 신념을 갖게 되었다. 판관은 원고와 피고가 저울추 양쪽에 비슷한 무게로 서 있다면 당연히 불행한 약자의 편에 서야 한다는 올리버 웬델 홈즈 판사의 말을 평생 좌우명으로 삼았다.

하지만 황인철은 오랫동안 꿈꾸어오던 판사 생활을 5년여 만에 그만두어야 했다. 당시 판사의 수입은 일반 공무원과 차이가 없었다. 서울 생활비를 제외하면 시골에 있는 가족에게 아무런 보탬이 되지 않았다. 9남매의 장남으로서 밑으로 8명이나 되는 동생을 교육시켜야 한다는 현실적인 문제가 닥친 것이었다. 천직이라 생각했던 판사직을 떠나면서 언젠가는 다시 법원으로 돌아가리라 생각했지만 그의 바람은 끝내 이루어지지 않았다. 시국 사건을 맡으면서 길거리와 감옥이 그가 있을 법원이 된 것이다. 시작은 민청학련 사건이었다.

1974년 긴급조치 4호 위반으로 대학생 1,204명이 조사를 받고 그중 180명이 기소되는 일이 일어났다. 정부의 발표대로라면 학생들은 공산당과 연계해 무장 폭동으로 정부 전복을 시도했다. 피의자 가족들은 저마다 변호인을 선임하기 위해 뛰어다녔지만 변론에 선뜻 뛰어드는 사람이 없었다. 어느 날 황인철 밑에서 변호사 실무를 배우고 있던 사법 연수생 이우근이 그에게 다가왔다.

"구속된 사람 중에 서울대 문리대 학생회장 이철이라고 있는데 제 고등학교 동기입니다. 가족들이 아무리 변호사를 찾아다녀도 맡겠다는 사람이 없어 부모님들이 걱정을……."

이우근도 황인철 변호사에게 차마 맡아달라는 말을 하지 못했다. 말꼬리를 흐리며 알아봐줄 수 없겠느냐고 물었다. 인권 변호사 집단이 없던 시절, 상당한 용기가 필요한 일이었다. 심리적 위축이 들 만큼 외압이 가해졌다. 집으로, 사무실로 협박 전화가 걸려오는 일쯤은 각오해야 했다. 친척의 부탁으로 사건을 맡겠다고 했다가 꽁무니를 빼는 변호사도 있었다. 더구나 군법회의하의 재판이었다. 황인철은 부끄럽고 참담한 현실 앞에 스스로 변론을 맡기로 마음을 굳혔다. 그리고 동문 변호사 모임에 나가 함께 참여할 사람을 찾았다. 이때 4인방의 하나가 되는 홍성우 변호사가 흔쾌히 동참 의사를 밝혔다(민청학련 관련자 중 33명의 변론을 이 두 사람이 맡았다).

구치소에 수감되어 있던 이철은 황인철 변호사를 처음 만난 날을 이렇게 기억하고 있다.

"4박 5일째 눈 한번 붙여보지 못한 채 심문과 고문을 당했다. 며칠째인가 계속되는, 찢어지는 듯한 머리 통증은 언제부터 시작되었는지 기억할 수도 없었다. 더구나 이 상황이 언제 끝이 날지 알 수 없는 고통, 절망감 속에 갇혀 있었다. ……저를 처음 찾아왔을 때 맑고 뜨거운 눈으로 나를, 말없이 나를 바라보고 있던 변호사님이 '견딜 수 있겠는가?'라고 첫 말문을 여셨다. 떨리는 음성이었다. 한눈에 내 육체적, 정신적 상태를 파악하신 것이었다. 그래서 '몸은 괜찮은가'라고 묻지 않고 '견딜 수 있겠는가?'라고 물은 것이었다. 그 눈빛과 음성이 나를 다시 일으켰다.

······아무 말 없이 내 손을 잡아주셨다."

이상한 나라의 이상한 법정, 민청학련과 강신옥 변호사의 투옥

1974년 6월 15일. 한여름을 방불케 하는 때 이른 더위, 비상시국이라는 질식할 것 같은 분위기에 가족의 안위가 걱정되어 모여든 사람들의 열기까지 뒤섞인 비상보통군법회의 법정. 피고인 32명에 대한 첫 공판이 열렸다. 이때까지 피고인들은 가족 면회를 받은 적이 없었다. 피고인 1인당 가족 한 사람에 한해 방청이 허용되었다. 미처 재판기일을 몰랐거나 정문에서 증명서 대조에 걸려 들어오지 못한 가족들이 훨씬 많았음에도 법정은 초만원이었다. 피고 수만으로 의자 넉줄을 채우고 나니 방청석도 몇 줄 남지 않았다.

수갑도 풀지 않은 채 재판부에 의한 인정 신문이 시작되었다. '군법회의니까 판결의 공정성은 기대할 수 없다 치더라도 소송 절차의 적법성만이라도 따져나가자'라고 결심한 변호인석에서 규정대로 수갑을 풀고 신문을 해달라고 항의했다. 이 당연한 절차도 지키기 싫었던 듯 몇 차례 공방 끝에야 피고인들의 수갑이 풀렸다. 600쪽의 공소장을 읽어가던 검찰관은 이마에 흘러내리는 땀을 닦다가 '목이 탄다'며 물을 청했다. 민청학련 사건에 뛰어든 변호사들은 다른 업무는 전폐하고 매달려야 했다. 형사소송법의 원칙은 무시된 재판이었다. 피고인들에 대한 접견도 극단적으로 제한되었으며, 재판 준비에 필수적

II 해방 이후와 유신 독재 시기까지의 인권 변호사들

인 기록 열람도 단 하루밖에 허용되지 않았다.

변호인들의 거센 항의에도 피고인과 증인에 대한 반대 신문은 재판부에 의해 일방적으로 생략 당한 채 재판은 일사천리로 진행되었다. 재판은 거의 매일, 아침에 개정하면 오후까지 지속되었다. 저녁까지 이어지는 경우도 다반사였다. 검사와 판사의 의도를 짐작하고 있는 젊은 피고들은 묻는 말에 대답만 하지 않았다. 오히려 정부와 권력자들의 부정과 비리를 규탄하는 목소리를 높였다. 적대적인 법정에서 기가 죽어 있어야 할 피고들이 검찰과 재판관을 공박하는 상황이었다.

발언 제지, 경고, 휴정, 퇴정 명령, 항의 소동이 빈번했으며 학생들은 항의의 뜻으로 법정에서 애국가를 소리 높여 부르기도 했다. 변호인들은 긴급조치 1호와 4호는 유신헌법에도 위반되는 무효의 조치임을 강조하고, 민청학련이란 실제로 구성된 단체가 아니라 유인물에 편의상 붙인 호칭일 뿐이며, 애국적인 정열로 부정과 부패를 바로잡기 위해 데모를 기도했을 뿐이라고 몇 번이고 강조했다. 그러나 각본이 정해진 재판에 변론은 무의미했다.

"북괴의 대남적화 전술 목표에 영합해 폭력 혁명에 의한 정부 타도 후 공산 정권을 수립하기 위해 지하 공산 조직 인민혁명당을 조직하고 학원의 데모 풍조를 이용, 반정부 인사와 학생으로 민청학련을 조직했다. ……이 음모는 사전에 저지되지 않았다면 국가가 전복될 뻔한 건국 초유의 대규모 공산 혁명 기도 사건이다."

1974년 7월 8일 1심 공판에서 재판부는 민청학련 관련자 중 인혁당계 피고인 21명에 대해 사형 7명, 무기징역 8명, 나머지 6명에 대해서는 징역 20년을 구형하는 것으로 기만적인 재판의 서막을 열었다. 민청학련 학생 피의자들의 판결은 바로 다음 날에 내려졌다. '민청학련은 국가 변란을 목적으로 한 반국가 단체이며 학원을 외면하고 북한의 책략에 현혹되어 국가 존립을 위태롭게 한 행위…… 법이 허용하는 극형으로 처단함이 상당하다'라는 논고와 함께 이철 외 6명에 대해서도 역시 사형 언도를 내렸다(다만 이 판결은 7월 20일 서종철 국방 장관의 명령으로 여정남을 제외한 5명은 무기징역으로 감형된다).

변호인단의 분노는 이루 말할 수 없었다. 형식적이고 기획된 재판 일망정, 그리고 폭압적인 분위기로 충분히 예상할 수 있었으나 이렇게 많은 법정 최고형이 나올 줄은 몰랐던 것이다. 첫날 사형이 7명이었고 다음 날에는 사형이 6명이었다. 함께 참여했던 강신옥 변호사의 말을 통해 당시 변호인단의 분노를 짐작할 수 있다.

"3·1 운동 당시 정말 내란죄에 해당하는 때에도 일본인들이 심판하면 최고 12년에 머물렀다."

황인철에게는 우연히 맡은 민청학련 사건이 시국 사범 변론에서 기본적인 인권 보장 원칙조차 무시하는 군사 정권의 반민주성과 야만성을 뚜렷이 확인하는 계기가 되었다. 실제 재판에서 변호인단들은 악영향을 우려해 분노와 격앙된 감정을 자제했지만 황인철 변호사의 마지막 변론에서 변호인단들이 재판에서 무엇을 예상하고 있었는지 알 수 있다.

"나는 피고인들의 무죄를 확신한다. 그러나 나는 그들에게 유죄 판결이 떨어지리라는 것도 의심치 않는다."

그럼에도 판결은 변호인들의 예상을 훨씬 뛰어넘는 것이었다. 강신옥 변호사는 결심 공판에서 한 변론이 문제가 되어 긴급조치 위반, 법정모독죄 등으로 구속까지 당하게 된다.

그는 결심 공판에서 "직업상 이 자리에서 변호를 하고 있으나 그렇지 않다면 차라리 피고인들과 뜻을 같이하여 피고인석에 앉아 있겠다"라고 했다. 그러면서 긴급조치와 같은 악법은 지키지 않아도 좋다는 예로 나치의 법과 제정 러시아 상황을 예로 들었다. 그가 "이것은 사법 살인이다"라고 외치며 러시아의 암흑 통치기 차다예프의 선언문 「어둠을 가르는 한 방의 총소리」를 인용하자 법정은 일순간 살벌해졌다고 한다.

차다예프의 선언문은 1836년 잡지 《망원경》에 한 여인에게 보내는 편지 형식으로 실린 '역사철학 논고'를 말한다. '러시아의 역사는 노

민청학련 사건 구속자의 석방을 요구하며 현수막을 들고 시위하는 가족들

예와 전제 체제의 발전이었으며 우리 러시아인들이 호흡하는 공기 속엔 인간의 자유와 존엄성 같은 것은 없다'며 니콜라이 1세의 통치 체제를 송두리째 부정한 그의 글은 당대 러시아 지식인 사회를 뒤흔든 사건이었다. 당시 소설가이자 사상가였던 게르첸은 차다예프의 서한을 이렇게 평했다.

"차다예프의 서한은 한밤중의 총소리였다. 사색하는 모든 사람들을 동요시켰다."

동요한 것은 지식인뿐만 아니었다. 니콜라이 1세는 분노했다. 차다예프는 영구 가택연금을 당하고 《망원경》은 영구 폐간되고 말았다. 강 변호사의 그날 변론도 누군가의 분노를 불러 일으켰던 모양이다. 강신옥은 그날 집에 돌아오자마자 남산으로 끌려갔다. 홍성우 변호사가 회고한 그날의 상황이다

"그날 저도 굉장히 흥분했었어요. 그때까지 학생들에게 이런 일로 사형을 구형한 일이 없었으니까요. 변호인들이 너무 상기가 되어 도대체 무슨 변론을 어떻게 했는지…… 그때 황 변호사는 저보다 내용은 더 강경했는데 조용조용한 목소리와 태도 때문인지 잘 넘어갔고 저는 내용이 약한데 자세가 강경해서인지 여러 차례 제지를 받았어요. ……강 변호사가 '어둠을 가르는 한 방의 총소리'라고 하자 잠시 휴정했는데 저와 강

변호사만 옆 퀸셋 막사에 끌려가 정보부원들에게 조사를 받았죠."

밤 9시 넘어 집에 돌아온 홍 변호사도 정보요원들에 의해 남산으로 끌려갔다. 거기에는 먼저 끌려와 지하 취조실에서 한참을 두들겨 맞은 강 변호사가 있었다. 마침 청와대에서 때리지 말라는 명령이 내려와 홍 변호사는 맞지 않았다고 한다.

강신옥 변호사는 긴급조치 위반과 법정 모독으로 보통군법회의에 섰다. 본보기였다. 변호사들은 1심에서 98명이 선임계를 제출하고, 2심에서는 125명의 변호인단을 구성해 대응했다. 변호인들은 군법회의법 제28조 '변호인은 재판에 관한 직무상의 행위로 어떠한 처분도 받지 않는다'를 근거로 공소를 기각하라고 요청했지만 받아들여지지 않았다.

재판은 일사천리였다. 강 변호사는 징역 10년, 자격정지 10년을 선고받았다. 정부 발표대로라면 어마어마한 국가 전복 사건을 변호하다 구속되었는데도 신문에 한 줄도 나오지 않았다. 그의 구속은 1974년 7월 21일 《뉴욕타임스》 1면에 보도되면서 거꾸로 한국에 알려졌다.

"……소식통에 의하면 조지워싱턴 대학에서 공부한 바 있는 강신옥(39세) 변호사가 최종 변론에서 정부를 비판했다는 죄목으로 체포되어 군사법정에 서게 되었다. 그는 재판을 나치 체제에서 이루어진 것으로 비유하고 피고의 출석도 없이 증거 조사를 실시함으로써 기초적인 사법 절차를 무시했다고 했다. 지난 화요일 체포된 강 변호사는 1월 8일 공포된 대통령 칙령인 긴급조치 위반으로 기소되어 있다. 이 칙령은 정부를 비판하거나 명예를 훼손했을 경우 최대 15년 형량을 선고할 수 있다."

민청학련 사건을 보도한 《뉴욕타임스》의 마지막 네 문장이다. 극단적으로 언론이 통제된 시대상을 반영한다고 할 수 있겠지만 지금도 미국 교포들은 한국 관련 소식을 접할 때 한국 매체보다 미국 매체를 더 선호한다. 특히 정치적으로 민감한 사항일 때 더욱 그렇다. 대통령 탄핵과 관련해 거리로 나온 촛불 시민들처럼 한국 언론의 독립성과 객관성을 믿지 못하는 것이다. 한국 언론의 슬픈 자화상이다.

강신옥 변호사는 1975년 구속 집행정지로 석방이 되었다. 하지만 항소가 기각된 채 대법원에 계류 중이던 이 사건은 1988년에 와서야 무죄 판결을 받았다. 이상한 나라였고 이상한 법정이었다.

"법이 법 같지 않아서 그렇게 말했다."

정보부 요원들에게 두들겨 맞으면서 강 변호사는 그렇게밖에 달리 할 말이 없었다고 한다.

칠흑 같은 어둠 속에서 빛을 좇은 사람들

민청학련 사건으로 남산에 끌려가기 전의 일이다. 변호를 마치고 돌아온 강신옥 변호사는 아내에게 이렇게 말했다.

"세상에서 제일 더러운 게 법이야. 우리 자식들은 법대를 보내지 말아야겠어."

법에 대한 회의가 가득 담긴 말이었다. 이런 회의는 1970~80년대 인권 변호사만의 것이 아니었다. 신인령 전 이화여대 총장 역시 '우리 사회에서 법과 관련한 직업을 갖고 의미 있게 살아가는 일은 불가능하다'고 생각했다. 새내기였을 때만 해도 고시 지망생이었던 그녀는 법을 말하는 '더러운 손'에 의해 대학에서 잘리고 수배를 당하면서 '결코 법으로 먹고 살지 않으리라'고 다짐했다. 수배는 1965년 굴욕적인 한일 협상을 반대했다는 이유였다.

하지만 악법과 악법의 집행자들에게 당한 혐오스러운 경험은 그녀만의 것이 아니었다. 집권자의 의사에 반대하는 사람들은 모두가 겪는 일이었다. 다른 생각을 할 권리는 애당초 없었다. 유신에 반대한다는 성명서 한 장을 읽었다는 이유로 '시위 촉발', '민중 봉기', '국가 전복', '공산 혁명'의 혐의가 씌워졌다. 법의 이름이었다. 분필밖에 가진 것 없는 대학 교수들이, 하나님의 사랑을 실천하는 가톨릭 사제들과 목회자들이, 뜨거운 가슴을 주체할 수 없는 학생들이 '이것은 민주주의가 아니다'라고 하는 순간 국가 변란을 획책하는 불순, 좌익, 용공, 폭동 세력으로 둔갑했다.

거기에는 반드시 법을 유린하고 법 위에 군림한 자들이 있었다. 같은 헌법으로 공부하고, 민주주의의 기본 원리를 아는 법학도들이었다. 신인령은 자신이 이 깊은 냉소로부터 벗어날 수 있던 계기가 황인철 변호사와 같은 인권 변호사들과의 만남 때문이라고 했다. 부끄러움을 모르는 수많은 법조인들 속에서도 반듯하게 사는 길이 있음을 인권 변호사를 통해 본 것이다. 그녀는 크리스찬아카데미 사건으로 황인철을 만났다.

① 우리는 간첩만 잡는 사람이다: 크리스찬아카데미 사건

"아카데미는 궁극적으로 인간화의 실현을 이념으로 자유와 평등이 동시에 실현되어야 하며 이를 위해 정치·경제·사회·문화 전반에 걸친 심각한 양극화 현상을 해소하는 것이 급선무라 생각하여 그 방법으로 노조, 여성, 농민, 학생, 종교, 언론 등 소위 중간 집단을 육성 강화하고 때로는 압력을 통하여, 때로는 화해와 통합 기능을 통하여 양극화의 해소를 기한다는 전제 아래……."

1979년 3월 9일 크리스찬아카데미의 여성 간사 한명숙이 기관원에게 연행되었다. '아카데미 간사들 불법 지하 용공 서클' 사건의 시작이었다. 한 달 동안 25명이 불법 연행되어 중앙정보부 지하실에서 고문을 받은 후 그 중 7명이 반공법 위반 혐의로 구속이 되었다. 구속된 피의자들은 모두 많게는 10년, 적게는 3년의 징역과 자격정지 판결을 받았다.

위에서 인용한 글은 크리스찬아카데미의 것이 아니다. 변호인들의 변론도 아니다. 담당 판사였던 이용우 판사의 판결문 일부다. 나는 몇 번이고 판결문을 읽어봤다. 이해를 해야 했기 때문이다. '자유와 평등을 실현하고, 양극화를 해소하는 것'이 용공이 된다는 얘기는 아닐 것이다. 혹시 '압력 운운'하는 부분인가? 그것도 아닐 것이다. 노조와 사회 단체는 정부와 기업에 압력을 행사할 수 있다. 기업도 마찬가지이다. 시위와 파업도 압력 행사이고, 로비도 압력이고, 불매 운동도 압력이다. 민주 사회 구성원들은 자신 혹은 자신이 속한 단체의 이익을 위해 압력을 행사할 수 있다. 그래서 워싱턴은 로비스트로 득실거리고 백악관 앞은 크고 작은 시위대들이 연중무휴로 진을 치고 있다. 이 판결문 어디에도 불법은 없다.

"착취로부터 해방되고 권익이 제도적으로 보장되는 사회를 실현하기 위한 투쟁 의식을 고취시키고 이들을 조직화시켜 사회주의 실현을 목적으로 했다."

그런데 판결문은 갑자기 비약된다. 사회주의 실현을 목적으로 했다고 해서 저렇게 많은 형량이 정당하다고 할 수는 없다. 그들은 폭력을 동반하는 어떤 행동도 하지 않았다.

이 아카데미 사건에 황인철을 비롯한 4인방 변호사와 이세중, 정춘성 변호사가 뛰어들었다. 고문 사실은 연행되었던 여성 노조원 몇 명이 훈방되면서 조금씩 알려졌고 황인철, 이돈명 변호사가 구치소에서 접견하면서 확인되었다. 한명숙 간사가 울음으로 말을 잇지 못하며 진술하던 '고문' 얘기를 듣다가 치마폭에 얼굴을 묻고 흐느끼던 그녀의 어머니는 법정소란죄로 끌려 나갔다. 또다른 피해자 신인령은 고문 사실을 이렇게 증언했다.

"너를 안 때려서 내가 무능한 수사관이 되었으니 내가 참을 수 없다고 한 후, 수사관이 바뀌었습니다. ……나중에 수사관이 와서 '할 수 없다. 맞아 죽든지, 다른 사람들이 다 시인한 것을 다 시인하든지 둘 중 하나를 택하라'면서 처음으로 간이침대에서 잠을 자라 하면서 ……자는 척하면서 들으니까 '벗길 것이냐, 때리는 방법을 쓸 것이냐, 아니면 지하 2층으로 보내 정신을 혼란시킬 것이냐'고 의논하더니……."

그녀를 신문했던 박철언 검사는 '정치 변호사에게 이용당하지 마라. 그들은 피고에게는 관심이 없고 피고를 이용해 정치적 목적을 달성하려는 사람들이다. ……그 변호인단만 거부하면 너는 나간다'고 회유하기도 했다. 하지만 변호인 중 정치권에 뛰어든 사람은 없었다. 오히려 정치인이 된 사람은 박철언이었다. 그녀는 황인철 변호사를 추모하는 글을 쓰면서 박철언 검사의 현재 모습을 이렇게 떠올렸다.

"박 대통령을 비난하면, 북괴가 좋아하는 것이어서 결국 북괴를 이롭게 하기 때문에 반공법 위반이다. 라고 하던 그 확신에 찬 유신 신념에 경이로움을 금치 못하고 구치소로 돌아왔다. ……'정치'를 매우 혐오하는 사람 같던 그는 5공과 6공에서 정치인이 되더니, 오늘은 정치적 신념 때문에 처벌받는 '정치범'이 아닌 뇌물과 관련된 '잡범'으로……."

피의자들에게 '우리는 간첩만 잡는 사람이다'라고 겁박했던 그들은 사실은 '사람 잡는 사람들'이었다. 중앙정보부가 자신 있게 주장하던 '지하 불법 용공 서클'은 항소심에 무죄 판결이 났다(10·26으로 시국이 급변하지 않았다면 무죄가 났을까 의문이지만).

뒷날 모교의 법학 교수가 되는 신인령은 황인철 변호사를 가리켜 변론에 필요하다 하더라도 피의자에게 아픔이 되는 요구는 피할 만큼 인간적인 사람으로 기억하고 있다. 실제 박철언이 없애버린 진술서가 변론 과정에서 꼭 필요했으나 황 변호사는 심리적 불안에 떨고 있는 그녀에게 재작성해줄 것을 요구하지 않았다.

"7~80년대 '양심범'치고 남녀노소를 불문하고 황 변호사님을 모르는 이 있을까. ……우리 같은 종류의 피고인들은 변호사를 쳐다보기만 해도 안심이 되고 힘이 났다."

그녀는 치열하게 살던 30대, 일이 곧 삶이고 기쁨이고 만남이던 시절을 송두리째 절단시키려 들었던 유신 정권의 고문 앞에 허무하게 무너져 내렸다고 한다. 그런 자신을, 황인철 변호사는 죽은 인격도 살려내는 힘으로 다가왔다고 그녀는 기억하고 있다.

② 그가 살아 있는 한 이 땅에 자유민주주의는 없다: 10·26과 김재규 변론

"4·19 때처럼 서울에서 데모가 일어나면 내가 직접 발포 명령을 내리겠어. 그때는 최인규나 곽영주가 내렸으니 사형을 당했지. 하지만 이번엔 내가 직접 내릴 거야. 내가 대통령인데 누가 사형시키겠어."

민주주의 체제 통수권자의 입에서 나온 말이었다. 김재규는 자신의 귀를 의심했다.

"단순한 학생 데모가 아닙니다. 160명의 연행자 중 학생은 16명에 지나지 않습니다. 이것은 민란입니다. 체제에 대한 불신과 정부에 대한 저항입니다."

비상계엄이 선포된 상황이었음에도 부산과 마산에서 시작된 시위는 마치 4·19를 방불케 했다. 직접 내려와 민심 동향을 살피고 올라간 중앙정보부장 김재규는 대통령에게 구국적인 결단을 요구했다. 시위는 며칠 안으로 전국으로 확대될 것이 분명했다. 하지만 대통령은 물러날 뜻이 전혀 없었다. 미국도 유신을 못마땅하게 생각한다는 첩보에는 내정 간섭이라고 불같이 화를 냈다. 대통령 선출을 직선제로 전환할 것과 긴급조치 9호 해지 건의에 대해서도 강경하기는 마찬가지였다. 김재규는 대통령과 자유민주주의 회복은 숙명적 관계라는 확신이 들었다. 이승만의 수명을 기준으로 삼으면 유신은 앞으로 20~25년은 더 지속될 것이다. 국민과 대통령 중 누군가는 피를 뿌려야 했다.

"신민당이고 학생이고 탱크 동원해서 2~3백만 죽여버리면 해결됩니다. 캄보디아는 3백만 명 죽이고도 문제없었습니다."

경호실장 차지철의 말에 대통령은 흡족한 듯 웃고 있었다.

1979년 10월 26일 새벽 이돈명은 라디오를 듣다 깜짝 놀랐다. 대통령 박정희가 간밤에 사망했다는 뉴스가 흘러나왔다. 깜짝 놀란 그는 동도 트지 않은 새벽임에도 황인철의 집으로 전화를 했다. 전날 밤 술에 취해 늦게 들어온 그는 전화를 받지 않았다. 홍성우도 마찬가지였다. 답답한 마음에 여기저기 전화를 해댔다. 소식을 미처 듣지 못한 사람도 있었고, 알고 있는 사람들도 있었지만, 왜 어떻게 죽었는지 알고 있는 사람은 없었다.

정부 측 공식 발표가 있은 후 이돈명에게 뜻밖의 사람이 찾아왔다. 강봉재 변호사가 낯선 사람과 함께 그의 사무소를 찾은 것이다.

"이분은 대구에서 온 김정두 변호사인데 나와 동기야. 지금 세상에서 떠들썩한 김재규의 변론을 맡을 사람을 찾는데 아무도 나서지 않아 애가 탄다는 말을 듣고 내가 모시고 왔어."

절대 권력자를 죽인 사람이었다. 그를 변호하겠다고 나설 만큼 간

큰 사람은 없었다. 김재규와 사적으로 친했던 김정두는 변호사를 찾다 못해 결국 인권 변호사에게까지 온 것이었다. 서슬 퍼런 유신 시절, 박정희에 맞섰던 사람들을 목숨 걸고 변호했던 사람들. 구속과 자격 박탈을 수차례 겪던 사람들이 유신의 2인자를 변호하는 역사의 아이러니는 그렇게 만들어졌다. 이돈명, 강신옥, 조준희, 황인철, 홍성우, 태윤기 등 이름난 인권 변호사들을 포함해 모두 29명이었다. 대한변협회장, 대법관 출신도 있었다.

10·26은 김재규 등 7명이 기획한 내란 목적 살인이다

공개 재판이었음에도 법정 질서를 이유로 가족과 취재진에게만 170장의 방청권이 배부되었다. 법정에 들어간 한국 기자들은 자신의 뜻대로 기사를 쓸 수 없었다. 계엄공고 2호 때문이었다. 보고 들은 것을 토대로, 자신의 판단대로 쓸 수 없다는 명령이다. 계엄사 합동수사본부가 허락하는 범위 내에서만 기사를 쓸 수 있었다.

"피고인 김재규는 중앙정보부장의 직무를 수행함에 있어, 자신의 정국 수습책이 실패하여 그 무능함이 노출되어 박정희 대통령으로부터 질책을 당하고 해임설이 나돌아 그 지위에 불안을 느끼는 한편…… 1979년 4월부터 대통령을 살해한 후 정권을 잡을 것을 기도하고 보안 유지를 위해 단독으로 그 구체적인 거사 계획을 세움에 있어…… 살해 후 국가 안전과 질서 교란을 이유로 계엄을 선포하고 중앙정보부의 권한과 조직력을 이용, 계엄군을 장악해 무력으로 사태를 진압하고, 입법 사법 행정권을 총괄하는 혁명위를 구성해 집권 기반을 잡은 후, 대통령에 출마할 것을 계획……."

검찰의 공소장 낭독으로 재판은 시작되었다. 심판부는 9차례에 걸친 공판을 거의 매일, 아침부터 밤까지 강행했다. 그 때문에 변호인단은 방대한 수사 기록을 검토할 시간을 갖지 못했고, 사실 심리가 끝날 때까지 공판 조서조차도 작성되지 않아 변호인의 조서 열람과 등사권이 박탈당한 채 변론을 해야 했다. 또 재판부는 변호인의 녹취를 금지했으며 신문의 내용을 제한하기까지 했다.

2차 공판은 재판부의 제지와 변호인의 항의로 11번의 휴정과 개정이 반복되었다. 3차 공판과 8차 공판에서 재판부는 김재규의 퇴정을 명령해 '피고인의 자기 방어를 위한 기본적 권리'마저 무시했다. 재판의 모든 과정에서 피고인에게 유리하다고 판단되는 진술에 대해서는 반사적으로 신문 제한을 가했다. 거듭된 재판부의 신문 제한으로 변호인단은 제대로 대응할 수가 없었다. '무슨 재판이 이러냐'는 항의를 거듭할 뿐이었다. 재판부가 밀리는 상황이 되면 외부로부터 쪽지가 심판관들에게 전달되었고 심지어 판관들 뒤에 드리워진 휘장 뒤에서 코치하는 소리가 변호인단이 있는 곳까지 들려왔다. 참다 못한 변호인단이 다시 항의를 했다.

"아니 왜 재판장은 가만히 있고, 보이지 않는 사람이 재판에 관여하는 겁니까."

재판의 독립성이 공공연하게 훼손당하는 상황이었다. 계엄사 합동 수사본부가 심판부를 컨트롤하고 있었다. 그럼에도 김재규와 그의 부하들은 하나같이 의연한 태도였다. 김재규는 차분하고 당당한 목소리로 10·26 거사의 본질과 성격, 동기나 목적을 밝혀나갔다. 유신 정권의 존립을 위해 사건을 조작하고, 재판의 독립성과 공정성을 훼손해오던 중앙정보부의 수장과 요원들의 재판이었다. 아이러니하게도 재판은 유신에 맞섰던 사람들의 그것과 판박이처럼 흘러갔다. 절차는 무시되었고 속전속결이었다. 인혁당 사건처럼 하루 빨리 사형을 확정해서 집행하겠다는 속내였다. 계엄사 합수부(본부장 전두환) 측은 군인이 본연의 임무로 어서 빨리 돌아가기 위해서는 재판 진행이 빨라야 한다고 했다. 본연의 임무가 정말 무엇이었는지는 뒷날 그들 스스로 드러내게 된다. 그들은 자신들의 속셈을 위해 10·26의 정확한 본질과 성격, 동기가 국민들에게 새어나가는 것을 원하지 않았다.

10·26은 민주 회복 국민 혁명이다

"……10·26 혁명의 목적은 첫째 자유민주주의의 회복이고, 둘째가 국민의 보다 많은 희생을 막고, 셋째가 적화 방지이며, 넷째로 혈맹의 우방인 미국과의 관계가 건국 이래 가장 나쁜 상태이므로 이 관계를 완전히 회복해서…… 국익을 도모하자는 데 있으며, 다섯째 독재국가라는 나쁜 이미지를 갖고 있기 때문에 국제 사회에서 손상된 이 나라와 한국민의 명예를 회복하자는 것입니다……."

김재규는 1심 재판의 최후 진술을 이렇게 이어갔다. 메모지 한 장 없이 30분이 넘는 진술이었다. 그의 말처럼 10·26이 일어난 후 사회는 상상조차 못한 일들이 일어나고 있었다. 유신헌법의 개정 작업이 진행되었고, 긴급조치 9호가 해제되었으며, 교과서에서 유신에 관한 내용을 삭제하기로 결정되었다. 또 전국 교도소에 수감 중이던 반체제 인사와 학생들, 긴급조치 위반자들이 석방되었다. 문익환 목사, 함세웅 신부, 정치인 김대중 등이 풀려났다. 불과 50여 일 사이에 일어난 변화였다. 독재자가 살아 있을 때 '유신만이 살 길이다'라고 외치던 이들은 모두 입을 다물고 있었다.

합수부가 장악하고 있던 재판정만은 유신의 망령이 살아 있었다. 법정 공방은 스피커를 통해 법무감 집무실로 몰래 생중계되었다. 합수부 관계자들은 재판 과정을 모니터링하면서 재판이 뜻대로 흘러가지 않으면 대응 방법을 즉각 재판부에 전달하고 있었던 것이다. 이 사실을 안 것은 당시 국선 변호인이었던 안동일 변호사였다. 국선인데 사선 변호인처럼 열성을 다해 재판부를 궁지로 몬다는 이유로 집무실로 불려가 혼이 났다. 그들과 옥신각신 다투고 있는데 스피커에서 '군법회의 속개합니다'는 재판장의 목소리가 흘러나왔다. 안 변호사는 그 순간 쪽지의 출처를 알게 됐다. 그는 하마터면 국선 변호인에서 해임되고 합수부로 끌려갈 뻔했다. 국선 변호인이 사선 못지않게

II 해방 이후와 유신 독재 시기까지의 인권 변호사들

열심히 하면 외신들에 공정한 재판으로 비칠 것이라는 파견 법관의 만류로 겨우 넘어갔다.

12월 12일 합수부장 전두환은 박정희와 똑같은 방식으로 군사 정변을 일으켰다. 신군부가 정권을 장악하고 시국이 다시 냉각되면서 재판은 급물살을 탔다. 12월 18일 검찰의 구형 공판이, 다시 이틀 후에 선고 공판이 진행되었다. 모두 사형이었다. 훗날 안동일 변호사가 민주주의가 경멸하는 '원님재판'과 '인민재판'의 모든 요소를 갖췄다고 했을 만큼, 형사 소송에서 지켜져야 할 절차를 깡그리 무시한 재판이었다.

이상은 한국 현대사에 가장 큰 사건이라 할 수 있는 10·26을 재판 과정의 위법성, 위압적 분위기 위주로 정리해본 것이다. 사실 유신 시대에 인권이 짓밟히는 곳이라면 어디든 달려갔던 인권 변호사들었지만 김재규 변론에 흔쾌히 나선 것은 아니라고 한다. 중앙정보부는 유신을 지탱하던 한 축이었고, 김재규는 유신의 2인자였다. 인권 변호사들도 따로 토론을 가졌을 만큼 그는 큰 적이었다. 그러나 직업적 의무감, 진실을 알고 싶은 호기심이 어우러진 변론을 통해 그들은 생각지 못한 진실에 다가갔다. 모두 김재규의 생사에 따라 민주화의 운명역시 결정되리라고 예감했다고 한다. 강신옥 변호사는 김재규를 살려냈다면 전두환의 집권은 불가능했을 것이라고 단언할 정도다. 하지만 계엄 당국은 자신이 유리한 방향으로 사건의 동기와 결과를 몰고 갔다. 김재규는 야욕에 눈이 멀어 패륜을 저지른 파렴치범이었고, 지금도 대부분은 그렇게 알고 있다.

한쪽에서는 이 사건을 그렇게 묻어두고 있고, 또다른 한쪽에서는 김재규 재평가 작업이 이루어지고 있는 듯하다. 내 기억이 맞다면 대학 수업 시간이었을 것이다. 어떤 교수님이 역사적 인물에 대한 객관적 평가는 그의 사후 50년이 지나야 시작될 수 있다는 요지의 강의를 한 적이 있다. 왜냐는 누군가의 질문에 '관련 이해 당사자들도 죽어야 하기 때문이다'라는 답변이 돌아왔었다. 그땐 그런가 보다 하고 넘어갔는데, 김재규의 항소보충이유서의 한 대목을 보니 생각이 깊어진다.

"공개된 법정에서 밝힐 수 없는 것이지만 꼭 밝혀둘 것이 있다. 10·26 혁명 동기 가운데 간접적이지만 중요한 박 대통령의 가족에 대한 사항입니다.
1) 구국여성봉사단과 관련한 큰 영애의 문제
구국여성봉사단이라는 단체는 총재에 최태민, 명예총재에 박근혜 양이었는바, 이 단체가 얼마나 많은 부정을 저질러왔고 따라서 국민, 특히 여성 단체의 원성의 대상이 되어왔는지…… (대통령은 최태민의 부정행위를 확인했음에도) 근혜 양을 총재로, 최태민을 명예총재로 올려놓아 결과적으로 개악시킨 일이 있었습니다. (이하 생략)"

황인철이 현재 탄핵을 받은 대한민국 18대 대통령의 미래까지 내다보지는 않았을 것이다. 그저 청산되지 않은 역사는 반복될 뿐이다. 역사는 언제든지 재해석될 수 있다. 사육신의 재평가는 250년 뒤에 이루어졌다고 한다. 현대사는 고대사, 중세사보다 자료가 풍부하다. 박정희와 김재규에 대한 역사적 평가는 언제든 달라질 수 있다고 믿는다.

이제 항소와 관련된 이야기로 마무리를 짓자. 변호인단은 하루라도 재판 일정을 늦추려고 항소이유서를 마감일에 제출하기로 했다. 하지만 항소이유서가 제출되기도 전인 1월 15일 공판기일통지서가 먼저 날아왔다. 항소이유서 제출 마감일 바로 다음 날이었다. 항소이유서가 제출되기도 전에 공판 기일부터 지정하는 법은 내가 알기로도 없다. 그만큼 신군부는 급했다.

하나님은 왜 착하게 살고 있는 이들에게 고통을 주는가

평생 억압받는 자들을 위해 변론을 했던 황인철에게도 개인적인 시련이 닥친다. 그의 큰아들 대하가 자폐아 판정을 받은 것이었다. 그의 아내는 그때의 절망감을 이렇게 회고했다.

"처음에는 그 사실을 인정하지 못하고, 왜 착하게 살고 있는 우리에게 이런 고통을 주시냐고 하느님을 원망도 해보고…… 우리는 몇 날을 밤마다 둘이서 붙잡고 울었는지 몰라요."

황인철 변호사

황인철의 절망감도 아내와 같았다. 유신 말기 쏟아지는 사건들로 인한 극도의 피로감과 신변 위협이라는 중압감, 거기에 아들에게 아무것도 해줄 수 없다는 절망감은 그에게는 견디기 힘든 시련이었다. 하지만 황인철은 그 시련을 딛고 아들을 위해 연대를 택했다. 타인의 고통에 대한 깊은 공감에서 나오는 연대를 법정에서뿐만 아니라 생활에서도 찾아갔다. 한국 자폐아 부모모임 설립을 주도하면서 사회적 관심을 불러일으키고, 형식적인 치료와 교육에 대한 자구책을 마련하면서 절망과 고통을 이겨내고자 한 것이다. 선하게 살려고 노력해온 자신에게 닥친 불행을 원망과 분노로 썩히지 않고 황인철은 삶의 일부로 사랑하고자 했다.

직장암이 재발해 앉아 있기조차 힘든 상황에서도 그는 그토록 소망해오던 사회복지법인 '계명복지회'를 설립해 자폐아 교육과 복지의 기초를 닦으며 자신에게 주어진 마지막 소임을 다했다고 한다. 복지회가 설립된 이듬해 그는 1993년 53세를 일기로 유명을 달리하고 만다. 왜 착하게 살아가는 사람에게 고통이 주어지는지 황인철은 그 답을 찾았을 것이다.

III

신군부 독재 시대의
인권 변호사들

박정희 개발 독재에 저항하여 전개되었던 민주화 운동은 1979년 부마 항쟁을 거쳐 유신 체제를 내부로부터 붕괴하게끔 만들었다. 하지만 박정희의 갑작스러운 사망으로 유신 독재가 붕괴한 것이지 민주 세력의 독자적인 역량으로 독재가 종식된 것이 아니었다. 그 결과 신군부에 의해 유신이 재편되기에 이르렀다. 1979년 12·12 군사 반란으로 군 내부를 장악한 신군부는 민주화를 열망하는 5·18 민중 항쟁을 유혈 진압하면서 정권을 탈취하기 시작했다. 이들은 '국가보위비상대책위원회'를 수립해 집권을 위한 체제 정비에 나섰다. 비판적인 정치인들의 활동을 금지시키고 언론을 통폐합시킴으로써 시민들의 눈과 귀를 막은 이들은 1981년 헌법을 개정한 후 간접선거를 통해 전두환을 대통령으로 선출했다.

광주에서 피를 묻히고 권력을 획득한 신군부 초기, 민주화 운동은 강력한 탄압으로 제대로 된 활동을 할 수 없었다. 그러나 1983년부터 신군부는 강압 통치를 조금씩 완화시키기에 이른다. 제적 학생 복적과 해직 교수 복직, 정치인 해금 조치 등을 잇달아 취했다. 신군부는 어느 정도 자신들의 체제가 안착된 것으로 판단했고 1986년 아시안 게임과 1988년 올림픽을 앞둔 상태라 국외 여론에도 신경을 쓸 수밖에 없었던 것이다. 역설적으로 이때부터 민주화운동은 다시 폭발적으로 일어났다. 학원 민주화운동으로 시작된 학생운동은 전두환 독재에 대한 직접적인 저항운동으로 발전했고, 노동운동을 필두로 농민과 도시 빈민의 생존권 투쟁도 급속히 확대되었다.

그러나 반독재, 민주화 투쟁은 언제나 '친북 빨갱이들'이 주도하는 '반국가 이적 행위'로 왜곡이 되어 수많은 시국 사건이 일어났다. 유신 시대와 마찬가지로 인권 유린은 빈발했다. 어떤 날에는 대학생들이 한꺼번에 1,600명이 구속될 만큼 인권 탄압이 최고조에 달했던 때였다. 이에 유신 말기부터 이미 조직적인 모습을 보이던 인권 변호사들은 1986년 '정의실천법조인회', 이른바 '정법회正法會'를 창립하면서 군사 독재의 인권 유린에 더욱 적극적으로 대응해나갔다. 이때부터 인권 변호사들은 사건 변론에 그치지 않고 사건의 실체를 파헤치고 이를 대중에게 널리 알리는 역할도 마다하지 않았다. 예컨대 '부천서 성고문 사건'의 경우처럼 변호사들이 직접 고발장을 낸다거나 사실 조사에 나서기도 하고 기자회견을 여는 등 앞선 시기에는 생각할 수 없었던 법정 투쟁을 시작했다.

유신 독재에 맞섰던 인권 변호사들은 신군부 시기에도 여전히 현역으로 활동했으며, 이들의 뒤를 따라 새로운 변호사들이 독재 항거 대열에 참여하기 시작했다. 인권 변호사 2세대라고 불리는 이들로 조영래, 김상철, 박용일, 서예교, 박성민, 안영도, 박인제, 김동현 등이 그들이다. 이와 아울러 현재 서울시장을 맡고 있는 박원순, 16대 대통령이 된 고故 노무현, 학생 시절 유신 독재에 맞서 싸우다 변호사가 된 뒤로는 신군부에 맞섰던 문재인, 노동자 장례식에 참석했다 구속된 이상수 변호사도 2세대에 속한다. '정법회'는 1988년 '민주사회를 위한 변호사 모임(민변)'으로 확대, 개편되었다.

암흑의 시기, 인권을 위해 전력을 다한 인권 변호사들은 정작 '인권 변호사'라는 호칭을 달가워하지 않았다. '변호사는 기본적 인권을 옹호하고 사회 정의를 실현함을 사명으로 한다.' 대한민국 변호사법 1조 1항에 명시하고 있는 것처럼 '인권 옹호'는 변호사의 기본적 임무이기 때문이다. '인권 변호사'라는 별도의 호칭이 생겼다는 것은 그만큼 법이 법답게 집행이 되지 않았다는 것이고, '무법' 앞에 침묵하는 다수가 있었다는 것을 의미한다. 민변 출범 당시 국제인권위원장이었던 천정배는 그 명칭의 불편함을 이렇게 얘기했다.

"……아직도 '인권'이 강조되어야 할 만큼 우울한 세상에 살고 있다는 자괴감 때문이기도 하다. 인권 변호사란 결코 듣기 아름다운 말이 아니다. 무슨 벼슬 이름은 더더군다나 아니다."

천정배가 한 노동자 변론을 맡았을 때 대학 동기였던 담당 검사가 만날 때마다 충고랍시고 건넨 말에서 우리는 폭압의 시기에 '인권 변론'에 나섰던 이들이 무엇을 포기했는지 알 수 있다.

"그는 나에게 충고랍시고 이렇게 말했다. '왜, 그런 불순 세력들하고 어울리는 거야. 이제는 제발 자네 앞길도 좀 챙기게.' 대학에서 함께 법률 공부도 하며 청춘의 한 시절을 같이 보낸 우리 둘 사이에는 어느새 건널 수 없는 깊은 강이 가로놓여 있었던 것이다."

형사소송법상 피고인의 권리를 지켜주는 것은 변호사의 고유 업무다. 독재에 맞서 '자기 앞길'을 챙기지 않은 사람들을 변호하는 것이 법조인으로서 '자기 앞길'을 챙기지 못한다는 걱정을 듣던 역설의 시대였다. 그러니 인권 변호사라는 호칭 외에 그들을 달리 부를 말이 또 있겠는가?

억울한 사람들이
가장 먼저 떠올린 이름

조영래

기득권 자격증을 걷어찬, 낯선 변호사

옥경에게

……우선 오늘 있었던 일만 간단히 적겠소. 오전에 미국민권협회라는 단체를 방문했는데 이 단체는 미국 인권 단체들 중에서 가장 규모가 크고 영향력이 큰 단체요. 미국 국내 인권만 다루는데 흑인의 인종차별 문제가 대폭 개선되어 거의 해소될 단계가 되자 다른 문제에 손댄다는 것이 '낙태의 자유', '동성애 사람들의 인권'- 이런 등등의 문제를 가지고 대부분의 노력을 집중하는 형편이 된 모양입니다. 뭔가 소화가 안 되는

기분이었소.

_미국 방문 당시 아내에게 보낸 편지(1990. 2. 24)

이는 편지 말미에 적은 글이다. 조영래(1947~1990)로서는 어지간히 낯설었던 모양이다. 그의 조국은 아직도 집회, 결사, 언론과 사상의 자유가 쉽게 허락되지 않는 군부 독재 시대였다. '선악이 선명하게 구분되는 데에서 선을 위해 투쟁한다는 메시아적 사명감'을 갖고 있던 사람에게는 다소 맥이 빠지는 주제였는지도 모르겠다. 하지만 모든 위대한 사람들의 한계가 그렇듯 그것은 시대의 한계이지 그 사람의 한계는 아니다. 조영래는 대한민국 민주주의와 정치가 직면한 한계를 깨뜨리기에도 바쁜 사람이었다. 그가 미국에서 마주친 당혹감은 대한민국의 한계였지 조영래의 한계는 아니었다.

"(낙태의 자유, 동성애자의 인권 등등은) 차차 시간을 두고 내 생각을 재검토하고 새로 정리를 해보아야 할 것같이 느껴집니다."

가족의 안부를 물으며 편지를 마무리하기 전에 남긴 말이다. 하지만 조영래에게 그런 시간은 영영 오지 않았다. 1년 6개월의 수감, 6년여 년의 수배 기간, 복권 후 8년 동안의 짧은 변호사 생활이 하늘이 그에게 허락한 전부였다. 1990년 12월 12일 아직 세상에 갚을 빚이 많다던 조영래는 굳센 투병 의지에도 불구하고, 주위의 응원을 배반한 채 민주주의가 뿌리내리지 못한 조국을 등지고 말았다. 폐암 3기였다.

가난한 집안의 똑똑한 장남, 부모보다 더 동생의 교육에 열성이었던 누나들, 경기중·고등학교 진학, 서울 대학교 전체 수석으로 법학과를 입학한 인생 전반기의 필모그래피만을 잘라서 본다면 조영래는 굳이 그렇게 살지 않아도 되는 사람이었다. 가난과 역경을 딛고 오직 자신의 능력과 노력 하나로 부귀와 영화에 도달하는 고진감래의 성장기는 내가 한국에 있을 때도 유효한 이야기였고 이민을 온 한국 교포라면 누구나 하나쯤은 갖고 있는 성공 스토리이기 때문이다. 하지만 그는 출세를 보장하는 마패를 던져버리고 세상의 어두운 곳만을 골라 내디뎠다.

당시 서울대 법대는 법과 대학의 정규 커리큘럼 안에서 사법고시라는 개인적 욕망을 위해 움직이던 사람을 '내촌동'이라고 부르고, 정규 커리큘럼 밖에서 학문적 소양을 넓히거나 평범한 직장인의 삶을 목표로 한 사람들을 '외촌동'이라고 불렀다고 한다. 『조영래 평전』에 기록된 그의 모습이다.

"그는 형사학회, 민사법학회 같은 엘리트 학회를 외면하고 당시 대학 행정가들이 가장 골치 아프게 생각한 사회법 및 노동법 학회에 가입했다."

사회법과 노동법에 관심을 둔 조영래는 동기생들에게 '외촌동'이었다. 그는 '외촌동'에서도 상당히 먼 외곽에 머물렀던 듯하다. 저학년 때는 법대가 아니라 문리대와 상과대 도서관을 찾는 일이 더 많았고, 출석률이 극히 저조해 두 차례의 근신과 정학을 당했으며, 수석 입학이라는 이미지와는 맞지 않게 그저 그런 성적으로 졸업을 했다. 엘리트로 가는 사다리에서 멀어진 것뿐만이 아니었다. 한 걸음 더 나아가 반정부 데모에 더 열심이었다. 한일회담 반대, 삼성 사카린 밀수 규탄, 3선 개헌 반대, 동맹 휴학 등 시위의 중심점에는 조영래가 있었다.

정당성 없는 권력이 민주주의와 헌법을 훼손하고 있는 시대였다. 가슴에 뜨거운 불이 살아 있는 지성인이라면 개인적인 영달을 목표로 두지 않는 것을 뛰어넘어 양심을 따르는 것이 그 시대가 요구하는 소명이었을 것이다. 실제로 그는 모든 대학 생활을 그렇게 보냈다. 그런 그가 어느 날 갑자기 사법 시험을 준비한다고 했을 때 함께 학생 운동을 하던 동료들의 충격은 엄청났다고 한다. 그를 변절자로 보기도 했다.

평전에는 동료들의 비난과 원망을 무릅쓰고 조영래가 고시에 뜻을 둔 뚜렷한 배경이 나와 있지는 않다. 그러나 나는 달리 생각해본다. 법과 대학에 입학한 후 그가 보인 모든 행동이 어쩌면 '올바른 법학도란 무엇인가'를 찾아가는 과정이 아니었을까. 법전에만 매몰되지 않고 폭넓은 학문적 소양과 사회를 바라보는 안목을 길렀던 것이 그의 '외촌동' 시절이라는 생각이 든다. 조영래의 행적을 따라가면 자연스럽게 이 말이 떠오르기 때문이다. 미국에서 변호사를 지망하는 로

스쿨생이라면 한 번쯤은 들어보았을 대법관 브랜다이스의 당부다(시카고 대학교 찰스 핸더슨 교수의 말을 인용한 것이지만 브랜다이스로 인해 더 유명해졌다).

"법학에만 몰두한 나머지 사회학과 경제학을 공부하지 않는 변호사는
사회악이 될 수 있다."

사회 구조와 인간에 대한 이해가 없는 법학은 절름발이일 뿐이다. 보기 드물게 학생 시절부터 노동과 환경에 관심을 둔 조영래는 처음부터 제대로 된 법학도였다.

변호사가 된 후 그가 맡은 것은 시국 변론뿐만이 아니었다. 집단 소송의 효시라고 불리는 '망원동 수재 사건'과 여성의 법적 권리 신장에 혁신적인 전환을 마련한 '이경숙 조기정년제 철폐 사건' 등이 그랬다. 이렇게 시국 형사 사건에 머물러 있던 당대의 인권 변론을 공익의 차원으로까지 끌어올린 것이 바로 조영래 변호사였다. 그리고 모두 의뢰인이 사건을 들고 오기 전에 그가 먼저 사안의 중요성을 알고 달려간 사건들이기도 하다. 사건의 중요성과 미래적 가치를 꿰뚫어보는 시선, 대법관이 되기 전 '민중의 변호사'라 불렸던 브랜다이스도 바로 그랬던 사람이었다. 조영래, 그는 그 시대에 찾아보기 힘든 안목을 가진 변호사였다.

1986년 부천서 성고문 사건의 피해자였던 권인숙 씨는 자신을 찾

남대문합동법률사무소를 운영할 당시의 조영래 변호사

아와 변론을 자청하고 3년 동안이나 한결같이 자신의 사건에 매달리던 조영래 변호사를 떠올리면 그가 신고 있던 구두가 문득문득 생각난다고 한다.

"(면회를 자주 오셨다. 오면 잠깐 있다 가지 않고 오랫동안 계셨다.) 그분의 구두였다. 낡았다 못해 일부는 떨어지기까지 한 그 구두를 보면서 나는 어이없게도 그분의 생계를 걱정했다. 항상 돈도 벌 수 없는 시국 사범들 변론이나 하시면서 어떻게 생활을 해나가실지가 나로서도 막막했던 것이다."

출세를 하기 위해 법을 공부한 것이 아니라 공익을 위해 법을 공부한 사람. 민주 사회에서 일어나서는 안 되는 고문에 성고문까지 겪고, 정부의 보도 지침과 언론의 왜곡 보도로 이중, 삼중의 고통을 겪고 있던 권인숙에게도 그는 낯선 변호사였다.

그가 가는 곳에는 진리가 있고 정의가 있다

조영래가 공부만 하는 학생이 아니었다는 것은 고등학교 시절부터 드러난다. 고등학교 3학년 한 해 동안 조영래는 두 차례 정학 처분을 받았다. 한 번은 한일회담 반대 시위를 주도한 일로, 다른 한 번은 학교 게시판에 고시된 등록금 미납 학생 명단을 찢은 일 때문이었다. 과거에 대한 반성도 받아내지 못하고 배상금이 아닌 독립축하금이라는 기괴한 이름으로 차관을 들여온 한일회담에 온 국민이 분노했다. 사회에 관심이 많았던 조영래가 앞에 선 것은 당연한 일이었다. 그리고 조영래의 회상처럼 비상계엄이 발동된 상황에서 정학은 오히려 가벼운 처벌이었다.

나는 그의 두 번째 정학에 주목하고 싶다. 사람들이 아는 조영래는 모두 여기에서 비롯되었다고 보인다. 당시 미납 학생 명단을 게시하는 일은 일반적인 처사였지만 이는 굉장히 비교육적인 행위였다. 그때 조영래가 가난을 죄인 취급하는 이런 비인간적 행정에 순간적인 분노를 참지 못한 것은 그와 그의 동생 이름이 게시되어 있었기 때문이었다. 훗날 조영래는 이때의 행위를 반성했다고 한다. 자신의 행동으로 오히려 동생이 더 힘들었을 것이라는 이유였다. 하지만 정학을 정당한 교육 징계로 받아들이지는 않았다. 또 이 일을 계기로 가난을 개인적 한으로 품지도 않았다. 조영래가 위대한 점이 여기에 있다. 그는 가난을 훨씬 더 큰 그림으로 보았던 것 같다. 1998년 노벨경제학상을 받은 아마르티아 센은 '가난은 인간의 잠재성을 말살시키는 사회악'이라고 했다. 조영래는 아마르티아 센보다 앞서 그렇게 보고 있었다. 이것이 조영래로 하여금 훗날 경제적 모순의 가장 밑바닥에 있던 청년 전태일을 만나게 한다.

조영래가 가는 곳에는 늘 인간의 아픔이 있었다. 그 자리는 정의가 사라지고 진리가 죽은 곳이었다. 하지만 그가 가면 진리가 서고 정의가 돌아왔다. 다음은 조영래가 부활시킨 정의의 기록들이다.

① 적들도 돌려본 변론문: 부천 경찰서 여대생 성고문 사건

1986년 6월 4일 노동운동을 위해 위장 취업한 서울대 학생 권인숙이 잡혔다. 취업한 지 열흘도 되지 않아서였다. 그녀는 주민등록증을 위조한 혐의를 순순히 자백했다. 하지만 경찰은 여기서 그치지 않았다. 그들은 5월 3일 인천에서 '대통령직선제를 요구'하며 일어난 대규모 시위의 주동자를 찾고 있었다. 그녀에게 수배자 명단을 보여주며 추궁하기 시작했다. 권인숙은 전혀 모른다고 했다. 관련 없는 두 개의 사건이었다. 수사는 여기서 그쳤어야 마땅했다. 하지만 정권에 반하는 자들과 기득권에 반하는 자들은 그들에게는 모두 관련자들이었다. 여성이었기에 끔찍한 성고문이 이어졌다. 이 땅에서 오랫동안 벌어지던 수사 방식이었다.

권인숙은 달랐다. 수치심과 모멸감을 극복하고 이 추악한 사건을 세상에 알리고 부도덕한 정권을 고발하기로 결심했다. 익히 알려진 4인방 변호사 이돈명, 홍성우, 조준희, 황인철을 지휘부로 하고 조영래, 이상수, 김상철, 박원순 등을 실무진으로 한 변론팀이 구성되었다. 변호인단이 고발장을 접수시킨 바로 그날 성고문을 주도한 문귀동은 명예훼손으로 맞고소를 해왔다. 또 검찰은 적극적으로 사건을 왜곡시켰다. 권인숙을 '혁명을 위해 성까지 도구로 이용하는 비열한 운동권'으로 몰아갔다. 보도 지침이 내려왔고 언론은 이에 충실히 따랐다.

변론 과정에서 중추적인 역할을 담당한 조영래는 법정에서만 해결책을 찾지 않았다. 전두환 정권의 부도덕성을 폭로하고 정권의 도덕성에 치명타를 가할 수 있는 사건임을 그는 직감하고 있었다. 애초 1차 변론문 초안을 썼고 명문장으로 이름이 높던 박원순의 회고다.

"(내용 요약) 초안을 넘겨주었더니 읽고는 의례적인 말도, 한두 마디 평도 않더니 자기가 직접 펜을 잡았다. 그가 쓴 변론문을 읽고 나서야 알았다. 나는 판사를 설득의 대상으로 했지만 선배의 글은 판사가 아니라 수천만 국민의 심장을 과녁으로 삼고 있었다. 그와 나는 사건을 보는 시각이 달랐다."

'변호인들은 먼저 이 법정의 피고인석에 서 있는 사람이 누구인가에 대하여 이야기하고자 합니다. 권 양―우리가 그 이름을 부르기를 삼가지 않으면 안 되게 된 이 사람은 누구인가? 온 국민이 그 이름은 모르는 채 그 성만으로 알고 있는 이름 없는 유명 인사, 얼굴 없는 우상이 되어버린 이 처녀는 누구인가?'로 시작해서 '온 국민의 가슴속 깊은 곳에 은밀하고 고귀한 희망으로 자리 잡은 우리의 권 양은, 즉각 석방되어야 합니다'로 끝나는 그의 변론문은 후에 검사들조차 애독하는 글이 되었다고 한다. 역사가 주는 아이러니일 것이다.

조영래는 김수환 추기경의 참여를 이끌어냄으로써 여론의 방향을 틀고 국제 사회의 관심까지 불러일으켰다. 그러나 재판은 권인숙이 1년 6개월의 실형을 받는 것으로, 문귀동에 대한 수사 요청은 기각되는 것으로 끝나고 만다. 공문서 위조로는 무거운 형량이었다(훗날 재판부의 한 사람은 선고 직전 정부의 압력이 있었다고 사석에서 고백했다고 한다).

다음은 권인숙의 회고다.

"변론을 하시면서 계속 눈물을 흘리셨어요. 변론을 마친 후에도 내리울고 계셨어요. 그때 처음으로 변호사님이 제가 당한 고통에 얼마나 깊게 아파하고 계셨는지 ……느낄 수 있었습니다."

거꾸로 선 정의가 다시 서기까지는 전두환 정권이 물러나기를 기다려야 했다. 문귀동은 1988년 4월에 구속되었다. 그리고 1990년 1월에는 국가가 권인숙에게 위자료를 지급하라는 법원 판결을 받기까지 이른다. 모두 조영래의 끈질긴 집념이 만든 것이다.

"문귀동 재판, 국가 상대 손해배상 소송 등 꼬리를 물고 몇 년이나 이어졌던 내 사건과 관련된 재판들. 나는 오히려 귀찮아하고 사건 기일도 잊고 하는 나태한 모습을 보이기도 했지만 조 변호사님은 한 번도 소홀하신 적이 없으셨다. ……결정한 일은 끝까지 책임져나가는 분이셨다."

② 더 이상 어쩔 수 없는 천재지변이 아니다: 망원동 수재 사건
1984년 9월 1일 사흘 동안에 걸쳐 중부권 일대에 집중 폭우가 쏟아졌다. 서울시 마포구 망원동 유수지의 수문 상자가 붕괴되면서 망원동 일대가 물바다가 되었다. 17,900가구가 피해를 입고 8만여 명의 수재민이 났다. 망원동 유수지는 저지대인 망원동 일대를 보호하기 위해 서울시가 관리하고 현대건설이 공사를 한 곳이었다.

조영래는 즉시 현장으로 달려가 주민들을 만났다. 처음 주민들은 변호사가 구호품을 전달하러 온 것으로 알았다고 한다. 현장을 살펴보고, 전문가들의 자문을 받은 조영래는 10월 15일 다섯 가구 21명을 설득해 서울시와 현대건설을 상대로 손해배상 청구 소송을 제기했다. 이 사실이 언론에 보도되자 피해를 입은 다른 주민들도 소송을 의뢰했다. 대한민국 사상 처음으로 행정 기관의 행정 서비스를 상대로 한 소송이었다. 쉬울 리가 없었다. 판결이 나기까지 무려 5년 10개월의 시간이 걸렸다.

현대건설이 관련 법에 맞게 시공했다고 하자 다급해진 서울시는 갖가지 지연 작전을 쓰며 전문가들을 동원해 수문 붕괴는 어쩔 수 없는 천재지변이라고 강조했다. 조영래는 과학적인 반론을 제기하며 이들 '전문가'들의 주장을 물리쳐나갔다. 특히 서울시에 유리한 감정을 한 최 모 교수에 대한 반대 신문은 5시간 이상이 걸렸다. 조영래는 결국 그 전문가에게도 항복을 받아냈다. 이 사건은 공권력과의 싸움을 두려워하던 시민들에게 권리라는 것이 무엇인가를 일깨워준 계기가 되었다고 한다. 또 형사 소송에 머물러 있던 인권 변론의 영역이 민사까지 확장될 수 있음도 보여주었다. 오로지 변호사 한 사람의 힘이었다.

③ 결혼하면 퇴직해야 하는 2등 시민: 이경숙 조기정년제 철폐 사건

미혼의 회사원 이경숙은 1985년 교통사고를 당한다. 손해배상 소송에서 재판부는 "한국 여성은 통상적으로 결혼과 함께 퇴직하며 평균 결혼 연령은 26세다. 따라서 손해배상도 25세까지 근무하는 것을 전제로 해 실수익을 계산하고 이후는 가정주부로 계산하는데 도시 일용노동자 임금에 준해 일당 4천 원으로 계산해야 한다"라고 판결을 내렸다. 사법부가 사회 악습인 '결혼퇴직제'를 정당화시킨 것이었다. 여성계가 경악한 것은 말할 것도 없었다. 하지만 이 판결은 재판부가 기존 판례를 따른 지극히 정상적인 것이었다. 재심을 청구하더라도 승소할 가능성은 없었다. 조영래는 낙담하고 있는 이경숙을 찾아가 무료 변론을 자청했다. 그리고 여성계와 손을 잡고 항소심을 진행했다.

'결혼하면 퇴직한다'는 논리를 깨뜨리기 위해 그는 여성 단체의 협조를 얻어 대규모 여론 조사를 벌이고 그 결과를 재판부에 제출했다 (결혼 후에도 취업하겠다는 의사가 91.3%였다). 가사 노동의 경제적 가치를 최저 노임으로 평가한 것을 깨뜨리기 위해 선진국의 법률과 판결을 소개하고 가사 도우미를 고용해도 일당 4천 원으로는 불가능하다는 실례를 들어 재판부에 압박을 가했다. 이 사건은 민사 소송의 관행을 넘어 7번의 심리가 이어졌고 조영래 또한 변론 과정에서 이례적이라고 할 수 있는 장문의 '여성 조기정년제 문제에 관한 의견서'를 제출했다. 또 법정 바깥으로는 각종 여성 단체의 공청회와 성명서 발표를 진두지휘하며 시대의 변화를 담은 재판이 이루어지도록 여론을 형성해나갔다.

마침내 조영래는 1986년 '미혼 여성도 법적 정년(당시 기준) 55세'를 보장받는다는 판결을 얻어낸다. 이 판결은 조영래가 제출한 의견서대로 미혼 여성의 지위, 이혼 시 위자료 산정, 재산분할 청구권, 부부재산 제도는 물론이고 헌법상에 기재된 남녀평등권에 지대한 영향을 끼치는 선례가 되었다.

이 사건은 내게 인상이 깊다. 여성 노동자의 하루 최장 노동 시간 제한과 관련한 소송에서 브랜다이스가 취한 전략과 흡사하기 때문이다. 독자를 위해 간략하게 소개하고자 한다. 이른바 '멀러 판결(1905)'이다.

오리건 주의 세탁 공장 사장 커트 멀러는 여직원을 정규 근무 시간 10시간을 초과해 일을 시켰다는 이유로 주 법원으로부터 10달러의 벌금을 부과받았다. 하지만 멀러는 이 벌금이 부당하다고 상고에 상고를 거듭해 연방대법원까지 몰고 갔다. 위헌 소송을 제기한 것이다. 믿는 구석이 있었다. 전통적으로 연방대법원은 고용주의 재산권을 옹호하고, 노동조합의 활동을 사유재산권 침해로 규정해왔다. 게다가 노동자의 근로 시간을 법적으로 제한하는 것은 노동자와 고용주 사이의 '계약의 자유'를 침해한다는 판례도 있었다. 결과에 따라 노동자의 근로 시간은 고용주의 손에 달려 있다. 이 소송에 여성계와 노동계가 주목한 것은 당연한 일이었다. 여기에 브랜다이스가 뛰어들었다.

그는 먼저 장시간 노동이 여성의 건강을 해친다는 과학적 자료를 수집해줄 것을 여성 단체에게 요구했다. 그리고 방대한 분량의 의견서를 작성했다. 거기에는 유럽의 법적 사례와 의학적 근거, 퇴근 후 가사노동을 전담해야 하는 여성들의 실태에 대한 통계 등이 담겨 있었다. 당시 이런 식의 변론은 유래가 없는 일이었다. 이전에는 법률 논리만을 따졌었다. 100페이지가 넘어가는 의견서에 법률 논리는 고작 2페이지에 불과했다. 브랜다이스는 사건과 직접 관련 없는 자료들로 변론을 한 것이었다. 보수적인 연방대법원의 분위기도 멀러의 승리를 예견하게 했다. 하지만 대법원은 만장일치로 브랜다이스의 손을 들어주었다. 그의 변론에 감복한 대법관은 "대법원에서 변론한 사람 중에 가장 뛰어난 사람"이라고 평하기도 했다. 이 판결로 미국의 노사관계가 변하기 시작했다(브랜다이스는 이후 최저임금 규정 위헌 소송에도 뛰어들었다). 노동자의 법적 지위가 올라간 것은 물론이다. 변론 패러다임도 바뀌었다. 사회과학과 통계, 전문가 의견 등이 변론에 적극 활용된다. 변호사들과 소송 당사자들이 자기주장의 신뢰성을 뒷받침하기 위해 사회과학과 전문가들의 연구에 관심을 기울이기 시작한 것이다.

변론 패러다임 변화의 예로 1954년 '브라운 대 토피카 교육위원회 Brown vs Board of Education of Topeka' 사건을 들 수 있다. 이 판결은 사회과학적 증거가 모범적으로 인용된 사례로 꼽힌다. 이전까지 미국은 1896년 '플레시 대 퍼거슨' 판결을 통해 '분리되지만 평등하다'라는 원칙으로 흑백 분리를 합헌으로 용인하고 있었다. 그런데 1954년 공교육에서 흑백 분리가 다시 도마 위에 오른 것이다. 재미난 점은 '브라운 사건'은 원고와 피고 모두가 사회과학으로 무장했다는 것이다. 원고 측은 분리는 흑인 학생들에게 심리적 상처를 준다는 증거를 제출했고, 피고 측은 백인의 뛰어난 학습 능력으로 인해 통합 교실이 오히려 흑인에게 해롭다는 자료를 냈다. 모두 전문가들의 연구물이었다. 어떤 주장이 사실에 가까운지가 중요했다. 연방법원에서는 '플레시 원칙'이 뒤집어졌다. 대법원은 피고 측의 증거물이 설득력이 떨어진다고 보았다. "인종에 따른 '분리되었지만 평등하다'는 주장은 교육 현장에서는 본질적으로 불평등이다."(사회적 파장을 고려해 대법원은 전원 일치를 이끌어냈지만 인종 편견이 심한 남부의 저항이 만만치 않았다. 아이젠하워는 대법원 판결을 준수하기 위해 연방군을 파견해 흑인 학생의 등교권을 보장해야 할 정도였다. 마치 박근혜 대통령 탄핵 인용 이후 한국 사회와 흡사했다.)

이렇게 변론 패러다임의 전환을 가져온 브랜다이스는 당시 주류의 시각에서 볼 때 이상한 사람이었다. 노동자와 여성, 중소기업, 소수자들의 이익을 대변하고 다녔을뿐더러 또 대부분을 무료로 했다. 법에 소외된 약자들에게 강력한 변론 서비스를 무보수로 하고 다니는 그를 백인 주류들은 눈엣가시로 여겼다. 우드로 윌슨이 그를 대법관 후보로 지명했을 때 대기업들의 인준 반대 로비가 격렬했다는 것은 유명한 일화다(또 하나, 그의 뒤를 이어 대법관이 되는 윌리엄 더글라스는 눈

길에 미끄러지는 브랜다이스를 보고 이렇게 말했다고 한다. "저분도 신은 아니었구나!").

브랜다이스는 분명 조영래보다 행복한 사람이었다. 가난에 시달리지 않았으며, 권력의 노골적인 감시를 받지도 않았고, 수배를 받지도 감옥 생활을 하지도 않았으며, 무엇보다 천수를 누렸다. 세속의 시각으로 볼 때의 이야기다. 성인의 시각으로 볼 때 그들은 모두 행복했고 위대했다. 둘 다 걷지 않아도 될 길을 걸으며 공익을 위해 살았지만, 하늘은 조영래에게만은 천수를 허락하지 않았다. 그래서 자꾸만 나의 눈엔 조영래, 그 이름이 더 아름다워 보인다.

두 개의 불꽃, 전태일과 조영래

전태일의 어머니 이소선 씨는 조영래를 가리켜 '세상에서 가장 아름다운 사람'이라고 했다. 이는 훗날 대한민국이 그녀의 아들 전태일에게 붙여준 '아름다운 청년'이라는 이름을 되돌려준 것이었다. 어느 한 사람의 족적을 따라가면 반드시 만나게 되는 이름 전태일과 조영래, 둘은 다르면서도 참 많이 닮았다.

"그날 공장장이 저더러 구름다리 밑으로 가지 말라고 그랬어요. 깡패가 죽어서 가마니로 덮어놨다고 했으니까요."

_평화시장 '시다' 신순애 씨(당시 13세) 회고

1970년 11월 13일 잿빛 구름이 하늘을 덮고 있는 평화시장 국민은행 앞, 한 청년이 불길에 휩싸였다. 그의 가슴엔 근로기준법 책이 안겨 있었다. 불길에 휩싸인 그는 5백여 명의 노동자들이 경찰과 경비원들의 몽둥이에 밀려 이리저리 흩어지는 거리로 뛰쳐나갔다.

"근로기준법을 준수하라!"

"우리는 기계가 아니다! 일요일은 쉬게 하라!"

"노동자들을 혹사하지 마라."

3만 명의 노동자들을 대신하는 구호는 곧 알아들을 수 없는 비명으로 변했다. 누구도 예상하지 못했기에 불을 끌 엄두를 내지 못했다. 21세의 청년은 대한민국의 열악한 노동 환경을 그렇게 고발하며 죽어갔다. 조영래는 이를 두고 유명무실한 대한민국 근로기준법의 화형식이라고 했다.

하루 평균 14~15시간의 노동, 일요일도 없는 근로 조건, 업주들이 12세에서 15세 사이의 어린 '시다'들에게 잠 안 오는 약이나 주사를 놓아가며 밤낮으로 일을 시키던 그곳. 방광염과 위장 장애, 폐병 등을 달고 살아야 하지만 병이 나면 그만두어야 하는 곳. 커피 한 잔에 50원 하던 시절 월급 1,200원에서 1,500원의 시다 혹은 재단 보조 생활로 4~5년을 버텨야 그나마 생활이 가능한 임금을 쥐여주는 그곳, 평화시장. 그날 전태일이 태우고자 했던 것은 품에 안은 근로기준법이었는지도 모른다.

전태일은 노동자의 권리를 되찾기 위해 죽었건만 정작 평화시장 노동자들은 신순애 씨의 회고처럼 그의 죽음도, 그 의미도 몰랐다. 그가 죽기 직전까지 악전고투 끝에 모은 5백여 명의 동지들만이 분노를 삭이고 있을 뿐이었다. 이 죽음에 맨 먼저 반응한 것은 대학생들이었다. 어려운 법률 용어의 뜻을 몰라 "대학생 친구 하나 있었으면 원이 없겠다"고 했던 전태일에게 그제야 친구들이 찾아왔다.

노동자의 분신자살은 노동운동사에 전례가 없던 일이었다. 이 충격적인 죽음은 조영래에게도 큰 충격을 주었다. 훗날 서울대생 내란 음모 사건으로 함께 수감되는 동기생 장기표의 연락을 받고 사법 시험 준비 중에 내려온 조영래는 법대 학생장으로 장례를 치를 것을 주선하고 선언문을 작성한 뒤 다시 고시 준비를 위해 돌아갔다. 하지만 조영래는 분명히 깨달았다. 이 땅의 노동자들이 어떤 현실 속에서 살아가는지, 왜 전태일이 근로기준법을 안고 죽어갈 수밖에 없었는지.

노동자들의 비참한 현실 앞에 지식인의 책임을 뒤로하고 1년 만에 사법 시험에 합격하지만 그는 '내란 음모 사건'에 휘말려 1년 6개월의 형을 살아야 했다. 술자리에서 친구들끼리 한 농담이 내란 음모가 되었다. 출옥 후에는 민청학련 사건에 휘말려 다시 도피 생활을 해야 했다. 하지만 조영래는 결코 현장을 벗어나지 않았다. 그곳에 여전히 전태일이 있었기 때문이다.

"전태일이 근로기준법을 지켜라 하고 죽었지만 그 후로도 우리는 근로기준법을 지키라고 싸워야 했어요. 그런데 정부는 그런 우리를, 그거 하나 들어주는 걸 아까워 가지고 빨갱이로 몰았어요."

_신순애 씨 회고

평화시장 청계피복노조에서 유인물이 나오면 경찰은 그 유인물의 작성자를 혈안이 되어 찾아다녔다. 작성자가 장기표냐 조영래냐를 두고 설전이 벌어졌다. 장기표는 1977년 긴급조치 위반으로 끝내 잡히고 만다. 남은 것은 조영래. 장기표로부터 건네받은 전태일의 수기를 기초로 그는 평전 집필에 들어가 있었다. 수기에서 조영래는 권리를 약탈당한 인간이 밑바닥 인간에게 보내는 연민과 사랑을 보았다. 노동자의 입을 틀어막은 땅에서 그는 '전태일'을 다시 살려내야 했다.

"(친구 원섭에게 보낸 편지 중에서) 버스가 왔네. 흔히 콩나물시루 같다고 하지. 버스는 고무풍선처럼 자꾸 늘어나고 ……드디어 하나 둘 비명소리를 내기 시작했네. 자기의 존재를, 지금 당하고 있는 형편을 좀 알아달라고 거의 동물과 같은 신음소리를 내는 것일세. 하지만 누가 그것을 알아준단 말이냐? ……내가 탄 버스엔 한 백 명은 탔을 것 같네. ……뭇 짐승보다 천대받는 인간들. 그것도 인간이 만든 차에게 말이야! 앞에 젖소가 트럭에 실려 가네. 다섯 마리를 칸막이에 실었어. 우습지?"

"(1970년 초 소설 작품 초고에서) 업주들은 한 끼 점심값에 2백 원을 쓰면서 어린 직공들은 하루 세 끼 밥값이 50원. 이건 인간으로서 할 수 없는 행위입니다. ……어찌하여 가난한 자는 부유한 자의 노예가 되어야 합니까? 왜 가난한 자는 하나님이 택하신 안식일을 지킬 권리가 없습니까?"

"(노조 운동을 했다는 이유로 쫓겨난 후 1970년 8월 9일 일기) 나는 돌아가야 한다. 꼭 돌아가야 한다. 불쌍한 내 형제의 곁으로, 내 이상의 전부인 평화시장의 어린 동심 곁으로. 조금만 참고 견디어라. 너희들의 곁을 떠나지 않기 위하여 나약한 나를 다 바치마."

전태일이 남긴 수기만으로는 현장감이 부족했던 조영래는 평화시장을 돌아다니며 자료를 수집했다. 결코 현장을 떠나지 않았는데도 경찰은 그를 잡지 못한다. 조영래는 조심스럽게 행동하고 다녔다. 유신 정권이 묻어버린 전태일의 삶과 외침을 반드시 다시 세상에 알려야 한다는 사명감과 절박감 때문이었다.

"(요약: 이름도 묻지 않았어요. 이름을 모르면 내가 누굴 만나는지도 모르니까. 그러다 내가 끌려가면 큰일 나니까. 주일에 만날 때는 연신내 쪽 어느) 묘 앞에서 만났어요. 진짜 사람이 남의 묘 앞에서만 이렇게 있을까 했어요. 그때는 나이가 어리니까 묘가 싫잖아요. 싫다 소리도 못 하고 의아했는데 나중에 알고 보니까 성묘하러 와서 얘기하는 걸로 알지, 누가 그걸 위장이라 생각했겠어요."

_조영래의 인터뷰를 도와주던 신순애 씨 회고

1976년 어렵게 완성된 원고는 이 땅에서 출판할 수가 없었다. 원고는 밀수품처럼 일본으로 보내져 1978년『불이여, 나를 감싸 안아라』라는 제목에 '어느 한국 청년 노동자의 삶과 죽음'이라는 부제를 달고 출판되었다. 책이 조국으로 돌아온 해는 1983년이었다. 여전히 '전태일'이라는 제목을 달 수도, 저자의 이름을 밝힐 수도 없었다. 유신은 끝났지만 '전태일'이라는 이름은 여전히 노동자의 권리를 상징했다. 시대는 아직 밝아오지 않았다. 책은 출판되자마자 판매 금지를 당했다. 책을 갖고 있는 것만으로도 좌익 사범, 불순분자로 곤욕을 치러야 했다. 그럼에도 책은 전설이 되고 있었다.

"재단사로 일하면서 피곤에 지친 어린 시다들을 일찍 보내고 밤늦도록 시다의 일을 대신하던 태일은 업주에게 그 일을 들키고 만다. "재단사는 재단사 일만 하지 왜 시다 일까지 참견하느냐? 자꾸 그러면 시다들 버릇 나빠진다." 하지만 태일은 다음 날에도 그렇게 했다. 묵묵히 시키는 일만 하지 않고, 번번이 아랫것들 편을 들고, 시다가 아프면 약방에 데려간다며 자리를 비우고, 야근을 시키면 얼굴을 붉히던 태일은 그렇게 해고되고 만다. 고분고분하지 않다고 소문이 난 태일은 한동안 평화시장에 취업하지 못한다."

_『전태일 평전』중에서(내용 요약)

평화시장의 직급 구조는 '시다-미싱사', '재단 보조-재단사', '공장장'이다. 시다로 시작한 태일은 재단사를 희망했다. 재단사는 최고 기술자로 사장의 돈벌이를 좌지우지할 수 있었다. 재단사만 되면 사장과 직접 협상해 노동 환경과 근무 조건을 바꿀 수 있을 것이라 생각했다.

"재단사는 주인에게도 절대적인 존재이고, 직공들의 건의 사항도 재단사를 통해야 되며, 양심껏 중립을 지켜야 할 사람이다. 하지만 월급을 받는 약점 때문에 자연히 주인에게 편파적이다."

1900년대 미국 연방대법관들의 순진한 생각처럼 고용주와 노동자 사이에 평등한 '자유 계약' 같은 것은 있을 수가 없다. 개별 노동자들은 언제든 대체 가능한 소모품일 뿐이다. 이 무렵 전태일은 연방대법관이 놓친 노사의 구조적인 문제를 꿰뚫어보고 있었다. 그가 노조를 조직하기 위해 뛰어다니고 물어물어 근로기준법을 연구했던 것은 이 때문이었다. 재단사로서 작은 권력을 얻은 그는 그 자리에 머물며 자기 안위만을 추구할 수 있었을 것이다. 목숨과 바꾸지 않아도 되는 일이었고 가지 않아도 되는 길이었다. 하지만 전태일은 더 낮은 곳을 보았다. 그리고 그것을 바꾸려고 했다. 전태일은 법에 의지하려고 했지만, 대한민국은 법치국가가 아니었다. 앞서 공장장의 말처럼 기득권의 눈에 전태일은 한낱 깡패였을 뿐이었다. 그래서 그는 불꽃이 되어야 했다. 기득권은 전태일의 불이 번지기 전에 꺼야 했다. 그들이

조영래가 스스로 저자임을 밝히지 못한 채 출간된
당시 책의 표지

동원할 수 있는 무기는 많았다. 언론 통제, 용공 조작, 어용 지식인들, 회유와 물리적인 탄압……. 조영래에게 주어진 무기는 펜 하나밖에 없었다. 조영래는 그것 하나로 전태일을 꺼지지 않는 불꽃으로 만들었다.

담배 한 개비에도 인권의 의미를 아는 사람

그의 부음이 들려왔을 때 대학 1년 후배이자 『조영래 평전』의 저자인 안경환은 골초였던 선배를 기억하며 담배 한 개비를 지펴 자신의 책상에 올려놓았다. 다른 담배보다 필터가 하나 더 긴 팔말Pall Mall이었다. 그 세대들은 팔말 담배에 얽힌 연원 모를 신화를 듣고 자랐다고 한다.

"집행을 앞둔 사형수에게는 담배 한 개비를 피울 기회가 주어진다. 세상을 하직하기 전 마지막 상념을 정리하라는 뜻이다. 담배 한 개비가 타는 시간, 그 애절한 순간을 단 몇 초라도 더 연장하기 위해 필터 길이만큼 늘린 담배가 바로 팔말이다."

노무현 전 대통령도 세상을 떠나기 전 담배를 찾았다. 하지만 그는 마지막 담배를 피우지 못했다. 그의 영정 앞에 모인 수많은 사람들이 담배 한 개비를 피워 올려놓는 사진을 본 기억이 생생하다. 그 담배는 아직 보내고 싶지 않은, 아니 보낼 준비가 안 된 사람들이 떠나간 사람에게 바치는 마지막 헌화였다. 조영래 변호사의 장례식에서도 그런 담뱃불이 피었을 것이다. 조금 더 살아서 더 많은 일을 해주기를 모두가 바랐던 사람이었다. 요절은 남겨진 사람에게 배반이었다. 가진 재능을 채 쏟기도 전에 세상을 떠난 선배에 대한 그리움을 안경환은 그렇게 담배로밖에 표현할 수 없었을 것이다.

내가 처음으로 구속한 운전사(내용 요약)

2.5t 기아 마스타 트럭에 소금을 싣고 장사를 하는 기사가 후진 사고로 세 살짜리 어린아이를 치어 숨지게 했다. 업무상 과실치사 전과도 있고, 폭력 전과까지 있는 데는 다소 놀랐다. 떨고 있었다. 경찰이 뺑소니라고 모는데 억울하다며 울먹거리면서 말을 잇지 못했다. 이 사람에게 미안한 것이 두 가지 있다. 하나는 담당 검사의 의견 그대로 덜컥 1년 6개월로 구형해버린 것. 또 하나는 수갑을 풀어주고 담배를 권하지 못한 것. 물론 보다 근본적인 회한은 이런 사소한 것을 훨씬 넘어서는 것이다.

_연수원 검사 시보 시절 일기(1981. 12. 13)

담배에게는 그런 힘이 있다. 수감자에게 담배를 권하지 못한 것을 자책하던 사람, 조영래는 1990년에 와서야 『전태일 평전』의 저자로 자신의 이름을 되찾는다. 이미 그가 세상을 떠난 후의 일이다.

Ⅲ 신군부 독재 시대의 인권 변호사들

원칙과 상식을 꿈꾸었던 이상주의자

노무현

손익계산서를 따지지 않는 거리의 변호사

노무현(1946~2009) 전 대통령의 변호사 시절을 모델로 한 영화 〈변호인〉에서 송우석 변호사는 부동산 등기라는 '짭짤한' 잡일로 시작해 '목돈'이 되는 세무로 나아가다 '부동련 사건'을 맡게 되면서 인생의 전환점을 맞이한다. 영화는 고졸이라는 약점 때문에 사건 수임이 없어 망신스러운 등기 일부터 시작하는 것으로 나온다. 빠른 전개와 극적 구성 때문이겠지만 묘사 과정에서 빠진 것이 있다. 때문에 오독이 있을 것 같으니 바로 잡고 시작하겠다. 인간 노무현을 이해하는 데 빠져서는 안 되는 부분이다.

대전에서 보낸 짧은 판사 생활과 상고 출신이라는 핸디캡이 작동한 것도 있지만 변호사 개업 초기에 사건 수임이 어려웠던 데는 노무현의 성격도 한몫했다. 첫 직원이었던 장원덕의 회고에 따르면, 당시 법원에 송장을 제출할 때는 관례적으로 1천 원을 서류 뒷장에 끼워넣게 되어 있었다(당시 삼계탕이 2천 원이었다). 이걸 주지 않으면 탈이 잡혀 접수가 까다로웠다. 개업 초기 하루에 1만 원에서 1만 5천원 정도 지출되었는데, 회계장부를 통해 이를 안 노무현이 단칼에 못 하게 막았다. 정당하게 서류를 작성했으니 있지도 않은 집행료를 낼 수 없다는 이유였다(관행을 무시할 수도, 변호사 말을 안 들을 수도 없던 사무장은 자기 돈을 써가며 움직였다. 후에 이를 안 노무현은 생돈 쓰지 말라며 슬쩍슬쩍 3~4만 원씩 사무장에게 찔러줬다고 한다).

또 당시에는 교도소, 경찰서, 세무서 혹은 법원이나 검찰 쪽에서 퇴직한 사람들을 채용하는 대가로 사건을 소개받고 20퍼센트의 리베이트를 제공하는 관행도 있었다. 노무현은 이런 식의 채용도, 리베이트도 하지 않았다. 그러면서 직원 봉급은 다른 사무실보다 5~10만 원씩 더 주고, 점심값도 따로 주었다. 원칙대로 하니까 사건은 들어오지 않고 살림은 팍팍해지다 보니 생각해낸 것이 부동산 등기였다. 영화에서처럼 사법 서사 일에 숟가락을 얹어 돈을 벌자는 것이 아니라 일종의 홍보 전략이었다. 집문서 등기필증 앞에 '변호사 노무현'이라는 찍힌 도장을 보고 후일 법률 문제가 생길 때 찾아오게 하려던 것이었다. 이후 노무현의 생각대로 사건 의뢰가 끊이질 않는다. 모두 등기필증에 찍힌 그의 이름을 보고 찾아온 사람이었다. 사법 서사들과 협의하고 등기부를 해체한 것은 물론이다.

현실과 적당히 타협하지 않고 원리원칙대로 하되, 그것이 통하지 않으면 굽히는 것이 아니라 새로운 해결 방안을 찾아갔던 사람, 그가 바로 노무현이다. 그는 사건이 본격적으로 들어오자 90퍼센트의 승소율을 찍는다. 비결은 직접 소장을 작성해 재판에 임하는 성실함과 책임감이었다. 당시에는 사무장이 소송 서류를 작성하는 것이 관례였다. 처음으로 가난에서 벗어나 아들 구실, 남편 역할을 하던 노무현의 인생 항로를 바꾼 것은 영화의 배경이 된 '부림 사건'이다. 돈 잘 벌던 변호사가 대한민국 역사 속으로 뛰어들었다.

① 얼결에 맡은 변론: 부림 사건

부림 사건釜林事件은 1981년 9월 부산지검 수석검사 최병국과 검사 고영주가 사회과학 독서 모임을 갖던 대학생, 교사 등 22명을 '용공 조직'으로 기소하면서 시작되었다. 피해자들은 영장 없이 체포되어 20일에서 63일까지 구금당한 채 고문을 받았다(영장 없이 구금할 수 있는 기한은 이틀이다). 그 결과 독서 모임은 반국가 단체로, 술집에서 만나거나 개업식에 선물을 들고 갔거나 망년회를 열었던 것은 '사회 불안을 야기한 집회'로 둔갑했다. 공안 검사들의 말대로라면 부산을 거점으로 한 사상 최대의 '용공 조직'이었다.

검찰의 협박으로 사건을 맡을 수 없게 된 김광일 변호사가 노무현에게 부탁을 했고 영화와 달리 노무현은 크게 고민하지 않고 피고인 접견부터 갔다고 한다. '철없는 학생들이 까불다가 왕창 엮였구나, 이 시국에 무죄로 나오는 건 어차피 어려우니까 요식 행위 정도의 변론을 해야겠다'는 것이 당시 그의 마음이었다고 한다. 그런데 접견을 간 노무현은 예상치 못한 충격을 받고 만다. 물고문, 몽둥이찜질, 통닭구이 등의 고문을 받은 청년들이 반쯤 넋이 나가 있었다. 피해자 가족들은 자식의 생사조차 몰랐다. 실성한 사람처럼 시체 안치소와 영도다리 등 부산 시내를 온통 헤매고 다닌 어머니도 있었다.

"제일 충격적인 것은 청년들이 고문을 받은 것입니다. 우리가 배운 법하고는 전혀 달랐어요. 그건 사람이 아니었어요. 사람을 그렇게 대우할 수 없지요. 그저 군사 독재라는 거, 그렇게 추상적으로 생각했던 거와는 전혀 달랐어요."

노무현은 대한민국 법체계가 공권력에 의해 유린당한 현장을 목격했다. 형사소송법이고 뭐고 지켜진 것이 없었다. 사실과 법리를 따지기 전에 분노부터 끓어올랐다. 첫 공판에서 피해자들과 가족들이 겪어야 했던 고통과 공안 기관의 불법 행위를 폭로하자 법정은 울음바다가 되었고 검사와 판사의 표정은 일그러졌다. 다음 날 노무현은 검사에게 호출을 받았다.

"세상 어떻게 돌아가는지 모르시오? 전두환 장군이 대통령이 된 후 어떻게 권력을 유지해 나가는지 알기나 하시오? 부산에서 변호사 한두 명 죽었다고 해서 그게 뭐 대단한 일이 될 줄 아시오?"

대놓은 협박에 격앙된 노무현은 이후로 법정에서 검사와 삿대질까지 해가며 싸워댔다. 피해자들과 가족들도 처음 보는 광경이었다. 그들은 변호사들이 도와주는 사람이지 같은 편은 아니라고 생각했다. 두 번째 수괴로 지목되었던 고호석의 회고다.

"쉽게 얘기하면 (변호사들은) 한패는 아니었어요. 그런데 노무현 변호사님은 재판을 시작하고부터는 우리와 한편이었어요. 거의 공범 수준이 돼가지고 변론을 한 거지요. 그러다 보면 우리는 비교적 차분한데……."

재판을 지켜보던 가족들이 나중에는 "변호사가 저래도 되나?", "피고인들보다 더 과격하게 말하는데 저러다 우리 아들 형량 세게 나오는 거 아닌가?" 하며 가슴을 졸였고, 판사는 사적인 자리에 노무현을 따로 불러 "빨갱이 편들지 말라. 그러다 다친다"고 타이를 정도였다. 그러나 노무현은 분노를 감추지 않았다. 처음으로 마주한 국가 권력의 폭력 앞에 솔직하게 반응했다. 유일하게 불구속으로 재판을 받던 윤연희의 회고다.

"재판에서 워낙 흥분도 많이 하셨어요. ……재판하러 가면 선배들이 뒤로 들어오면서 '야, 연희야. 저 변호사님 너무 흥분하시는데 괜찮겠나?', '변호사님한테 성질 좀 죽이시라고 네가 말 좀 해라' 그러기도 했었죠. 그러면 저는 오히려 기분이 좋았어요……."

재판은 말도 안 되게 진행되었다. 서적 감정을 하러 온 교수는 미국 재정학회 회장 셀리그먼의 『경제사관의 제문제』를 나쁜 목적으로 읽으면 용공분자가 될 수 있다는 헛소리를 했고, 판사는 졸다가 한 번씩 일어나 맥락 없는 얘기를 꺼내고는 했다. 법정 구속 기간 6개월이 다가오자 재판장은 '오늘 끝내자'는 말로 결심을 진행했다. 새벽 2시까지 이어진 공판에서 반공법, 국가보안법, 계엄법, 집시법 위반 및 범인 은닉 혐의로 피고인들에게 3년, 5년, 7년의 유죄 선고가 내려졌다. 따로 재판받은 한 사람만 1심에서 무죄를 받았는데 이 판결을 내린 판사는 진주로 좌천되었다가 끝내 법복을 벗었다(이 무죄 선고도 항소심에서 유죄로 번복됐다).

부림 사건은 역사의 판결에서 뒤집어진다. 2009년 대법원에서 집회 및 시위에 관한 법률 위반 혐의는 면소 판결(소송 조건에 결격 사유가 있어 소송을 종결하는 것)을, 계엄법 위반 혐의는 무죄를, 그리고 마침내 2014년 2월 국가보안법 위반도 무죄로 판결했다.

"전반적인 수사는 관대하게 진행했으며…… 지금은 그들이 민주화 세력

이라고 볼 수 있지만, 당시 시대 상황으로는 분명히 문제가 있는 집단이
었다."

부림 사건이 조작이 아니었느냐는 질문에 대한 최병국의 답변이
다. 사과도 아니고 그렇다고 부정도 아닌 어중간한 말이다. 공안 검사
로 위세를 떨치던 그로서는 그 시대가 문제였다고 말할 수 없었을 것
이다. 그러기 위해서는 자신의 삶을 통째로 부정해야 한다. 1983년
광복절 특사를 끝으로, 그가 잡아들인 위험한 용공분자들이 형기
를 채우지 않고 모두 풀려났으니 차라리 신군부가 관용적이었다고
하는 편이 적절한 변명이었을지 모르겠다. 이 부조리극 같은 판결이
제자리를 찾아갈 무렵에 다음과 같은 일도 함께 일어났다. 최병국은
1989년 공무원으로서 맡은 직급에 정진하고 공적이 뚜렷하다는 이
유로 홍조근정훈장을 받았다. 16대를 시작으로 3선 국회의원을 지냈
으며 한나라당 윤리위원장도 역임했다.

② 구호를 외치며 맨 앞에 나선 거리의 투사
부림 사건은 노무현의 삶의 방향을 바꾸어놓았다. 젊은 학생들과
얘기를 하면서, 그들이 읽는 책을 탐독하면서 새롭게 눈을 떴다. 좋은
대학에 들어가 남보다 나은 자리가 보장된 학생들이 부모님의 소망
을 뒤로하고 앞길을 망치는 일에 기꺼이 나아가는 이유를 스스로에
게 묻기 시작한 것이다.

"그냥 양심적으로 살면 된다는 수준의 문제가 아니다, 라는 것을 느꼈다. ……당시 초등학교 다니던 아들 건호를 생각했다. 건호도 몇 년 지나면 대학에 갈 것인데, 그 아이를 어떻게 가르쳐야 할까? 이 청년들과 같은 길을 가라고 할 수 있을까? 모든 걸 못 본 체하면서 어떻게든 출세하고 돈 많이 벌어 편하게 살라고 할 것인가? 양심이니 정의니 말은 쉬웠지만, 내 아들한테 고난의 삶을 권할 수는 없을 것 같았다. 고민 끝에 내린 결론은 세상을 바로 잡아야 한다는 것이었다. 그것이 아이들이 받을지 모르는 고통을 예방하는 길이다. 아들에게 권하기보다 아버지인 내가 하자……."

그리고 1982년 노무현은 평생의 지기가 될 문재인과 손을 잡는다. 문재인은 유신 반대 시위로 구속되어 경찰서 유치장에서 사법고시 합격 소식을 들은 운동권 출신 변호사였다. 자서전에는 문재인에게 부끄러운 모습을 보이기 싫었고, 인권 변호사로서 독재 정권에 약점을 잡히지 않기 위해 이때부터 법조계의 나쁜 관행, 나쁜 생활습관과도 완전히 결별했다고 되어 있다. 처음부터 함께하며 실무를 뛰었던 장원덕의 회고와 상반된 기억이다. 아마도 본격적으로 사건을 수임하면서 노무현도 승소를 위해 현실과 타협했던 시기가 있었던 것으로 보인다.

문재인과 함께 법무법인 '부산'을 세우고 본격적인 인권 변론을 하면서부터 사건 수임률은 뚝 떨어진다. 기업 고문 변호사에서도 해임

된다. 그래도 이 시기를 '인생에서 가장 뜨거웠던 열정의 시기'라고 그는 표현했다. 부산 미국문화원 방화 사건을 시작으로 노무현은 수많은 시국 사건과 노동 현장, 민주화를 요구하는 시위에 변호사로, 노동법 상담가로, 야전사령관으로 뛰었다. 부산 미국문화원 방화 사건에서는 서울에서 내려온 이돈명, 조준희, 황인철, 조영래 등과도 함께했다(빨갱이를 변호한다고 시민들이 돌을 던질 만큼 분위기가 험악했다고 한다). 경찰의 최루탄에 맞아 사망한 대우조선 이석규 씨의 부검 감독과 장례위원장을 맡았을 때는 노동자의 어머니인 전태일의 어머니 이소선 여사를 만나기도 했다.

피가 뜨거웠던 노무현은 인권 변호사들이 일반적으로 지켜왔던 행동 반경에서 한참을 벗어나 있었다. 직접 행동에 나선 것이다. 경찰이 집회를 원천봉쇄하면 몸으로 부딪치면서 항의했고, 길바닥에 드러눕기도 했다. 전단지를 인쇄해 직접 배포하기까지 했다. '부산민주시민협의회'를 함께했던 이호철 씨의 회고다.

> "가장 열정적이고 가장 행동적이었어요. ……강연이나 가두 투쟁 부분도 타의추종을 불허할 정도였죠. '노변' 하면 이미 87년에는 이쪽(부산, 마산, 창원, 울산)에서 유명했습니다."

노무현은 반드시 잡아넣어야 할 인물이 되어 있었다. 1987년 '박종철 고문치사 사건'이 터지고 대규모 추모 집회가 계획되었을 때 노무현은 영장 없이 문재인, 김광일 변호사와 함께 구금이 되었다. 구속영장이 당직 부장판사에 의해 기각되면서 문재인, 김광일 변호사는 풀려나지만 노무현만 48시간이 지나도 풀려나지 못했다. 한밤중에 수석 부장판사와 법원장의 집까지 쫓아다니며 영장을 재청구, 재재청구하고 다닐 만큼 검찰은 집요했다. 기각에 반발해 세 번이나 더 영장을 청구한 것이다.

구속하고 싶어 미칠 지경이었던 검찰의 꿈은 '대우조선 노동자 이석규 사건'으로 이루어진다. 노동자를 대신해 임금 협상과 유족 보상, 장례 절차를 협의하던 그를 이상수 변호사와 함께 '제3자 개입'과 '장례식 방해' 혐의로 구속한 것이다. 99명의 변호인이 이 사건의 변론을 맡으러 나선다. 영화 〈변호인〉에서 재판장의 호명에 변호인단 한 사람씩 일어서는 마지막 장면의 자료가 바로 이 사건이다. 23일 만에 석방되지만 노무현은 변호사 자격정지를 당한다. 그리고 이것이 정치인으로 가는 계기가 되었다. 정말 운명이었다.

유리한 길보다 옳은 길을 택하는 이상한 정치인

1987년 6월 전국적으로 일어난 반독재, 민주화운동으로 직선제 개헌을 쟁취하지만 야권의 분열로 정권은 또다시 군부에게 넘어갔다. 야권은 재야 민주 인사를 영입해 13대 총선에서 반등을 노렸다. 노무현은 김영삼의 제안을 받았다. 변호사 활동을 할 수 없던 그는 이 제안을 받아들였다. 쉬운 지역구를 선택하라는 김영삼의 호의를 거부하고, 노무현은 군사 정권의 최고 실세가 있는 부산 동구로 갔다. 전두환의 왼팔, 허삼수가 버티고 있었기에 당선을 장담할 수 없어 누구도 나서려 하지 않은 곳이었다. 자금과 조직 면에서 형편없는 열세였는데도 노무현은 거기서 승리를 거머쥐었다. 승패에 연연하지 않고 오직 대의만을 좇은 뚝심의 승리였다.

국회의원이 된 후, 1988년 5공 비리 청문회로 정치 입문 6개월 만에 전국적인 지명도를 얻지만 노무현은 또다른 고민에 휩싸인다.

"예전에 같이 얻어맞고 끌려갔을 때는 고통을 함께 겪는 떳떳함이라도 있었는데 이제 그마저 없었다. 삶이 왠지 불편해졌다. 박해받는 사람들 가운데서 박해받지 않고 산다는 것, ……끊임없이 나를 괴롭혔던 그 낯익은 고통과 죄의식이 다시 찾아왔다."

이해찬, 이상수 의원과 함께 '삼총사'라 불릴 만큼 국회 노동위원회에서 돋보이는 활약을 펼치지만 생각했던 것만큼은 아니었다. 경찰이 눈앞에서 노동자를 끌어내고, 노점상 포장마차를 뒤엎었지만 도울 방법이 없었다. 안전시설 미흡으로 이황화탄소에 중독된 노동자들이 신체 마비와 정신 이상이 생긴 '원진레이온 사건', 급성 수은중독으로 입사 두 달 만에 사망한 15살 '문송면 사건'과 같은 일들은 끊임없이 일어났다. 정부를 추궁하고 사건 현장을 찾아다니고 중재하는 것이 역할의 전부였다. 현실 정치의 벽에 부딪친 것이다.

제13대 국회의원 선거(1988년) 포스터

이런 노무현의 고뇌와 달리, 기득권은 그를 수상쩍은 정치인으로 보았다. '사장 편을 들지 않고 노동자 편을 드는 이상한 국회의원'이 등장한 것이었다.

"제5공화국 이래 지금까지 노동자가 기업주의 비인간적 대우에 항거하거나 기업 또는 공권력의 탄압에 항거해서 목숨을 끊은 사람이 모두 몇 명이나 됩니까? ······같은 기간 농촌에서 소 값 피해를 보상하라고 주장하며 자살한 농민은 몇 명이나 됩니까? ······ 이 같은 가슴 아픈 일이 계속되는 동안 정부는 같은 일이 재발되지 않도록 하기 위해 그 어떤 노력을 해왔습니까?"

1988년 8월 첫 대정부 질문에서 그는 사회적 약자들의 분노와 이에 대한 정부의 책임을 물었다. 이 대정부 질의는 라이벌 야당이었던 김대중 총재의 극찬을 받기도 했다.

정치에 입문해서도 '노동자들의 친구가 되는 것, 그들의 대변자가 되는 것'이 소망이라고 서슴없이 말하던 노무현은 합법적 노동운동의 폭을 확대하고 하나의 정치 세력으로 기능하도록 하기 위해 진보정당의 필요성을 역설하고 다녔다. 그러기 위해서는 이념정당의 성립과 활동이 가능한 정치적 분위기가 조성되어야 했다. 이를 위해 반드시 선행되어야 할 정권 교체, 하지만 노무현의 구상과 노력은 어이없이 무너졌다. 3당 합당이었다.

여소야대 국회가 구성된 지 2년도 채 안 되는 시점이었다. 1990년 1월 당시 여당이었던 민정당은 김영삼의 통일민주당, 김종필의 공화당과 합당을 선언했다. 개헌 의석을 넘어서는 거대 여당이 만들어진 것이다. 함께 독재에 저항했던 부산, 경남 지역이 쿠데타 진영으로 투항함으로써 민주화 세력은 호남 지역으로 고립된다. 분열된 민주 진영을 통합하고자 했던 노무현에게 이 합당은 원칙도, 소신도 없는 정당 쿠데타였다. 민주 대 반민주의 도덕적 정치 구조가 보수 대 진보라는 정치적 대립 구조로 바뀌어버린 것이다. 군사 정권에게 도덕적 면죄부가 주어진 것은 물론이었다. 합당 결의 대회장에서 "이견 있습니다. 반대 토론 합시다"라며 주먹 쥔 손을 높이 치켜든 기록 사진에는 당시 노무현이 느꼈던 분노와 절망감이 고스란히 드러나 있다. 그의 얼굴에는 정말 결기가 서려 있다.

부산에 선거구를 두고 있는 이상, 김영삼의 영향권에서 벗어난다는 것은 쉬운 일이 아니었다. 쉬운 길을 두고 어려운 길을 가려는 사람은 없었다. 함께 야권 통합을 외치던 많은 의원들도 김영삼을 따라 합당에 참여했다. 모두 떠나고 8석만 남은 통일민주당으로서는 부산과 경남을 대표할 수가 없었다. 그리고 30년 만에 부활된 1991년 지자체 선거에서 김영삼이 가진 힘은 어김없이 증명된다. 민자당은 866석 가운데 564석을 가져갔다. 남은 야권은 지방 선거의 패배에 서둘러 통합을 시도했다. 힘의 균형이 맞지 않는 70석과 8석의 통합이지만 평화민주당과 통일민주당은 공동대표제와 지분을 5대 5로 나누기로 합의한다. 지역 대표성을 인정하려는 김대중의 결단이었지만, 그렇게 생각하는 시민은 없었다. 합당이 아니라 흡수였다. 통합 야당은 김대중의 당이었다. 그만큼 김대중과 김영삼이 가진 영향력은 컸다.

더욱 견고해진 지역주의의 벽에 노무현은 정말 돈키호테처럼 달려들었다. 전국적인 지명도를 갖고 있는 그였지만 지역 색에서 자유로운 서울을 마다하고 선거가 있을 때마다 부산으로 달려간 것이다. 지역 구도를 깨기 위해 누군가는 해야 할 일이었지만 떨어지기 위해서 선거를 치르는 정치인은 없었다. 그래도 노무현은 바보처럼 매번 부산을 향했다. 그는 자신의 선택을 '분열주의와의 투쟁', '기회주의와의 투쟁'이라고 명명했다.

"허삼수 후보는 반란을 일으킨 정치군인, 국회가 아니라 감옥에 보내야 한다."

"허삼수 씨는 충직한 군인, 뽑아주시면 중히 쓰겠다."

같은 사람에 대한 다른 평가다. 놀랍게도 이 평가 또한 한 사람의 입에서 나왔다. 하나는 13대 총선에서, 다른 하나는 14대 총선에서 부산·경남의 맹주 김영삼이 지원 유세에서 한 말이다. 이념도 소신도 없는, 한국 정치 지형의 후진성을 그대로 드러내는 발언이지만 지역주의에 갇힌 부산은 13대와 달리 14대에서는 노무현을 외면하고 만다. 다가오는 대선에서 김영삼을 밀고 있던 부산에게 노무현은 김영삼의 라이벌이자 김대중의 그림자일 뿐이었다.

지역주의의 견고한 벽을 온몸으로 체감했음에도 '영남 야당을 복원'하고 싶었던 그는 지역주의에 끊임없이 도전장을 냈다. 무모하고 고지식할뿐더러 바보나 하는 짓이었다. 그런 정치인은 없었다. 이 행보를 눈여겨본 시민들이 있었다. 표로 응집되지 못하지만 무엇이 옳은가를 알고 있는 사람들이었다. 13대와 15대 종로구 보궐 선거에 당선된 것을 제외하고는 줄곧 낙선의 연속이었던 실패한 정치인 노무현에게 사람들이 모여들었다. 노사모였다.

바보에게서 희망을 본 사람들, 노사모

전국적 여론 조사에서는 늘 선호도 1위를 차지하면서도 선거에서는 기어코 떨어지는 노무현은 떨어질수록 주목받는 이상한 정치인이었다. 그는 2000년 16대 총선에서 또 떨어지면서 드디어 어떤 당선자들보다 더 중요한 인물로 떠오르고 만다. 인터넷을 중심으로 '바보 노무현'이라는 말이 돌아다니기 시작하면서 정치인 최초의 팬클럽이 생겨난 것이다. 유리한 종로를 버리고 '또' 부산으로 가서 '또' 떨어진 미련퉁이를 위로하기 위해, 그를 지키기 위해 사람들이 자발적으로 모여들었다. 상식과 양심을 지키는 정치인이 지역주의에 희생되는 것을 목격한 사람들이 지역주의 정치 지형을 없애야 한다는 절박한 심정으로 뭉쳤다. 하나둘씩 지역별 팬클럽이 창단되고 2000년 5월

III 신군부 독재 시대의 인권 변호사들

17일에는 공식 홈페이지가 떴다. 노무현을 사랑하는 모임, '노사모'의 탄생이었다.

"장차 노사모와 같은 시민적 활동이 계속 확대될 것인지, 아니면 흐지부지 없어질 것인지 확신을 하지 못합니다. 다만 '노사모와 같은 활동이 있어야 민주주의가 성공한다. 흐지부지 되면 민주주의가 성공할 수 없다'라는 점에서는 제가 확신을 가지고 있습니다."

계보도 없고 지역 기반도 미미한 노무현에게 노사모는 구세주나 다름없었다. 관리할 필요도 없고, 별도의 정치자금이 들어가지 않아도 혼자서 움직이고, 그러면서도 정치인에게 어떤 대가도 바라지 않는 이상한(?) 조직이 그를 받치기 시작한 것이다. 김삼웅은 『노무현 평전』에서 '노사모'의 등장을 이렇게 평가했다.

"그때까지만 해도 정치 활동의 무대는 언론이었다. 신문, 잡지, 방송을 통해 정치가 이루어졌다. 간혹 거리정치, 광장정치가 없었던 것은 아니지만 그것은 특별한 일이고 일상적으로는 언론이 주 무대였다. 그런데 노사모의 등장과 함께 무대와 주역이 바뀌게 되었다. 족벌 신문과 방송이 여론을 좌지우지함에 따라 정치인들이 언론에 목을 매던 현상이 크게 바뀐 것이다. 노사모의 등장은 정치와 미디어의 상관관계를 근저에서부터 바꿔버렸다. 이들의 활약이 없었다면 노무현은 대선 승리는커녕 대통령 후보도 되기 어려운 상황이었다."

2002년 노무현의 16대 대통령 당선은 당시 미국에서도 큰 화제였다. 리틀 부시 행정부가 선거 2주 전 노무현의 승리가 예상된다는 닐슨 보고서를 받고도 무시했을 만큼, 인터넷을 기반으로 한 참여민주주의의 잠재력과 폭발력은 전혀 다른 패러다임이었다. 일부 언론만이 노무현이 당선된 후 '인터넷이 만든 대통령'이라고 평가하면서 그 미래적 가치를 가늠했을 뿐이다(2002년 노무현이 이룩한 혁명을 미국은 2009년 버락 오마바를 통해 경험했다. 독점적 권력을 유지하고 있던 정치인들과 미디어가 개방과 공유, 참여를 기반으로 하는 인터넷의 영향력에 완전히 밀려버린 선거였다. 오마바 또한 노무현처럼 인터넷을 가장 잘 활용하고 그 덕을 가장 많이 본 정치인이다). 그리고 노무현은 '노사모'가 어떤 시대정신을 반영하고 있는지 정확하게 알고 있었다.

"(노사모와 같은 것이 유지되기 위해선) 두 가지가 필요합니다. 국민들의 의식이 민주주의에 대해 아주 민감해져야 합니다. 다시 말하면 국민들의 의식이 역사, 정의, 민주주의 같은 가치에 대해 더욱 민감해져야 한다는 것입니다. 그 다음, 그 사람들의 희망에 불을 댕길 수 있는 정당과 지도자가 나와야 합니다. 이 두 가지가 결합될 때 노사모 같은 사회적 현상이 폭발하는 것입니다."

노무현의 진단은 비단 대한민국에만 국한되는 것이 아닐 것이다. 지금 미국이 겪고 있는 것처럼 정의와 민주주의에 대한 신념이 약해지고 희망을 주는 정치인이 등장하지 않는다면 자유민주주의는 언제나 퇴보하기 마련이다.

왜 어떤 정치인들은 다른 정치인들보다 해로운가
: '마우스랜드의 쥐'

1944년 북미 최초의 사회주의 정당인 신민주당 당수로 캐나다 수상을 지낸 토미 더글라스는 1962년 캐나다 의회에서 재미난 우화를 발표했다. 책으로도, 인터넷 동영상으로도 나와 있는 『마우스랜드』다. 짧은 우화를 통해 그는 자유민주주의 사회에서 선거란 무엇이고 또 어떤 선거가 국민에게 이익을 가져다주는지 전하고 있다. 책으로 40쪽 안팎이고 동영상으로는 5분 안팎이니 독자들은 잠시 이 책을 덮고 인터넷을 찾아보아도 무방하다. 여기서는 흐름을 위해 짧게 소개한다.

옛날 마우스랜드의 쥐들은 4년마다 한 번씩 선거를 통해 자신들의 정부를 구성했다. 그들은 검고 뚱뚱한 고양이를 선출했다. 품위 있는 고양이들은 곧 법안을 통과시킨다. 모든 쥐구멍은 고양이 앞발이 들어갈 만큼 크게 만들라는 법이었다. 훌륭한 법안이었지만 쥐들에게 좋은 법은 아니었다. 힘든 4년을 참아낸 쥐들은 다음 선거에서 정부를 바꾼다. 이번엔 흰 고양이었다. 고양이들은 둥근 쥐구멍이 문제였다며 쥐구멍을 네모나게 만들고 고양이 두 발이 들어갈 수 있게끔 크게 만드는 법안을 통과시킨다. 쥐들의 삶은 더욱 팍팍해진다.

이야기는 계속 이런 식으로 진행된다. 쥐들은 매번 선거를 통해 정부를 바꾸지만 삶이 나아지지 않는다. 토미 더글라스는 이렇게 얘기한다. "고양이를 뽑는 쥐들이 어리석다고 생각하지 마십시오. 지난 90년간의 캐나다 역사를 돌이켜보면 그런 생각이 들지 않을 겁니다." 그런데 왜 쥐들은 고양이에게 투표를 하는 걸까?

이에 대한 답은 2011년 미국의 정신의학자이자 자살예방센터 소장인 제임스 길리건의 연구에서 찾을 수 있다. 그는 1900년부터 2007년까지 미국의 자살률과 살인율 통계를 살펴보다가 깜짝 놀랐다. 자살률과 살인율이 동시에 높이 솟구쳤다가 동시에 급격하게 떨어지는 일정한 주기를 갖고 있었던 것이다. 살인을 저지르는 사람과 스스로 목숨을 끊는 사람은 일반적으로 다르다고 생각하는데, 어째서 그 비율이 같이 올라가고 같이 내려가는 경향을 보이는 것일까? 또 미국인에게 의미심장한 변화가 일어났다고 보기에 너무나 짧은 기간 동안 왜 살인율과 자살률이 갑절 이상 늘었다가 절반 이하로 줄어드는 것일까? 처음에는 길리건도 자살률과 살인율의 증감 곡선이 무엇에 영향을 받는지 알 수 없었다. 주기적으로 발생하는 '기이한 전염병' 같았다.

길리건은 증감 곡선이 무엇과 연동하는지 알 수 없어 몇 년 동안 고민하다가 우연치 않은 기회에 대통령 선거 주기와 맞아떨어진다는 것을 알았다. 구체적으로 공화당이 백악관을 차지하고 있으면 자살률과 살인율이 올라갔다. 증가세는 취임 첫 해나 임기 초반 몇 해 안에 시작되어 임기 종반으로 가면 절정에 달했다. 이 추세는 민주당 후보가 당선된 다음에야 반전되어 뚝 떨어졌다. 역사상 단 두 번의 예외를 제외하고 '기이한 전염병'은 대통령 선거 결과와 일치했다. 공화당이 집권하면 '기이한 전염병'은 창궐하고 민주당이 집권하면 소강상태, 즉 관리할 수 있는 수준으로 내려갔다.

하지만 길리건은 역사상 두 번의 예외도 사실은 예외가 아니라고 한다. 두 번의 예외는 공화당 아이젠하워 집권기와 민주당 지미 카터 집권기다. 아이젠하워는 집권 기간 내내 당적을 바꾸고 싶어 했을 만큼 민주당스러운 통치자였고, 반대로 카터는 민주당으로부터 '공화당 소속이냐'라는 비아냥거림을 들었을 만큼 공화당스러운 대통령이었다. 즉, 공화당과 공화당스러운 가치가 자살률과 살인율을 높이고 있었다.

공화당이 집권하면 자살률과 살인율이 높아지는 이유는 간단하다. 그들은 '소득불평등'을 높이는 방향으로 통치를 한다. 공화당은 민주당에 비해 평균 임금, 최저 임금, 실업보험 수당을 올리지 않고 내리는 경향이 강했다. 또 소득세, 법인세를 낮추고, 상속세와 자본이득세도 낮추는 정책을 실시했다. 과도한 규제는 경제 성장을 질식시킨다는 것이 그들의 논리였다. 하지만 결과는 정반대였다. 1인당 실질 국민 총생산은 공화당 집권기에 평균 1.64퍼센트 늘었지만 민주당 시절에는 2.78퍼센트 늘어났다. 경기 부양 능력은 민주당이 우월했다. 보수는 경제에 강하다는 사회적 통념과는 정반대였다(정치와 무관한 병리학자인 이 책의 저자도 책을 쓰기 전에는 이 통념을 믿고 있었다).

실업률은 단 한 번의 예외 없이 공화당 때 올라가고 민주당 때 내려갔다. 공화당 집권기간의 누적 증가분은 27.3퍼센트다. 민주당의 퍼센트는 26.5이지만 방향이 정반대다. 누적 감소분인 것이다. 결과적으로 두 정당의 누적 차이는 53.8퍼센트에 달했다. 실업의 지속도 또한 공화당 집권 때가 민주당 집권기보다 평균 30퍼센트 길었다. 경기 불황도 마찬가지다. 공화당은 민주당보다 2.3배나 더 긴 불황을 가져왔다. 게다가 공화당 때 불황이 시작되면 민주당 때보다 평균 4개월 이상 오래 갔다.

수수께끼 같던 곡선의 비밀이 풀렸다. '소득불평등'과 '실업'으로 인한 스트레스는 사회 개개인에게 좌절감, 수치심, 소외감, 자기모멸감을 가중시키는 압력으로 작용한다. 자살과 살인은 사회·경제적 스트레스를 받았을 때 나오는 반응 중 가장 극단적이고 보기 드문 반응이다. 이 반응이 백악관을 차지하는 정당이 누구냐에 따라 등락한다는 것은 사회·경제적 결과에 영향을 받는 사람의 숫자가 그만큼 많다는 것을 말해준다(길리건이 인용한 모든 자료들은 가장 보수적인 단체 전미경제인연합에서 가져온 것이다).

그렇다면 왜 사람들은 불평등과 폭력이 늘어나는 세상으로 몰아가는 정당에게 투표를 하는 것일까? 저자는 로마 시대의 '분할 정복'

을 빌려와 설명한다. 진짜 적이 누구인가를 알지 못하게 흐린다는 것이다. 예컨대 린든 존슨 대통령은 인종 차별이 계속되는 것이 상류층 백인에게 정치·경제적으로 유리하다고 보았다. 그래야 못 사는 백인이 더 못 사는 흑인에게 우월감을 느끼고 그 우월감으로 인해 상류층에 원한을 품지 않기 때문이다. 겨우 먹고사는 사람들과 제대로 먹지도 못하는 사람들이 한정된 파이를 두고 서로 싸우게 만들 수 있는 한, 사회적 부의 대부분을 강탈하는 자들이 누구인지 사람들은 관심을 갖지 않는다.

공화당이 인종 문제와 범죄(외부적으론 테러) 문제를 물고 늘어지는 것은 이 때문이다. 그들은 저소득 흑인 계층에 대한 지원 확대를 '공짜 복지'라고 반대한다. 범죄율을 실제로 떨어뜨릴 수 있는 정책은 '미온적인 대처'라고 낙인찍는다. 재수감률을 낮출 수 있는 교도소 내 직업 교육보다 형량을 늘리는 방법을 더 선호한다. 그들의 아젠다는 단순하다. "내가 낸 세금을 왜 범죄자들 교육에 쓰나?" 그런데 이게 먹힌다.

실제 공화당은 사회적 불안감을 교묘하게 부추기는 방식으로 유권자를 교란해왔다. 트럼프는 공화당의 전통적인 선거 전략을 아주 노골화시켰다. '유색 인종=테러=실업'이라고 단순하게 등치시켰을 뿐만 아니라 그 범위까지 확장했다. 금기시되어온 양성평등 문제까지 트럼프는 서슴없이 조롱했다. '유색 인종=테러=실업=잘난 여자' 트럼프의 승리를 '못난 백인 하류층 남자들의 승리'라고 하는 것도 이런 이유다. 한국의 독자들이 놀랄지 모르겠지만 트럼프 콘크리트 지지층이 약 30퍼센트에 달한다. 쥐가 고양이를 뽑는 이유는 생각보다 간단하다. 쥐들끼리 싸우느라 고양이가 누구인지 모르기 때문이다.

사회주의 정당 당수였던 토미 더글라스는 2004년 캐나다인이 뽑은 가장 위대한 캐나다인의 한 사람으로 지금도 존경받는 인물이다. 그가 이룩한 대표적인 정책 중 하나가 포괄적 의료보험 제도이다. 이 정책은 수입이 줄어든다는 이유로 의사들이 전면 파업을 감행했을 정도로 반대가 심했다. 지금 트럼프에 의해 폐지될 위기에 처한 오바마의 의료보험 개혁(오바마 케어)은 더글라스의 것보다 보수적이다. 사고와 질병으로 인한 가계 부담을 줄이겠다는 단순하고 분명한 복지 정책이고 이미 유사한 시행 사례(한국, 캐나다, 영국)가 있음에도 실행을 앞두고 저항에 부딪친 것이 미국의 현실이다. 미국은 제대로 된 고양이를 뽑았다.

생쥐들의 대통령, 노무현은 왜 끊임없이 죽어야 하는가

2009년 5월, 긴급 뉴스가 미국 언론으로 처음 타전되었을 때 사실관계가 잘못된 것이 아닐까 하고 오해한 교포들이 있었다. '노태우'라고 생각했다. 교포 사회에 가해진 충격은 그만큼 컸다. 봉하마을로 내려가 현직에 있을 때보다 더 많은 인기를 누리고 있다는 얘기를 들을 때만 해도 노무현에게서 전직 미국 대통령 카터를 연상했다. 소탈하고 털털한 이미지와 행적에서도 둘은 닮았다. 1976년 대통령 출마를 선언했을 때 카터의 지지율은 2퍼센트였고 16대 민주당 대선 후보로 출마할 당시 노무현도 지지율 2퍼센트에서 시작했다. 카터의 당선이 '땅콩 농장의 기적'이었던 것처럼, 노무현의 당선도 '대한민국의 기적'이었다. 하지만 기적이 비극으로 끝나기까지 그리 오랜 시간이 필요하지 않았다.

"이제 저는 한 사람의 보통 인간으로서 이 청원을 드립니다. 형식 절차에서 자기를 방어하는 것은 설사 그가 극악무도한 죄인이거나 역사의 죄인이거나 가리지 않고 인간에게 보장되어야 하는 최소한의 권리입니다. 제가 수사에 대응하고, 이 청원을 하는 것 또한 한 사람의 인간으로서 누려야 할 최소한의 권리라는 점을 양해해주시기 바랍니다."

전직 대통령으로서의 명예뿐만 아니라 피의자로서의 인권까지 짓밟히고 있을 때 노무현이 청와대에 보내려고 했던 편지의 일부다. 이 편지는 끝내 부쳐지지 않았다. 대신 검찰의 먼지떨이식 수사, 가족과 주변을 향한 전방위적 기소, 망신 주기식 피의 사실 공표, 거기에 수사의 절차적 정당성에 의문을 제기하기보다 자극적이고 선정적인 기사를 유포하기에 급급했던 언론의 공세를 더는 인내하지 않는 것으로 끝을 본다. 모든 것을 혼자 끌어안은 것이다. 그것으로 전직 대통령과 그 주변을 전방위로 털던 검찰의 수사도 기적(?)처럼 마무리된다. 마치 민주주의를 정당화시키는 절차나 방법을 철저히 무시했던

대통령 퇴임 후 김해 봉하마을에서

목표가 무엇이었다는 것을 반증이라도 하듯이 말이다.

하지만 노무현은 끊임없이 죽는다. 2012년 18대 대통령 후보로 나선 박근혜를 지지하는 이유에 '노무현 심판'이라는 항목이 있었다. 기사를 읽다 잠시 혼란스러웠던 기억이 있다. 심판했기 때문에 '이명박 정권'이 탄생했던 것이 아니었던가? 대한민국 국민은 집요할 만큼 잘잘못을 가리는 사람들인가? 쿠데타를 일으킨 것도 아니고, 시민을 학살한 것도, 국가 부도를 낸 것도, 장기 집권을 획책한 것도 아닌데 왜 다시 심판인가?

그럼에도 그는 끊임없이 죽었다

'마우스랜드' 이야기의 백미는 마지막에 있다. 드디어 한 생쥐가 마우스랜드의 선거에 의문을 품었다.

"왜 자꾸 고양이를 뽑는 거지? 쥐를 뽑으면 되잖아?"

2002년 노무현의 대통령 당선은 충격이었다. 지역 기반도, 정치적 자산도 전무한 정치인이었다. 조직도 계보도 없었다. 그를 대선 후보로 선출한 당조차 후보에게 우호적이지 않았다. 변호사였지만 대학을 나오지 않았고, 인권 변호사로 활약했지만 활동 기반이 서울이 아니라 부산이었다. 정치 귀족도, 언론 권력의 전폭적인 지지를 받는 인물도 아니었다. 한마디로 그는 중심에서 거리가 먼, 철저한 비주류였다.

"민주 세력의 적자라는 운동권 출신들도 왜 노무현을 무시할까? 솔직히 말하면 노무현이 대학을 안 나왔기 때문이다. 그들 운동권도 주류다."

참여정부 시절 장관을 지낸 유시민의 진단이다. 비주류는 비주류에서 그쳐야 했었다. 고양이는 고양이고 쥐는 쥐여야 했었다. 대통령은 쥐가 앉을 자리가 아니었다.

"공화당을 찍는 흑인들은 샌더스 대령(KFC 창업자)에게 투표하는 병아리와 같다."

미국 흑인들의 속담이다. 놀랍게도 공화당을 선호하는 흑인들이 있다. 공화당이 던지는 메시지와 프레임이 생각보다 강력하고 매혹적이라는 것을 뜻한다. 그리고 약간의 기득권이라도 손에 들어오는 순간, 스스로를 고양이라고 착각하는 것이 쥐의 속성이기 때문이기도 하다.

영화배우 모건 프리먼이 겪은 일화가 이를 잘 보여준다. 그는 뉴욕 한복판에서 택시 승차를 거부당한 적이 있었다. 흑인이라는 이유였다. 승차를 거부하는 기사에게 그는 다시 말했다.

"배우 모건 프리먼입니다. 〈쇼생크 탈출〉에 나왔던."

백인 기사에게서 돌아온 대답은 이랬다.

"잘 압니다. 흑인이라는 것도."

이 일화는 기득권(가난한 '백인')과 기득권('억만장자' 흑인)의 충돌을 잘 보여주는 예다. 쥐들이 자기들끼리 싸우는 데는 이유가 있었다.

끊임없이 조롱당하고 다시 죽는 노무현의 비극은 그가 정체성을 잃어버리지 않고 있던 유일한 비주류 정치인이었기 때문이다. 그는 비주류에서 주류에 올라섰지만 주류의 가치에 한 번도 순응하지 않았고 자기가 비주류라는 사실에 당당했던 사람이었다. 진짜 주류의 눈에는 자신의 기득권을 흔들 수 있는 위험인물이었다. 그들에게 노무현은 (비록 성공하지 못했지만) 다시 시도되어서는 안 되는 상징이었다. 비주류가 중심을 뺏기는 일이 다시는 없어야 했다. 마우스랜드에서 쥐를 뽑자고 한 쥐가 공산당으로 몰려 감옥에 간 것처럼, 끊임없이 훼손당하고 폄하되어야 하는 가치였다. 쥐들은 쥐들끼리 싸우느라 고양이가 누군지 몰라야 하고 닭들은 자자손손 샌더스 대령에게 투표해야 하기 때문이다.

5월 23일은 고 노무현 전 대통령의 서거일이다. 그를 기억하는 사람들이 봉하마을로 모여들 것이다. 참배 행렬에는 기일이 없다는 것을 인터넷으로 보아 잘 알고 있다. 민주주의적 가치가 뿌리내리고, 사람이 주인이 되는 세상이 오면 참배객의 발걸음도 가벼워지리라 믿는다.

"제가 생각하는 이상적인 사회는 더불어 사는 세상, 모두가 먹는 것, 입는 것 이런 걱정 좀 안 하고 그래서 하루하루가 신명 나는 그런 세상입니다. 만일 이런 세상이 지나친 욕심이라면 적어도 살기가 힘들거나 아니면 분하고 서러워서 스스로 목숨을 끊는 일은 없는 세상, 이런 세상입니다."

_대정부 질의 중에서(1998)

이긴 적 없지만 늘 이겼던 변호사

산민 한승헌

그가 변호하면 틀림없이 감옥 간다

"한승헌 변호사가 변호를 맡으면 감옥 안 갈 사람도 감옥 간다. 다른 사람 변호를 서주려다가 자신이 구속될 정도로 엉터리 변호사다."

산민山民 한승헌(1934~) 변호사 덕에 징역 살다 온 김상현 의원의 말이다. 재판 결과로만 따진다면 그는 엉터리 변호사가 맞았다. 온 힘을 기울여 변호했음에도 죄 없는 사람들은 유죄가 되고 풀려나야 마땅한 사람들은 징역을 살았다. 검사가 요청한 구형량은 선고 공판 날이면 조금의 감형도 없이 그대로 구형되었다. 판사의 '작량 감경'은 어떤 재판에서도 찾아볼 수 없었다. 후일 한승헌은 이를 일컬어 백화점에서나 볼 수 있는, 정량제 재판이라고도 했다.

'작량 감경'은 성문법 위주의 '대륙법'을 법의 근간으로 삼은 대한민국과 일본에 있는 제도다. 판사의 재량으로 사건 전체를 고려했을 때 피고의 형량을 줄여줄 수 있는 사유가 있으면 검사가 구형한 형량에서 (대한민국은) 최고 2분의 1을 감형할 수 있다. 예컨대 초범이라든지, 피고가 깊이 반성하고 있다든지, 범죄를 자백한 경우라든지, 기타 정상을 참작할 사유가 있으면 형량을 줄여서 선고할 수가 있다. 이는 엄격한 성문법의 틀 안에 인간적 면모를 도입한 것이다. 사람이 사람답게 살기 위한 최소한이 법이어야 하기 때문이며, 같은 죄라도 사연이 다르기 때문이다.

하지만 한승헌이 변론하던 시대의 대한민국 사법은 인간의 얼굴을 하고 있지 않았다. 강제 연행, 불법 감금, 거짓 증언을 받아내기 위한 고문과 가혹 행위 등이 공공연히 벌어지고 있었고 이에 반발해 재판 거부와 고문 반대 투쟁, 법정 소란이 빈번히 일어나던 때였다. 정부는 법치주의라는 명분을 내세웠으나 통치자 스스로가 법을 지키겠다는 의지가 없었다. 몇몇 깨어 있는 사람들이 이런 권력을 신뢰하지 않으려 하자 권력이 법의 이름으로 이들을 단죄하려고 하던 때였다. 이런 숨 막히는 압제 속에 한승헌, 그는 누군가는 하지 않을 수 없기에 그의 말대로 '부득이' 변호에 나섰다.

그러나 우리 산민山民 율사는 이제까지

100여 건에 이르는 사건 가운데

단 한 번도 무죄로

그 피고를 풀어낸 적 없으시네

스스로 말하기를

나는 지는 재판만 해왔다 하시네

한승헌 변호사의 회갑기념문집 『한 변호사의 초상』에 실린 고은 시인의 「산민요」의 한 부분이다. 실제 그는 월간지 《다리》사건 외에 단 한 건도 무죄를 받아낸 적이 없다. 늘 지기만 하는 변호사가 거둔 유일한 승리의 기록부터 보도록 하자.

단 한 번의 승리

그가 엉터리 변호사일 수밖에 없었던 건 맡은 사건 자체가 엉터리였기 때문이었다. 하지만 이 단 한 번의 승리 또한 내부의 양심이 없었다면 불가능했다. "모든 자유를 온전케 하는 것은 사람의 용기"이고(한승헌 변호사의 평생 모토가 된 영국의 정치학자 해럴드 라스키의 말이다), 이 용기는 한승헌의 변론 인생 동안 단 한 번밖에 일어나지 않았다.

1970년 9월 당시 야당 대권 후보였던 김대중 전 대통령의 인기가 급상승하자 집권 세력은 선거에서 이기기 위해 김대중 압박 작전에 들어간다. 『김대중 회고록』을 집필 중이던 임중빈, 야당의 선거 책자를 간행하고 있던 범우사 대표 윤형두, 김대중의 공보비서 윤재식 등이 1969년 11월 《다리》에 실린 임중빈의 논문 「사회 참여를 통한 학생 운동」 한 편에 엮이게 된다. 혐의는 반공법 위반이었다. 프랑스 5월 혁명과 미국의 뉴레프트 운동을 통해 학생들에게 정권 타도의 방향을 제시했다는 것이다.

나는 뉴레프트New left 운동을 소개하는 것만으로도 이 사건이 얼마나 터무니없는 것인지 독자들이 알 수 있을 것이라 생각한다. 1960년대 미국 매스컴과 학계에 전면적인 관심을 불러일으킨 '뉴레프트 운동'은 반전, 평화, 빈부 격차 해소, 대학 커리큘럼 개선, 흑인 참정권 획득 등을 목표로 한 전국적인 학생운동이었다. 냉전 시대였음에도 정부를 뒤집어엎겠다거나, 볼세비키식 혁명을 도모하겠다는 극단적인 사상은 갖고 있지 않았다. 이들은 간디처럼 철저한 비폭력주의자들이었다. 어떤 사회 체제든 강력한 통제를 행사하는 비인간적 관료주의에 강력히 반대했던 사람들이었다. 내부적으로 여러 색깔이 있었지만 이들이 한결같이 강조했던 것은 적극적인 '참여민주주의'를 통한 '정치, 사회, 경제적 문제의 변화'였다.

나는 방금 평균 수준의 교육을 받은 미국인이라면 답할 수 있는 상식선에서 뉴레프트 운동을 설명했다. 이미 역사적 평가도 끝났고, 현재진행형도 아니기 때문에 이 이상은 교과서 밖의 이야기가 된다. 아무튼 이들의 등장으로 미군은 베트남전쟁이라는 명분 없는 전쟁에서 철수하고, 흑인은 참정권을 얻었다. 독자들이 잘 아는 히피 문화가 이 운동의 부산물이다. 그리고 오바마 전 미국 대통령이 이 운동의 최대 수혜자라는 것쯤은 눈치챘을 것이다.

프랑스 5월 혁명은 조금 과격한 양상을 지녔었지만, 배경과 그를 통해 가고자 했던 방향은 미국의 뉴레프트와 비슷했다. 그런데 이런 흐름을 위험하게 본 것이다. 둘 다 자유민주주국가에서 일어난 일이었지만, 대한민국 정권은 '참여'와 '변화'를 두려워했다. 그들에게 민주주의의 실현은 권력의 상실이었기 때문이다. 변화를 몰고 올 야당 후보가 고울 리 없었다. 사회 참여를 얘기하는 월간지《다리》는 그저 불온한 세력일 뿐이었다.

반공법 대 언론 자유의 이 싸움은 당시 재판을 담당했던 목요상 판사의 무죄 선고로 인해 한 변호사에게 처음이자 마지막 승리를 안겨주었다. 하지만 목요상 판사의 '법대로' 판결은 뒷날 보복을 당했다. 종신 집권을 꿈꾸던 박정희는 정권의 눈치를 보지 않고 소신대로 판결을 내리는 사법부를 그대로 둘 수 없었다. 정치 검찰에 의해 소신 판사들에 대한 표적 수사, 예금 추적, 영장 청구가 시작된다. 이에 전국의 판사들이 집단으로 반발했다. 이른바 사법 파동이다. 이 일로 소신껏, 법대로 일하던 판사들이 하나둘 옷을 벗었다.

하지만 1972년 유신을 선언한 정권은 소신 판사들이 생겨나는 토양부터 없애기로 작정했다. 먼저 최고 헌법 기관 위에 또다른 헌법 기관을 만들었다. 헌법위원회를 만들어 대법원의 위헌법률심사권을 박탈한 것이다. 또 대법원장과 대법관을 포함한 법관 파면과 임용을 대통령 직속 권한으로 만들어버린다. 입속의 혀처럼 움직이는 판사들만이 살아남을 수 있었다. 사법부를 장악한 것이다.

무죄가 확실하면 유죄다, 물구나무 선 정의

정의의 여신 유스티티아는 눈을 가린 채 한 손에는 양팔 저울을, 또다른 손에는 칼을 쥐고 있다. 눈을 가린 것은 어떤 외압과 선입견에도 영향을 받지 않겠다는 뜻이고 양팔 저울은 공정한 법의 집행을 상징한다. 칼은 법의 권위를 의미한다. 세계 많은 나라는 자기만의 정의의 여신상이 있다. 내가 있는 미국은 칼을 쥐고 있지만 대한민국은 칼 대신 법전이 들려 있다. 나라마다 조금씩 변형은 있어도 공통점은 반드시 눈을 가리거나 감고 있어야 한다는 것이다. 공정한 법의 집행을 방해하는 것은 외압과 선입견이기 때문이다. 하지만 한승헌이 변호사의 길을 걷기 시작한 1960년대, 대한민국 정의의 여신은 눈을 가리고 있지 않았다. 필패의 기록은 그렇게 시작되었다.

아래는 한승헌 변호사의 변론 기록을 보면서 인상이 깊었던 몇몇을 간추려본 것이다.

① 납치를 해서라도 간첩을 만들라: 동백림 사건

1967년 7월 중앙정보부는 '동베를린 거점 북괴 대남 적화 공작단'을 검거했다고 발표했다. 당시 베를린은 동과 서로 나뉘어 있었으나 자유 진영과 공산 진영을 비교적 쉽게 왕래할 수 있던 곳이었다. 이

지역을 발판으로 독일과 프랑스 유학생, 예술인, 교민 등 194명이 평양에서 교육을 받고 간첩 활동을 했다는 것이 정부의 발표 요지였다. 피고인 중에는 작곡가 윤이상과 프랑스에 거주하던 화가 이응로 같은 세계 예술계의 거물도 있었다.

사건은 시작부터 독일, 프랑스와 외교적 문제를 일으켰다. 중앙정보부가 간첩으로 지목된 사람들을 모두 납치해 강제로 송환했던 것이다. 이응로 화백은 대통령이 재임 경축식에서 국위선양 훈장을 수여한다는 말로 속여서 입국시켰다. 한승헌은 이응로 화백의 변론을 맡았다.

결론부터 말하면 34명이 구속된다. 선고심에서 2명에게 사형이 언도되고 나머지는 5년 이상의 중형이 떨어졌다. 하지만 대법원 최종심에서 정권의 의도대로 간첩죄를 적용받은 사람은 없었다. 아직 정권에 완전히 장악당하지 않은 사법부가 간첩죄 적용에 무리가 따른다고 본 것이다. 실제 이응로 화백은 한국전쟁 때 행방불명된 아들을 만나게 해준다는 북한 공관원의 말을 듣고 동베를린으로 갔다가 헛걸음을 하고 돌아온 것뿐이었다.

대부분 이런 식의 단순한 대북 접촉이었다. 의도된 기획이었다는 것은 정부가 독일과 프랑스와의 외교 마찰을 해소하기 위해 1970년 광복절에 이들을 모두 석방했다는 점을 보면 알 수 있다. 1967년 6·8 부정선거(국회의원 선거)로 수세에 몰려 있던 정권으로서는 혼란한 정국을 뒤집고 국민의 시선을 돌릴 방안이 필요했던 것이다.

동백림사건으로 공판정에서 서있는 피고인들(민주화운동기념사업회)

2006년 '과거사진실위원회'는 이 사건을 대표적인 '간첩단 조작 사건'으로 판결했다. 불법 연행과 조사 과정에서 있던 가혹 행위, 사건 적용 모두가 잘못되었다고 한 것이다. 하지만 이응로 화백은 2년 반의 징역을 살고 난 후였다. 자식의 생사를 그리워하는 혈육의 정에도 간첩죄가 적용되는 나라였다.

② 10월 유신의 방해물: 야당 의원 구속 사건

1971년 4월 제7대 대통령 선거에서 박정희는 약 94만 표 차이로 당선되었다. 조직적인 관건 선거, 대리 투표, 투표함 조작, 금품 향응, 일련의 간첩단 사건으로 선거 판도를 유리하게 몰고 갔지만 8%의 표 차이밖에 나지 않았다. 중앙정보부가 개입한 조직적인 개표 부정을 폭로한 기사가 《대구매일신문》에 실리기까지 했다. 김대중은 선거에서 이기고도 개표에서 졌다는 말이 나돌았다. 박정희 정권이 이를 모를 리가 없었다.

> "이번이 마지막 선거가 될지 모른다는 항간의 우려가 있다. 이번에 정권 교체를 하지 못하면 현 정권은 다음에는 선거도 없는 영구 집권 체제를 저지르고야 말 것이다."

1971년 새해 기자 회견에서 밝힌 김대중의 우려는 사실이었다. 선거가 끝나자 박정희 정권은 김대중을 선거 사범으로 기소하고, 서울시에 위수령(군부대가 치안과 공공질서를 담당하는 계엄령 아래 단계)을 발동하고, 대학에 무장 군인을 진입시켰으며, 8대 국회도 해산시키기에 이른다. 10월 유신이었다.

이 혼란 속에서 야당 의원인 김상현, 조연하, 조윤형 세 사람이 구속된다. 내무 위원 야당 측 간사로 있으면서 여야 합의로 내무위 소속 위원들에게 추석 '떡값'을 돌린 것이 빌미였다. 정치 검찰이 야당 측 간사만 문제 삼아 '뇌물 알선'으로 몬 것이었다.

당시 김상현 위원은 한승헌의 격정적인 변론이 도리어 걱정되었다고 한다.

"저렇게 심하게 나가면 변호사 덕에 징역을 덤으로 더 살겠구나!"

징역 3년을 받고, 풀려난 그가 한 변호사에게 건넨 악담 같은 농담은 평생 한승헌을 따라다니는 훈장이 된다.

"한 변호사가 변호를 맡으면 틀림없이 징역 가니까, 감정 있는 사람이 있으면 한 변호사에게 사건을 맡기시오."

정권에 반대하면 예수가 부활해도 징역 가던 시절의 덕담(?)이다.

③ 네가 하면 간첩, 내가 하면 민족적 결단: 김준희 교수의 '통일 방안'

법철학자 카임 페를만의 말대로 법의 중심 개념은 약속이다. 법을 위반했을 경우 힘에 의한 물리적인 제재가 주어지기 때문에 법은 철저한 약속에 의거해 움직여야 한다. '영미법'을 기반으로 하든, '대륙법'을 기반으로 하든 근대법 체계의 모든 문장 속에는 이 '약속'이라는 개념이 숨어 있다. 예컨대 위증을 한 증인은 본질적으로 진실을 말하기로 했음에도, 즉 진실을 모두 말하고, 진실이 아닌 것은 아무것도 말하지 않기로 약속했음에도 그러지 않았기에 처벌이 되는 것이다.

"법은 만민 앞에서 평등하다"는 근대법의 틀을 세운 이 위대한 문장에도 '약속'은 숨어 있다. 평등해야 한다. 왕이 있던 시절에도 법은 있었기 때문이다. 사람에 따라 달리 적용되는 것은 왕정 시대에서나 일어나는 일이다. 그런데 이 일이 1972년 대한민국에서 일어난다.

그는 국가의 허가를 받았기 때문에 북한에서 나온 각종 간행물과 전단 등을 소지하고 연구할 수 있었다. 한반도 분단 문제를 해결하기 위해 남북한의 정치적 현실을 대등하게 인정해야 한다고 주장했다. 북한을 대한민국과 동등한 합법 정부로 보고 남북한이 유엔에 동시에 가입하는 것이 통일을 향해가는 첫걸음이라고 했다. 이 학문적 신념에 따라 당시 '북괴'라고 부르던 북한을 꼬박꼬박 '조선민주주의인민공화국'이라고 부를 만큼 꼬장꼬장한 학자였다.

1심에서 실형이 선고된다. 항소심에서는 한 변호사가 변호를 맡았지만 '사람 징역 보내는 선수'였던 탓에 역시 유죄가 선고된다. '남북 유엔 동시 가입'을 주장함으로써 북한의 선전 활동에 동조해 반국가단체를 이롭게 했다는, 기어코 잡아넣겠다는 검찰의 기소 의지는 확고했다. 프랑스 소르본느 대학에서 정치학을 전공하고 11년 만에 돌아온 김준희 교수가 바로 그 비극의 주인공이었다.

하지만 이 사건은 한승헌 변호사가 1973년 6월 23일 전주의 한 다방에서 박 대통령의 '6·23 외교 선언'을 듣는 순간 희극으로 바뀐다. 대통령이 담화문을 통해 '남북한 유엔 동시 가입을 반대하지 않는다'고 힘주어 말하고 있던 것이다. 엉터리 같은 시대에 엉터리 사건만 골라 맡던 한승헌 변호사는 이때 어떤 생각을 했을까?

이 사건은 해피엔딩으로 마무리되지는 않았다. 몇 달 뒤 대법원 판결이 나왔다. 한승헌 변호사가 쓴 장문의 상고 이유를 "논지는 독단적인 견해에 불과하다"는 한마디로 기각한 것이다. 위안을 갖자면 김 교수가 집행유예로 풀려났다는 것뿐이었다. 혹 정확한 뜻을 모를 독자를 위해서 덧붙이자면 '집행유예'란 유죄가 맞지만 여러 사정을 고려해 형을 집행하지 않겠다는 말이다. 아무튼 김준희 교수는 유죄였다. 한 편의 부조리극으로 끝난 것이다. 아마도 그들이 고려한 것은 '학문의 자유'가 아니라 '왕의 사정'이었을 것이다.

④ 법정 코미디: 남산 부활절 예배 사건, 민청학련 사건, 연대 교수 구속 사건 등

독자들도 이제 한승헌 변호사가 맡은 사건들에서 몇 가지 특징을 짐작할 수 있을 것이다. 하나는 사건 자체가 성립되지 않는다는 것이고 다른 하나는 시간이 지나 다시 재판하면 무죄가 된다는 것이다. 지금 서울시장인 박원순 변호사의 책 제목을 빌리자면 '역사가 이들을 무죄로 하리라'가 된다. 그리고 또 한 가지 특징이 있다. 그가 맡은 사건에는 코믹한 요소가 제법 있다는 점이다. 아래는 내가 뽑아본 그런 것들이다.

독재와 정치적 무관심이 상존하는 우울한 미래를 그린 조지 오웰의 디스토피아 소설 『1984』는 한 줌의 유머도 없이 줄거리가 삭막하기로 유명하다. 한때 영미권 대학생들이 뽑은, 유명하지만 정말 재미없는 소설 중 하나였다. 그 『1984』의 권력 '빅 브라더'에 비하면 유신은 유머를 구사할 줄 안다고 해야 할까? 문구 하나에 말썽이 났다.

"주여, 어리석은 왕을 불쌍히 여기소서."

1973년 4월 22일 아침 5시, 남산 야외 음악당 부활절 연합 예배가 끝날 무렵에 행사장 한쪽에서 살포된 전단 문구였다. 70일 후, 이것이 문제가 되어 박형규 목사와 권호경 전도사 등이 잡혀 들어간다. 전단지 한 장에 뒤집어씌운 혐의가 내란 예비 음모였다. 다음은 한승헌 변호사의 변론 과정에서 오간 문답이다.

– 기독교에서는 폭력을 쓰거나 옹호하는가?

– 그렇지 않다.

– 부활절 연합 예배에 주로 어떤 연령층의 사람들이 모이는가?

– 중년 이상의 신자들, 특히 부녀자들이 많이 모인다.

– 신자들이 무엇을 갖고 오는가?

– 찬송가와 성경이다.

– 예배에 참석할 때 혹시 흉기나 돌을 갖고 오는가?

-그런 일은 없다.

'찬송가와 성경'을 혁명의 무기로 생각했던지 1심 재판부는 두 사람에게 징역 2년을 선고한다. 유머 감각을 잃을 생각이 없었던 것 같다. 재판부는 이틀 후 내란을 음모했다는 이 두 사람을 난데없이 보석으로 풀어주었다. 코미디 각본의 완성은 1987년이다. 재판 시효 15년이 거의 다 될 무렵 항소심이 열리고 무죄가 선고된 것이다. 항소심이 뚜렷한 이유 없이 이렇게 지연되는 일은 건강한 사법 제도 아래에서는 있을 수가 없다. 뭔가 구렸던 모양이다.

민청학련 사건과 연세 대학교 김동길, 김찬국 교수의 재판도 코미디다. 이 코미디의 주인공은 긴급조치 4호와 2명의 교수다. 긴급조치 4호는 대학생들의 유신 반대 데모를 차단하기 위해 '정당한 사유 없이 결석이나 시험을 거부하는 행위'에 5년 이상의 징역에서 사형까지 집행할 수 있는 초헌법적 권한이다. 제대로 된 민주주의라면 입법 자체가 불가능한 일이다. 국민의 기본권을 침해했을뿐더러 형량 자체가 터무니없다. 권력이 입법 권한까지 장악했다는 것을 의미한다. 여기에 1974년 4월 반독재 시위를 주도하던 '전국민주청년학생총연맹' 34명이 걸려들었다.

재판은 민주화를 열망하는 학생들의 의지와 이를 누르려는 독재자의 광기가 부딪혀 '발언 제지, 경고, 휴정, 퇴정 명령, 항의 소동'이 되풀이되는 전쟁이었다. 재판부도 어지간히 당황했던지 피고인 전원을

III 신군부 독재 시대의 인권 변호사들

퇴정시키고 변호사에게 변론을 요청할 정도였다. 이때 한승헌 변호사는 이렇게 말했다.

"텅 빈 의자를 변론하러 나온 것이 아니다. 청년들을 다시 입정시키지 않는 한 결코 변론할 생각이 없다."

정권에 반기를 든 대가는 엄청났다. 7명에게 사형, 다른 7명에게는 무기징역. 여기에 재야 정치인 등 관련자들의 형기를 합하면 모두 1,650년이나 되었다.

하지만 악법이 주연을 맡고, 역사를 두려워하지 않는 악당이 조연을 맡으면 코미디에 진짜 비극이 끼어든다. 인혁당 사건과 연결 고리라고 꾸며진 경북 대학교 여정남 학생이 판결 바로 다음 날 사형을 당하기 때문이다. 근대법이 생긴 이래 이렇게 빠른 사형 집행의 역사가 있었던가? 나는 모르겠다. 책을 준비하면서 내 모국에 그런 예가 있었다는 사실을 알았을 뿐이다.

사형 판결 18시간 만에 8명의 사형이 집행된 인혁당 사건은 실제 대한민국 사법의 수치로 꼽힌다. 스위스 제네바에 본부를 둔 국제법학자회International Commission of Jurists도 이날을 두고 '사법 역사의 암흑'이라고 불렀다(국제법학자회는 세계 인권 향상과 법질서 확립을 목표로 1952년 창설된 비정부 조직으로, 창설 당시에는 서베를린에 본부가 있었다. 국제적으로 명망이 있는 법률가 60명이 구성원으로 활동하고 있다). 하지만 이 비극은 다시 씁쓸한 코미디가 된다는 것을 알아두자. 이날 '사법 살인'을 저지른 대법원 판사 중 2명이 그들의 모교로부터 훗날 '자랑스러운 동문상'을 받기 때문이다(유신헌법으로 규정된 긴급조치 1호에서부터 9호는 2013년에 위헌으로 판결되어 역사의 유물로 사라졌다).

연세 대학교 교수 구속 사건도 긴급조치 4호가 바탕에 깔려 있다. 구속된 교수들은 긴급조치를 비방하고 학생 데모를 충동, 격려한 혐의였다. 김동길 교수가 15년, 김찬국 교수는 10년을 선고받는다. 한승헌 변호사는 김동길 교수의 변호인이었다. 김 교수는 최후 진술에서 이렇게 말했다.

"나는 석방을 원치 않는다. 나는 계속 유신을 반대할 것이 분명하니…… 풀어주고 잡아넣고 피차 번거롭기 때문에 아예 감옥에 가만히 있게 해달라."

그러고는 김 교수는 항소를 포기했다. 항소해 재심을 받을 권리는 근대법이 인정하는 피고의 고유 권한이다. 이 권리를 포기하는 일이 일어난 것이다. 이어 김찬국 교수의 재판에서는 세계 사법 재판 역사에서 찾아보기 드문 항소가 일어난다. 1심을 맡은 다른 변호인의 변론이 화근이었다.

"피고인은 오랜 유학 생활로 서양식 민주주의만 알고 우리식 민주주의를 몰라, 본 건과 같은 행위를 한 것이니 관대한 처분을 바란다."

변호인의 '관대한 처분을 바란다'가 문제였다. 김찬국 교수는 이 말에 분개했다. 관대한 처분을 받기 싫어 항소한 것이었다. 한승헌 변호사도 이를 두고 판결이 아니라 변론에 불복해 항소한 희한한 경우라고 얘기한다.

박정희 정권이 가고 다시 찾아온 군사 독재 시절에 일어난《민중교육》필화 사건도 코미디 요소가 빼곡하다. 잡지에 실린 두 편의 글이 용공이라는 이유로 3명의 관련자가 구속된다. 용공 혐의를 씌우려던 검사와 한 피고인 사이의 대화다.

"피고는 북한 공산 집단의 대남 적화 통일을 목표로 하는 반국가 단체라는 사실을 알고 있지요."

"모릅니다." (이 피고인은 다른 두 피고와 달리 딱 잘라 모른다고 해서 검사를 당황시켰다.)

"아니, 북괴의 대남 적화 전략도 모른단 말이오?"

"북한 신문도 볼 수 없고 방송도 못 듣게 하는데 어떻게 대남 전략을 안단 말입니까?"

"구체적인 것은 모른다 하더라도 대략적인 것은 알고 있을 것 아니오?"

"대략적인 것은 좀 압니다." (용공으로 엮으려는 검사의 반복적인 질문에 질려 버린 피고가 이렇게 대답했다.)

"방금 전에는 아무것도 모른다고 하더니 대략적인 대남 전략은 어떻게 알게 되었소?" (검사가 기회를 잡은 것이다.)

"예비군 훈련 가서 들었습니다."

당시 법정에 있지 않았지만 피고의 이 말에 방청석이 웃음바다가 되지는 않았을까? 희극적인 요소가 가득한 이 재판에서 피고들은 모두 1년에서 1년 6개월의 실형을 선고받았다.

찰리 채플린의 말이라고 기억한다. '인생은 가까이에서 보면 비극이지만 멀리에서 보면 희극이다.' 한승헌 변호사가 맡은 이 기가 막힌 사건들을 내가 함부로 코미디라고 부를 수 있는 것은 2017년이라는 시간 속에서, 미국이라는 공간 안에서 그것들을 바라보기 때문일 것이다. 하지만 암울한 시대를 온몸으로 살아야 했던 사람들에게는 결코 코미디가 아니었다. 1999년 고등학교를 졸업하고 이민을 온 나는 1980년대 후반과 1990년대 초반의 민주화 시위조차 어렴풋하게 기억할 뿐이다. 하지만 아찔하다. 민주를 열망하고 자유를 원한다는 이유로 고문을 당하고 사형을 당할 수 있는 그런 시대, 그런 시대가 바로 내 세대 바로 앞이었다.

언론에 재갈을 물렸던 '보도 지침'

2차 세계대전의 전운이 무르익어가던 무렵, 이탈리아에서 있었던 일이다. 한 시골 극장에서 본 영화에 앞서 뉴스가 상영되고 있었다. 극장 안에 있는 사람들이 모두 기립하고는 화면을 응시했다. 스크린에는 무솔리니 총리가 군대를 시찰하는 장면이 나오고 있었다. 작고 땅딸막한 총리는 과거 로마 제국의 황제처럼 당당한 모습이었다. 그런데 한 사내만이 의자에서 일어날 생각을 않았다. 영사기를 돌리고 있던 극장주는 깜짝 놀랐다. 비밀경찰에게 목격되는 날에는 사내의 목숨도 위험하고 극장도 폐쇄될 수 있었다. 그는 급히 뛰어 내려가 사내의 귀에 대고 속삭였다.

"자네 마음은 이해하겠는데 목숨이 2개가 아니라면 빨리 일어서게."

꿈쩍도 않는 사내가 얼굴을 돌리는 순간 극장주는 까무러치고 만다. 그는 무솔리니였다. 화면에 무솔리니가 나올 때 일어서지 않아도 되는 유일한 사람, 휴가를 마치고 로마로 돌아가던 길에 최측근과 함께 영화를 보러 온 것이었다.

최초의 파시스트, 이탈리아 무솔리니의 이야기로 시작한 것은 인터넷을 뒤지다 우연히 이런 유머를 만났기 때문이다. 전두환 대통령의 호는 '오늘', 이순자 여사의 호는 '한편'. 5공화국 시절 언론의 보도 행태를 비꼰 유머였다. 9시 뉴스가 시작되면 "오늘 전두환 대통령께서는……"이라고 대통령의 하루 활동을 먼저 얘기하고, 이어서 바로 "한편 이순자 여사께서는……" 하며 보도가 이어졌다고 한다. 긴가민가해서 1990년대까지 서울에서 직장 생활을 하다 이민을 온 교포 분에게 물어보니 "그거 말 된다"고 하신다. 그분이 기억하는 5공화국 시절의 뉴스는 '땡전 뉴스'였다. 9시 '땡' 하고 종이 울리면 "오늘 전두환 대통령께서는" 하는 앵커의 목소리와 함께 뉴스가 시작되었다고 한다.

실제 이 당시 KBS에는 대통령 전용 편집실이 있었다. 대통령의 사소한 동정이라도 헤드라인에 보도되어야 했기 때문이다. 첫 번째 뉴스에 담아내지 못하면 중징계까지 내려졌다고 한다. 뉴스 선택권은 언론에게 있지 않았다. 믿기지 않는 이 얘기가 사실이라는 것이 1986년 9월 폭로된다. 이른바 '보도 지침'이라는 것으로 민주언론운동협의회(민언협)의 기관지 《말》에 의해 기사화되었다. 기사에는 지난 10개월간 정부의 대언론 통제 방침이 날짜별로 수록된 584건의 보도 지침이 있었다. 부도덕한 권력의 민낯이 드러나는 결정적인 증거였다. 하지만 전두환 정권은 거꾸로 폭로자들을 구속한다. 국가보안법 위반, 집시법 위반, 외교상 기밀누설죄, 국가모독죄였다.

'보도 지침'이 어떤 식으로 내려가는지 예를 들어보자. 신군부에 의해 내란음모죄로 사형을 언도받았다가 국제 사회의 구명운동으로 미국에 망명 중인 김대중 전 대통령의 사진을 싣지 말라는 것, 문공부 장관의 지방 연극제 참석을 1면에 실으라는 것, 경찰이 여대생을 성고문한 사건은 정부의 발표 내용을 전문 그대로 싣되, 시민사회의 반대 의견은 일절 보도하지 말라는 것 등이다.

어떤 기사를 어떤 내용으로 어떤 면에 몇 단으로 싣고, 어떤 기사는 사진을 사용해서는 안 되고, 어떤 기사는 사진을 사용해야 하며(예를 들어 노동자, 학생들의 폭력 시위), 제목은 어떻게 뽑으라는 것까지 '보도 지침'을 통해 각 언론사에 내려갔다. 이미 이 정권은 언론사 통폐합과 언론인 대량 해고를 통해 언론의 입을 비틀어 막고 탄생한 정권이었다. 그런데도 언론의 지속적인 통제는 필요했던 것이다. 한승헌 변호사는 이 사건을 이렇게 얘기한다.

"엄연한 진실을 폭로한 것이라 전가의 보도처럼 내밀던 허위 사실 유포 죄는 꺼내지도 못하고 난데없는 외교상 기밀누설죄와 국가모독죄 따위를 갖다 붙였다."

변호사는 변론문을 통해 검찰의 기소 내용을 조목조목 반박한다.

"(보도 지침이 아니라 보도 협조 사항이라고 강변하는데) 공소장대로 하면 문공부가 국가기밀 사항을 매일같이 언론사에 알려주는 셈이 되는데, 이것이야말로 '기밀누설'이 아닌가?"

"협조 사항이라면 어떻게 보도의 가, 불가, 절대 불가라는 지시 용어를 쓸 수 있으며 보도의 방향, 내용, 형식은 물론 1단으로 써라, 1면 톱으로 써라, 사진 쓰지 말 것 등의 세부적인 명령을 할 수 있는가?"

이제 짐작할 수 있듯이 '보도 지침'을 폭로한 관련자 김주언, 김태홍, 신홍범은 1심에서 전원 유죄를 선고받았다. 항소심은 정권이 두 번 바뀐 후 1994년에 가서야 열렸다. 결과는 독자들도 알 것이다.

언론은 정부를 감시함으로써 민주주의를 지탱하는 또다른 축이다. 흔히 언론을 가리켜 입법, 행정, 사법에 이어 '제4의 권력'이라고들 부르는 이유가 여기에 있다. 정부에 대한 감시 기능을 수행하기 때문이다. 때문에 정부와 언론은 늘 불편한 관계일 수밖에 없다. 그래서 정부는 언론의 독립성을 보장하기보다, 할 수만 있다면 정부의 선전 기관으로 만들고 싶어 한다. 이 욕망은 권력과 정부의 수준이 낮을수록 노골적이고 파렴치해진다. 1930년대 이탈리아와 1980년대 대한민국이 그랬다.

나는 '보도 지침' 사건을 정리하다 토머스 제퍼슨의 말을 떠올리지 않을 수 없었다. 미국 건국의 아버지 중 한 사람이자 독립선언문을 기초한 그는 "신문 없는 정부와 정부 없는 신문 중 하나를 택하라면 주저 없이 후자를 선택하겠다"고 했다. 영국 식민지 시절, 신문 검열과 같은 언론 탄압을 경험한 미국의 지도자들이 언론의 자유를 얼마나 중시했는지를 말해주는 대목이다.

미국의(혹은 미국 지도자의) 위대함과 대한민국의 초라함을 비교하려는 것이 아니다. 미국의 '언론 자유'가 수정헌법 1조의 그늘 아래 마냥 순탄하게 커온 것만은 아니라는 사실을 밝혀두고 싶다. 미국의 언론도 1차 세계대전 때는 스파이법과 선동법에 의해 엄격한 보도 규제를 받았다. 2차 세계대전 때에는 정부 검열 속에서 언론이 알아서 협력하는 모습을 보이기도 했다. 정점은 1950년대 매카시 광풍이다. 공화당 상원 위원 조셉 매카시가 주도한 '공산당 사냥'에 모든 언론이 비판 기능을 상실했던 역사를 미국 언론도 갖고 있다.

권력을 탐하는 자들이 권력의 자리에 앉으면 가장 먼저 하는 생각이 언론을 어떻게 지배할 것인가다. 앞서 저 유명한 말을 남긴 토머스 제퍼슨조차 3대 대통령에 취임하자 신문부터 매수하려고 했었다. 에 이브러햄 링컨은 북군에 불리한 보도를 한다는 이유로《시카고타임스》를 폐간시킨 이력이 있다. 지금도 백악관은 언론을 통제하고 싶어한다. 그들은 이를 '스핀 컨트롤spin control'이라고 부른다.

지금 내 모국에서 1986년의 우울한 역사가 재현되고 있다는 걸 유튜브를 통해 보고 있다. 촛불 광장에서 KBS와 MBC 기자가 취재조차 못 하고 시민들에게 쫓겨나는 것은 제 역할을 하지 못한 언론을 향한 심판일 것이다.

"권력을 가진 사람은 표현의 자유와 국민의 알 권리라는 커다란 가치를 지키기 위해 항상 시비조로 고집스럽게 어디든 코를 들이대는 언론의 존재를 참지 않으면 안 된다."

1971년 6월 '펜타곤 페이퍼Pentagon Papers'를 폭로해 닉슨 정권을 궁지로 몰아넣은《뉴욕타임스》와 권력과의 싸움에서, 언론의 편을 들어준 머레이 거페인 판사의 판결문 요지다.

'펜타곤 페이퍼'는 2차 세계대전부터 1968년까지 인도차이나에서 미국의 역할을 기록한 일급 기밀이었다. 1967년 국방 장관 로버트 맥나마라의 책임 아래 작성되었는데 MIT 국제연구소 수석연구원이었던 다니엘 엘즈버그가 명분 없는 전쟁을 끝내기 위해 정부의 허가 없이 이 문서를 언론사에 넘겼다. 미국이 베트남전쟁에 참전하는 명분이 되었던 통킹만 사건(북베트남이 미 구축함 메덕스호를 격침시킨 것)이

한승헌 변호사

조작되었다는 사실도 기록되어 있었다. 베트남전쟁의 도덕적 정당성에 의심을 품어가던 미국인들의 분노는 엄청났다. 내부 고발자 엘즈버그의 평판을 떨어뜨리고 유리한 판결을 이끌기 위해 권력은 온갖 수단을 동원했지만 사법부는 끝내 권력의 눈치를 보지 않았다.

민주 사회에서 권력자의 자세와 언론의 역할은 무엇인지, 권력으로부터 독립된 사법부의 태도는 어떠해야 하는지 알려주는 명판결이라 생각되어 인용해보았다.

낙방생의 법정 순례: 검사에서 피고인까지

한승헌 변호사의 꿈은 원래 기자였다. 그러나 꿈은 멀고 현실은 코앞이라 그가 처음 지망한 학교는 선생님이 될 수 있는 사범학교였다. 하지만 낙방의 쓴잔을 마신다. 교사의 꿈이 멀어진 것이다. 그가 꿈을 접고 차선으로 진학한 곳은 전북 대학교 정치학과였다. 아이러니하게도 법학과는 처음부터 마음에 없었다고 한다. 대학 재학 중 원래 꿈을 이루기 위해 아나운서 시험에 도전하는데 이 역시 낙방했다.

두 번의 낙방이 대한민국 법조사에 다행스러운 일이 될지는 그도 몰랐을 것이다. 한국전쟁 이후, 가난한 조국에서 스스로의 힘으로 생업을 갖고자 응시한 것이 사법 시험이었다. 물론, 훗날 '사람 징역 보내는 선수'가 될 자질의 싹을 보여주듯 이것 역시 몇 차례 낙방을 경험한 끝에 합격한다.

처음 부산 지검 통영 지청 검사로 발령을 받는데 자서전에 이 시절에 대해 이렇다 할 얘기가 없는 것으로 보아 보람을 느끼지는 못한 듯하다. 검사질보다 충무의 야간 직업학교에서 백묵을 쥐고 학생들을 가르치는 것이 오히려 보람찼다는 이 검사는 1965년 검사직을 사임하고 본격적인 변호사의 길을 간다.

변호사는 의사와 함께 미국에서도 선호되는 직업이다. 확률적으로 가장 많은 돈을, 안정적으로 벌 수 있는 직업이 변호사이기 때문에 공부에 재능이 있다면 누구나 선망한다. 게다가 정치권으로 진입하는 최단 도로이기도 하다. 러시아의 보드카보다 미국의 변호사가 많다는 농담이 있을 정도다.

하지만 한승헌 변호사가 미국의 변호사처럼 돈을 많이 번 것 같지는 않다. 변론으로 사람을 징역 보내는 데 도통하다 못해 스스로도 징역을 살았기 때문이다.

변호사인 그가 감방과 인연이 깊어질 조짐은 이병린 변호사 구속 사건 때부터다. 사건의 배후에 중앙정보부의 회유와 협박이 있었다는 사실을 기자들에게 폭로해 2박 3일 코스로 '남산'에 갔다 온다(이게 무슨 뜻인지 어렵지 않게 알 수 있었는데, 고등학교 때까지 대한민국 현대사를 허투루 흘려보내지 않은 것 같아 왠지 뿌듯한 감정이 없지 않다).

첫 구속은 자신이 쓴 글이 '필화 사건'에 엮이면서다. 「어떤 조사弔詞」라는 글을 통해 사형 제도의 모순을 주장한 것이 간첩 김규남의 사형 집행과 묘하게 겹치면서 '반공법 위반'으로 유죄 판결을 받게 된 것이었다. '김규남'의 이름 한 자도 나오지 않고 '반공법'의 '반' 자도 나오지 않는데 반공법 폐지를 주장했다는 혐의였다. 정권의 눈에는 어쨌든 숨 쉬고 사는 것도 미운 인간이었다. 이 때문에 변호사 업무를 6년 동안이나 볼 수 없었다.

강제 실업자 상태에서 생활을 위해 아내 이름으로 출판사를 경영하던 한승헌 변호사는 5공화국에 의해 다시 '김대중 내란 음모 사건'에 엮인다. 3공화국 때부터 정권에 미운털이 단단히 박힌 그를 신군부라고 가만히 놔둘 리가 없었다. 사흘이 모자라는 두 달 동안 햇볕 한 번 못 본 채 지하실에서 고문과 수모를 겪은 후, 1심과 재심을 거쳐 3년의 징역형을 선고받는다. 형 집행정지로 1여 년의 징역살이를 마치고 나오지만 1998년 복권될 때까지 8년간 변호사 자격정지를 당한다. 이 시기를 그는 "검사로 시작해 피고인과 방청인으로도 살아본, 두루두루 뜻 깊은 시간"이라고 회고했다.

"징역 가면서 나에게 와서 고맙다고 인사 안 하고 간 사람 있으면 한 사람이라도 손들어봐요."

'사람 징역 보내는 엉터리 변호사'라는 농담이 나오면 그가 늘 응수하던 말이다. 징역살이가 역사의 훈장이 되던 시절, 그도 자신을 변호하던 변호인에게로 가 "고맙다"라는 인사를 했을 것이다.

참고문헌

1부 국권 강탈기의 인권 변호사들

1장

김홍식, 안중근 재판정 참관기, 서해문집, 2015.

김효전, 〈안병찬의 상소문과 안중근 변호〉, 《시민과 변호사》 75, 2000.

박삼중, 코레아 우라, 소담출판사, 2015.

박상기, 형법의 기초, 집현재, 2016.

박원순, 역사가 이들을 무죄로 하리라, 두레, 2003.

안중근, 안중근 의사 자서전, 범우, 2014.

최종고, 한국의 법률가 상(像), 길안사, 1995.

2장

김진배, 가인 김병로, 가인기념사업회, 1983.

박세길, 다시 쓰는 한국현대사 2, 돌베개, 2015.

법조삼성 평전 간행위원회, 한국 사법을 지킨 양심, 일조각, 2015.

사람으로 읽는 한국사 기획위원회, 보수주의자의 삶과 죽음, 동녘, 2010.

최종고, 한국의 법률가 상(像), 길안사, 1995.

한인섭, 식민지 법정에서 독립을 변론하다, 경인문화사, 2012.

허종, 반민특위의 조직과 활동, 선인, 2003.

3장

박세길, 다시 쓰는 한국 현대사 2, 돌베개, 2015.

박원순, 역사가 이들을 무죄로 하리라, 두레, 2003.

애산연구, 애산여집.

최종고, 한국의 법률가 상(像), 길안사, 1995.

한인섭, 식민지 법정에서 독립을 변론하다, 경인문화사, 2012.

4장

박원순, 역사가 이들을 무죄로 하리라, 두레, 2003.

심지연, 허헌 연구, 역사비평사, 1994.

최종고, 한국의 법률가 상(像), 길안사, 1995.

한인섭, 식민지 법정에서 독립을 변론하다, 경인문화사, 2012.

허근욱, 민족 변호사 허헌, 지혜네, 2001.

2부 해방 이후와 유신 독재 시기까지의 인권 변호사들

1장

간행위, 심당 이병린 변호사문집, 두레, 1991.

박승준, 〈'인권의 거목' 재야 44년, '직언'을 서슴지 않았다〉, 《주간조선》, 1986년 9월 7일자.

박원순, 역사가 이들을 무죄로 하리라, 두레, 2003.

앤서니 루이스, 우리가 싫어하는 생각을 위한 자유: 미국 수정헌법 1조의 역사, 박지웅·이지은 옮김, 간장, 2010.

이돈명, 〈이병린 그의 인간과 삶〉, 《신동아》, 1986년 10월호.

최종고, 〈한국의 법률가〉, 《사법행정》, 1986년 11월호.

최종고, 한국의 법률가 상(像), 길안사, 1995.

2장

김덕형, 한국의 명가(근대편1, 2 / 현대편), 21세기북스, 2013.

로버트 호켓, 시대를 움직이는 힘 50인의 법 멘토, 김영 옮김, 책숲, 2015.

박석분·박은봉, 인물여성사, 새날, 1994.

이태영, 가족법 개정운동 37년사, 한국가정법률상담소, 1992.

이태영, 정의의 변호사 되라 하셨네, 한국가정법률상담소, 1999.

이희호 외, 사랑과 열정으로 세상을 바꾸다: 시대를 앞서간 선구자 이태영, 한국가정법률사무소, 2014.

최종고, 한국의 법률가, 서울대학교출판부, 2007.

허도산, 한국의 어머니 이태영, 자유지성사, 1999.

3장

문영심, 바람 없는 천지에 꽃이 피겠나: 김재규 평전, 시사인북, 2013.

박세길, 다시 쓰는 한국 현대사 2, 돌베개, 2015.

박원순, 역사가 이들을 무죄로 하리라, 두레, 2003.

이석태 외, 무죄다라고 말할 수 있는 용기, 문학과지성사, 1998.

최종고, 한국의 법률가 상(像), 길안사, 1995.

추모문집 간행위원회, '무죄다'라는 말 한마디: 황인철 변호사 추모문집, 문학과지성사, 1995.

김재규를 변호했던 강신옥 인터뷰(http://blog.naver.com/PostView.nhn?blogId=zemo0001&logNo=220520008785)

3부 신군부 독재 시대의 인권 변호사들

1장

박원순, 역사가 이들을 무죄로 하리라, 두레, 2003.

서울지방변호사회, 조영래 그의 삶을 이야기하다, 2016.

안경환, 조영래 평전, 강, 2006.

장호순, 미국 헌법과 인권의 역사: 민주주의와 인권을 신장시킨 명판결, 개마고원, 2016.

조영래 변호사를 추모하는 모임, 진실을 영원히 감옥에 가두어 둘 수는 없습니다: 조영래 변호사 남긴 글 모음, 창비, 1996.

조영래, 전태일 평전, 아름다운전태일, 2009.

2장

김삼웅, 노무현 평전, 책으로보는세상, 2012.

김수경, 내 친구 노무현, 한길사, 2014.

노무현 외, 노무현: 상식 혹은 희망, 행복한책읽기, 2002.

노무현, 성공과 좌절: 못 다 쓴 회고록, 학고재, 2009.

노무현, 운명이다, 노무현재단·유시민 정리, 돌베개, 2010.

유승찬, 변호인 노무현, 미르북스, 2013.

윤태영, 바보, 산을 옮기다, 문학동네, 2015

이송평, 노무현의 길: 그가 열망한 사람 사는 세상, 책으로보는세상, 2012.

제임스 길리건, 왜 어떤 정치인은 다른 정치인보다 해로운가, 이희재 옮김, 교양인, 2012.

노무현사료관(http://archives.knowhow.or.kr/)

〈노무현이라는 사람〉, MBC 스페셜(https://www.youtube.com/watch?v=jX5FUqaWb0I)

〈무현, 두 도시 이야기〉, 전인환 감독, 2016.

사진출처

변호사들

1판 1쇄 인쇄 2017년 6월 16일
1판 1쇄 발행 2017년 6월 23일

지은이 장준환
펴낸이 최준석

펴낸 곳 한스컨텐츠㈜
주소 서울시 마포구 동교로 136, 401호
전화 070-5117-2318 팩스 02-2179-8103
출판신고번호 제313-2004-000096호 신고일자 2004년 4월 21일

ISBN 978-89-92008-68-6 03360

이 도서의 국립중앙도서관 출판예정도서목록(CIP)은 서지정보유통지원시스템 홈페이지
(http://seoji.nl.go.kr)와 국가자료공동목록시스템(http://www.nl.go.kr/kolisnet)에서
이용하실 수 있습니다. (CIP제어번호 : CIP2017013870)